Jens Petersen

Pascals Gedanken über Gerechtigkeit und Ordnung

Jens Petersen

Pascals Gedanken über Gerechtigkeit und Ordnung

DE GRUYTER

Dr. iur. *Jens Petersen*, Professor an der Universität Potsdam

ISBN 978-3-11-045299-0
e-ISBN (PDF) 978-3-11-045447-5
e-ISBN (EPUB) 978-3-11-045324-9

Library of Congress Cataloging-in-Publication Data
A CIP catalog record for this book has been applied for at the Library of Congress.

Bibliografische Information der Deutschen Nationalbibliothek
Die Deutsche Nationalbibliothek verzeichnet diese Publikation in der Deutschen Nationalbibliografie; detaillierte bibliografische Daten sind im Internet über http://dnb.dnb.de abrufbar.

Druck und Bindung: CPI books GmbH, Leck
♾ Gedruckt auf säurefreiem Papier
Printed in Germany

www.degruyter.com

Vorwort

Habent sua fata libelli – dieses vielzitierte Wort gilt auch für das vorliegende Büchlein. Einige wenige Seiten des ersten Paragraphen wurden erstmals 2010 in einem Aufsatz unter dem Titel „Blaise Pascals Gedanken über das Recht" publiziert. Auch dieser kleine Teil ist allerdings für diese Monographie stark überarbeitet und erheblich ergänzt worden. Mir wurde nämlich immer deutlicher, dass sich Pascals Gedanken über das Recht nicht ohne sein Ordnungsverständnis begreifen lassen. Wenn man dieses jedoch einbezieht, geht es nicht mehr nur um Pascals Rechtsverständnis, sondern seine Vorstellung von der Gerechtigkeit überhaupt. Der größere Teil der Abhandlung über Pascals Lehre von den drei Ordnungen wurde bereits vor über einem Jahrzehnt entworfen, dann aber entscheidend umgearbeitet und erweitert. Dieser Teil geht letztlich zurück auf eine Reihe von jährlichen Gesprächen, die ich in den neunziger Jahren mit Herrn Prof. Dr. Dr. h.c. mult. *Carl Friedrich von Weizsäcker* führen durfte. Sie begannen Ende 1992 in seinem Haus in Söcking, zwei Monate nachdem sein Spätwerk „Zeit und Wissen" erschienen war. In diesen Gesprächen über Zeit und Wissen ging es immer wieder um die Aufhebung der cartesischen Unterscheidung zwischen res cogitans und res extensa. Im letzten Gespräch, das Mitte 1998 in seinem Starnberger Büro stattfand, erörterten wir das hier im Mittelpunkt stehende Verhältnis von Pascals Lehre der drei Ordnungen zu Descartes. Für diese Gespräche, die außerdem um mannigfache zeit- und wissenschaftsgeschichtliche Themen kreisten, bin ich außerordentlich dankbar!

Das vorliegende Buch bemüht sich um eine Verbindungslinie zwischen Rechtsphilosophie und Religionsphilosophie, indem an einem Scheideweg neuzeitlicher Geistesgeschichte die religiösen, philosophischen und juristischen Implikationen unter die Lupe genommen werden. Umso wichtiger erscheint mir die geistesgeschichtliche Fundierung am Beispiel jener wegweisenden Zeitenwende zwischen naturrechtlicher Bewahrung und aufkommendem Rationalismus, für die paradigmatisch Pascals Auseinandersetzung mit seinem großen Antipoden Descartes steht. Ebenso wie Descartes war Pascal Leser Montaignes. Diese Abhandlung baut daher auf meinem Buch über „Montaignes Erschließung der Grundlagen des Rechts" (2014). Zugleich gründet sie auf meiner Monographie über „Nietzsches Genialität der Gerechtigkeit", deren zweite Auflage jüngst erschienen ist.

Potsdam im Februar 2016 *Jens Petersen*

Inhalt

Einleitung

Blaise Pascal hat ein tiefgründiges Vermächtnis hinterlassen, das in der gesamten Geistesgeschichte seinesgleichen sucht. Seine 924 Fragmente umfassenden Pensées,[1] also Gedanken, sind mitunter nicht mehr als aphoristisch zugespitzte Beobachtungen[2] oder begriffliche Abbreviaturen von lakonischer Kürze[3] und häufig nur im Widerstreit zeitgemäßer Meinungen um den Jansenismus zu verstehen. Doch haben sie ungeachtet ihrer äußerlich unsystematisch erscheinenden Aneinanderreihung eine durch die Idee einer Ordnung gestiftete, klare innere Mitte: die Geringfügigkeit des Menschen in einem unendlichen Kosmos, den er zwar gleichwohl denkend ermessen, aber nicht ohne christozentrische Rückbindung begreifen kann. Seine Pensées zählen zu den großen Werken der Weltliteratur.[4] Dabei darf nicht übersehen werden, dass es sich um Fragmente im Wortsinne handelt. Die Pensées sind kein abgeschlossenes Werk, sondern eine Sammlung dessen, was Pascal nachgelassen und nicht mehr zu vollenden vermocht hatte. Sie waren nach gängiger Meinung als Apologie des Christentums konzipiert, was sich jedoch biographisch nicht belegen lässt.[5]

Die Pensées erschienen erst 1670, acht Jahre nach seinem frühen Tod. So wie das Mémorial, das er zur permanenten Selbstvergewisserung in seinen Rock eingenäht hatte, wo man es postum fand, einen Blick auf sein Innerstes eröffnete,

---

1 *Blaise Pascal*, Pensées, wird im Folgenden zitiert nach der von *Léon Brunschvicg* edierten Ausgabe (Pensées et Opuscules, 1897) mit der dortigen Nummerierung. Zum Auffinden der nach anderen (insbesondere von *Louis Lafuma*) geordneten Textstellen hilfreich die von *Ulrich Kunzmann* übersetzte und von *Eduard Zwierlein* kommentierte Ausgabe der Suhrkamp Studienbibliothek (20), 2012. Zur mitschwingenden Deutung in der jeweiligen Anordnung der Fragmente im Hinblick auf das Recht zutreffend *Emil Lerch*, Pascals „Gedanken" über Recht und Gerechtigkeit, Zeitschrift für schweizerisches Recht, Schweizerischer Juristenverein 61 (1942), 339, 344: „Das macht sich gerade bei den rechtsphilosophischen Bemerkungen Pascals recht deutlich spürbar, indem in deren Zusammenstellung wohl eine gewisse horizontale Logik zwischen den einzelnen Gedanken über die menschliche Gerechtigkeit gewahrt ist, die vertikalen Verbindungen aber mit seinen andern Gedanken über die menschliche Natur und die göttliche Gerechtigkeit anderswo zusammengesucht werden müssen".

2 Charakteristisch insoweit *Blaise Pascal*, Pensées, Fragment 346: « Pensée fait la grandeur de l'homme ».

3 *Blaise Pascal*, Pensées, Fragment 281 etwa lautet lapidar: « Cœur, instinct, principes ».

4 *Hugo Friedrich*, Pascal, in: Romanische Literaturen, Band 1 (Hg. Brigitte Schneider-Pachaly), 1973, S. 141: „Was in dem wüsten Haufen wirr beschriebener Zettel enthalten ist, der heute in der Pariser Nationalbibliothek liegt, ist ein Fundamentaltext des abendländischen Geistes".

5 *Karlheinz Stierle*, Pascals Reflexionen über den ‚ordre' der *Pensées*, Poetica 4 (1971), 167 Fußnote 2, weist allerdings ebenso nachdrücklich wie zutreffend darauf hin, dass „Pascal selbst den Begriff (sc. der Apologie) im Zusammenhang mit seinem geplanten Werk nie verwendet".

wollten die Pensées die Außenwelt überzeugen und stehen damit in derselben Tradition wie seine Abhandlung über die Kunst zu überzeugen.[6]

Gerichtet sind zumindest einige der Pensées, die zugleich eines der brillantesten Zeugnisse französischer Sprachkunst und Stilistik sind, nicht zuletzt – wenngleich natürlich nicht als alleiniger Zweck[7] – gegen René Descartes,[8] den er am 23. und 24. September 1647 zu zwei – allerdings eher unergiebigen – Gesprächen getroffen hat, und dem er nicht nachgesehen hat, welchen geringen Stellenwert Descartes Gott in seinem Denken einräumte.[9] So bedeuten die Pensées eine Weggabelung im neuzeitlichen Denken: Während die Erkenntnistheorie maßgeblich von Descartes ausging,[10] wurde Pascal wegweisend für die Religionsphilosophie,[11] namentlich für Søren Kierkegaard.[12] Pars pro toto veranschaulicht dies Pascals Lehre von den drei Ordnungen: Die Ordnung der ungeheuren Ausdehnung des Raumes sowie der gesamten körperlichen Welt und der noch höheren Ordnung des Geistes, die den Raum ermessen kann, werden letztlich überwölbt von der Ordnung der Liebe (charité).[13] Man kann es wohl übersetzen als eine Entsprechung zur cartesischen Entgegensetzung der res extensa und res cogitans,[14] über der – und insoweit entscheidend über Descartes hinausgehend –

---

6 *Blaise Pascal*, De l'esprit géométrique et de l'art de persuader, 1658, in: Pascal Œuvres complètes, Band II, Bibliothèque de la Pléiade, 1998, S. 154, 171 (deutsch: Die Kunst zu überzeugen und die anderen kleineren philosophischen und religiösen Schriften, übersetzt von Ewald Wasmuth, 3. Auflage 1963).

7 *Lothar Schäfer*, Pascal und Descartes als methodologische Antipoden, Philosophisches Jahrbuch 81 (1974), 314 ff.

8 Vgl. nur *Blaise Pascal*, Pensées, Fragment 76, 78 (« Descartes inutile et incertain »).

9 *Blaise Pascal*, Pensées, Fragment 77: « Je ne puis pardonner à Descartes; il aurait bien voulu, dans toute sa philosophie, se pouvoir passer de Dieu ».

10 Vgl. indes *William Walter Goodhue*, Pascal's Theory of Knowledge: A Reaction to the Analytical Method of Descartes, The Modern Schoolman XLVII (1969/70), 15 ff.

11 Bedenkenswert *Vittorio Hösle*, Moral und Politik. Grundlagen einer Politischen Ethik für das 21. Jahrhundert, 1997, S. 251 Fußnote 4, wonach Pascal „als Anthropologe ebenso groß wie als Religionsphilosoph schwach ist". Die hier im Mittelpunkt stehende Lehre von den drei Ordnungen in Fragment 793 sollte man von diesem Verdikt allerdings ausnehmen, da sie implizit auf eine der großen philosophischen Einsichten der Neuzeit in Gestalt der cartesischen Unterscheidung hingeordnet ist.

12 Vgl. nur *Eugen Biser*, Glaubenserweckung. Das Christentum an der Jahrtausendwende, 2000, S. 101, 106.

13 *Blaise Pascal*, Pensées, Fragment 793; dazu *Joseph Ratzinger*, Vom Sinn des Christseins, 1965, S. 33 f.

14 Vgl. nur *Wolfgang Welsch*, Unsere postmoderne Moderne, 2008, S. 285 Fußnote 19.

für Pascal der auf Augustinus zurückführende ordo amoris bzw. ordo caritatis steht.[15]

Belegt wird der geradezu einzigartige geistesgeschichtliche Rang Pascals durch seine bahnbrechenden mathematischen Arbeiten, so dass Chateaubriand sinngemäß sagen konnte: „Es war einmal ein Mensch, der in seinem zwölften Jahr mit *Stangen* und *Scheiben* eine neue Mathematik schuf; der mit sechzehn Jahren die gelehrteste Abhandlung über die Kegelschnitte schrieb, die man seit den Tagen des Altertums gesehen hat; der mit neunzehn eine Wissenschaft, die gänzlich im Verstand ihren Sitz hat, zur Maschine herabsetzte; der mit dreiundzwanzig die Erscheinungen der Schwere der Luft nachwies und einen der größten Irrtümer der alten Physik zerstörte; der in dem Alter, wo andere kaum anfangen zu leben, schon den ganzen Kreis der menschlichen Wissenschaften durchlaufen hatte und deren Nichtigkeit durchschauend seinen Sinn der Religion zuwandte; der von diesem Augenblick bis zu seinem im neununddreißigsten Jahre erfolgten Tode stets gebrechlich und leidend die Sprache fixierte, die Bossuet und Racine sprachen, und ein Muster der Vollendung in Scherz und in ernster Sprache gab; der endlich in seinen kurzen leidensfreien Augenblicken eine der höchsten Aufgaben der Geometrie löste und Gedanken aufs Papier warf, die ebenso göttlich wie menschlich sind. Dieses erstaunliche Genie nannte sich Blaise Pascal."[16] Paul Valéry bedauerte in ironischer Anspielung auf das Mémorial, dass Pascal nicht vor Leibniz die Infinitesimalrechnung vollends ergründete, wozu er im Begriff war, und „stattdessen Zettelchen in seine Kleider eingenäht" habe.[17]

Auch wenn sich in den Pensées eine Reihe von Gedanken über das Recht finden, von denen im ersten Paragraphen die Rede sein soll, würde es zu kurz

---

15 *Jens Petersen*, Nietzsches Genialität der Gerechtigkeit, 2. Auflage 2015, S. 38 Fußnote 214. Siehe auch *Erwin Hufnagel*, Ordo amoris: Die Sichtung des anderen. Zu Schelers Phänomenologie der Befindlichkeit, in: Subjekt – Identität – Person? (Hg. Birgit Griese), 2010, S. 49.

16 *François-René Chateaubriand*, Génie du Christianisme, 1802, Tome 3, S. 65 f. (deutsch: Geist des Christentums, herausgegeben von Jörg Schenuit (basierend auf der Übersetzung von Hermann Kurz, 1844), 2004, S. 425 f.). *Jacques Attali*, Blaise Pascal. Biographie eines Genies, 2. Auflage 2007, S. 15, macht allerdings zu Recht darauf aufmerksam, dass „Chateaubriand im Pathos des romantischen Schriftstellers sprach". *Jacques Attali*, S. 21 ff., 58 ff., 67 ff. selbst hat die Fähigkeiten Pascals präziser und am Maßstab naturwissenschaftlicher und wissenschaftsgeschichtlicher Erkenntnisse gemessen, womit sie allerdings womöglich noch immenser erscheinen, so dass Chateaubriands Würdigung im Ergebnis auch heute noch bestehen kann. Allerdings hat Chateaubriand, wie *Lothar Schäfer*, Pascal und Descartes als methodologische Antipoden, Philosophisches Jahrbuch 81 (1974), 314 f. Fußnote 4, zu bedenken gibt, unwillkürlich geholfen, „das an den späten Pascal geheftete antiwissenschaftliche Bild zu verbreiten".

17 Zitiert nach *Ewald Wasmuth*, Die Philosophie Pascals unter besonderer Berücksichtigung seiner Lehren von dem Unendlichen und dem Nichts und den Ordnungen, 1949, S. 22.

greifen, allein daraus Pascals Gerechtigkeitsverständnis abzuleiten. Denn gerade Pascals Erwägungen über Recht und Macht müssen im Zusammenhang mit seinem Verständnis der Ordnung gewürdigt werden. Pascals Gerechtigkeitsverständnis erschließt sich nämlich nur über sein Ordnungsverständnis, weil nur dies auch die Ordnung der Gerechtigkeit Gottes einbezieht. So unbestechlich er als Naturwissenschaftler die Macht- und Kräfteverhältnisse auszumessen imstande war, die auch die irdischen Rechtsordnungen prägten, und so genau er die Grenzen der Rechtsordnungen in Raum und Zeit erkannte, vermitteln doch die diesbezüglichen Fragmente nur einen unvollständigen Eindruck seines Denkens über die Gerechtigkeit.[18] Denn für Pascal war spätestens nach seinem religiösen Erweckungserlebnis, von dem das Mémorial zeugt, unabweislich, dass es eine die diesseitige Sinneswahrnehmung und Rechtsgeltung übersteigende göttliche Gerechtigkeit gibt, die einer höheren Ordnung zugehört.

Er, der die strikte Nachprüfbarkeit zu einem Prinzip der Wissenschaftstheorie gemacht und damit beiläufig die Experimentalphysik mitbegründet hat, glaubte an eine die Ordnungen der unbelebten Materie und des Geistes übersteigende Ordnung der Barmherzigkeit. Gerade weil der Mensch von Grund auf bedürftig,[19] besorgt,[20] gelangweilt,[21] abhängig und mit dem Wunsch nach Unabhängigkeit,[22] widersprüchlich,[23] bei aller Größe unzulänglich ist,[24] die Boshaftigkeit liebt,[25] von Leidenschaften getrieben wird,[26] ruhelos[27] und zugleich vergnügungssüchtig ist,[28] mit sich allein nichts anzufangen weiß[29], mit anderen zusammen aber notwendigerweise in Streit gerät,[30] ist er für Pascal auf die Gerechtigkeit und

---

18 Nach wie vor gültig und unbeantwortet sind die beiden treffenden Fragen zu Beginn der Abhandlung von *Emil Lerch*, Pascals „Gedanken" über Recht und Gerechtigkeit, Zeitschrift für schweizerisches Recht, Schweizerischer Juristenverein 61 (1942), 339: „Wie ist es möglich, dass Pascal als Christ und ‚honnête homme' so desillusioniert, ja nihilistisch über menschliches Recht denken konnte? Und wo liegt der perspektivische Punkt, von dem aus sich die verwickelten Linien übersehen lassen, welche diesen in mehr als einer Hinsicht erstaunlichen Geist mit der menschlichen und göttlichen Gerechtigkeit verbinden?".

19 *Blaise Pascal*, Pensées, Fragment 36.

20 *Blaise Pascal*, Pensées, Fragment 167.

21 *Blaise Pascal*, Pensées, Fragment 131.

22 *Blaise Pascal*, Pensées, Fragment 126.

23 *Blaise Pascal*, Pensées, Fragment 125.

24 *Blaise Pascal*, Pensées, Fragment 409.

25 *Blaise Pascal*, Pensées, Fragment 41.

26 *Blaise Pascal*, Pensées, Fragment 461.

27 *Blaise Pascal*, Pensées, Fragment 127.

28 *Blaise Pascal*, Pensées, Fragment 139.

29 *Blaise Pascal*, Pensées, Fragment 138.

30 *Blaise Pascal*, Pensées, Fragment 295.

Barmherzigkeit Gottes angewiesen.[31] Diese Dimension seines Denkens, die sich im Fragment 793 am deutlichsten offenbart, ist daher von zentraler Bedeutung für die vorliegende Abhandlung, weil sich ohne ständigen Rückgriff auf sie auch seine Gedanken über das Recht nur als vorläufig, eindimensional und unvollständig erweisen. In der Zusammenschau hingegen offenbart sich in den Fragmenten die Ordnungs- und Gerechtigkeitsvorstellung eines der größten Geister, die je auf Erden gelebt haben. Pascals gedankliche Verbindungslinie zwischen Rechts- und Religionsphilosophie wird so zu einem Kristallisationspunkt neuzeitlichen Denkens über Recht und Religion.[32]

---

31 *Blaise Pascal*, Pensées, Fragment 476.

32 Wichtig zur zeitlosen Aktualität Pascals und seinem Widerstreit zu Descartes *Mark Lilla*, Der totgeglaubte Gott. Politik im Machtfeld der Religion, 2013, S. 284: „Wer sich in Europa dieser dunklen Sicht vom modernen Leben ergibt, wer nur die fortschreitende ‚Entzauberung der Welt' sehen will oder den Sieg der Vernunft und der menschlichen Unabhängigkeit, begeht denselben Denkfehler wie der Kulturpessimist. Er gibt sich einem Messianismus mit umgekehrten Vorzeichen hin, dessen Symbolik er vom biblischen Erlösungsversprechen auf den Lauf der Geschichte überträgt. (...) Sein politisches Denken beschränkt sich darauf festzustellen, ob das moderne Leben von einer neuen Logik gesteuert wird, einem verborgenen Kodex von Symbolen und Zeichen, die wir enträtseln müssen, um die Geheimnisse unserer Zeit aufzudecken. Oder ob wir vielleicht gar dem ‚ewigen Schweigen dieser unendlichen Weiten' anheimgefallen sind, die Blaise Pascal so bestürzten".

§ 1 Pascals scheinbarer Rechtsnihilismus

I. Pascals Pensées als Herausforderung der Jurisprudenz

Pascal hat nur vergleichsweise wenige seiner Gedanken dem Recht gewidmet.[33] Daher wurde er von der Jurisprudenz nicht gerade vordringlich gewürdigt.[34] Und doch hat gerade er an sie eine der größten Herausforderungen gerichtet, indem er sie regelrecht verhöhnte: « Trois degrés d'élévation du pôle renversent toute la jurisprudence, un méridien décide de la vérité ».[35] Drei Breitengrade näher zum Pol stellen demnach die ganze Rechtswissenschaft auf den Kopf und entscheiden über die Wahrheit. Ganz ähnlich ausgerichtet ist sein ebenfalls an Montaigne orientierter Vorhalt: « Mon ami vous êtes né de ce côté de la montagne; il est donc juste que votre aîné ait tout ».[36] Und auch die für sich allein betrachtet unverständliche, im Zusammenhang mit den beiden benachbarten Gedanken aber begreifliche Sentenz veranschaulicht die territoriale Begrenzung des Rechts: « Il demeure au delà de l'eau ».[37] Und auch in zeitlicher Hinsicht bildet die geschichtliche Geltung des Rechts eine Relativierung, weil jedes Recht seine Epoche hat und selbst grundlegende Gesetze wandeln sich mitunter binnen weniger Jahre: « en peu d'années de possession, les lois fondamentales changent; le droit a ses époques. »[38] Der Sache nach geht es um das Problem der „raumzeitlichen Relativierung" des Rechts.[39]

---

33 Dieser Paragraph entspricht zu einem Viertel meinem Aufsatz „Blaise Pascals Gedanken über das Recht" aus der Festschrift für Werner Merle, 2010, S. 289 – 298. Dem Verlag C. H. Beck danke ich dafür, dass ich ihn hier erneut abdrucken darf. Aber auch dieses Viertel wurde für die Zwecke der vorliegenden Monographie nicht nur durch Nachweise erweitert, sondern auch inhaltlich umgearbeitet.

34 Siehe aber *Albert Brimo*, Pascal et le droit – essai sur la pensée pascalienne, le problème juridique et les grandes théories du droit et de l'État, 1942.

35 *Blaise Pascal*, Pensées, Fragment 293.

36 *Blaise Pascal*, Pensées, Fragment 291; zum Ursprung dieser beiden Gedanken *Jens Petersen*, Montaignes Erschließung der Grundlagen des Rechts, 2014, § 1, sowie noch weiter unten.

37 *Blaise Pascal*, Pensées, Fragment 292.

38 *Blaise Pascal*, Pensées, Fragment 294.

39 *Hasso Hofmann*, „In Europa kann's keine Salomos geben." – Zur Geschichte des Begriffspaars Recht und Kultur, JZ 2009, 1.

1. Raumzeitliche Relativität des Rechts

Es ist klar, dass damit der Wissenschaftsanspruch der Jurisprudenz im Kern berührt wird,[40] den Pascal ohnedies tendenziell bezweifelt, weil er sie für eine Art „Autoritätswissenschaft“[41] hält, in der es weniger auf die reine Wahrheit als vielmehr darauf ankommt, von wem eine bestimmte Rechtsansicht vertreten wird: « Dans les matières où l'on recherche seulement de savoir ce que les auteurs ont écrit, comme dans l'histoire, dans la géographie, dans *la jurisprudence*, dans les langues, (...) et surtout dans la théologie, et enfin dans toutes celles qui ont pour principe, ou le fait simple, ou l'institution, divine ou humaine, il faut nécessairement recouvrir à leurs livres, puisque tout ce que l'on en peut savoir y est contenu : d'où il est évident que l'on peut en avoir la connaissance entière, et qu'il n'est pas possible d'y rien ajouter ».[42] Wahre Wissenschaft muss demgegenüber autoritätsunabhängig sein, wie Pascal vor allem in seinen Abhandlungen über den geometrischen Geist und die Kunst zu überzeugen voraussetzt.[43] Pascal hat mit aller Schärfe und der ihn auszeichnenden Fähigkeit zur rhetorischen Zuspitzung die Achillesferse der Jurisprudenz erkannt und angegriffen. Im Unterschied zu den Naturgesetzen, die immer und überall gelten, ist das Recht in seiner Geltung zeitlich und territorial begrenzt. Das Dilemma des Rechts ist die Begrenztheit seiner Geltung.[44] Auch ein noch so weit reichendes supranationales Recht gerät über kurz oder lang an seine Grenzen. Kein Europa- oder Völkerrecht kann den Pascalschen Einwand restlos ausräumen, abgesehen davon, dass gerade das Völkerrecht anderen Bedenken ausgesetzt ist, die mit der begrenzten Stärke seiner Durchsetzbarkeit zusammenhängen, und die Pascal der Sache nach auch schon vorhergesehen hat.[45]

---

40 Zu ihm *Jens Petersen*, Max Webers Rechtssoziologie und die juristische Methodenlehre, 2. Auflage 2014, S. 140 ff. m.w.N. Historisch weiterführend *Mark Roche*, Was die deutschen Universitäten von den amerikanischen lernen können und was sie vermeiden sollten, 2014, S. 19.

41 *Emil Lerch*, Pascals „Gedanken“ über Recht und Gerechtigkeit, Zeitschrift für schweizerisches Recht, Schweizerischer Juristenverein 61 (1942), 339, 364.

42 *Blaise Pascal*, Fragment d'un Traité du Vide, in: Pensées et Opuscules (Édition Léon Brunschvicg), S. 74, 75; Hervorhebung nur hier.

43 Dazu *Willy Hochkeppel*, Blaise Pascal, Vom geometrischen Geist, in: ZEIT-Bibliothek der 100 Sachbücher (Hg. Fritz J. Raddatz), 1984, S. 77, 79: „Als unabschließbar und offen, autoritätsunabhängig und progressiv wird damit auch erstmals wissenschaftliche Forschung begriffen und bestimmt“.

44 *Jens Petersen*, Nietzsches Genialität der Gerechtigkeit, 2. Auflage 2015, S. 88.

45 *Blaise Pascal*, Pensées, Fragment 298: « La justice sans la force est impuissante ». Dazu ausführlich noch weiter unten.

a) Erkenntnis und Wissen des Rechts?

Man kann diesem Grundgedanken Pascals, wenn man ihn für sich betrachtet, eine gewisse Eindimensionalität bescheinigen, weil er auf eine Selbstverständlichkeit hinausläuft: Aus der mangelnden Ubiquität seiner Geltung kann man nicht ohne weiteres folgern, dass es keine anerkennungswürdige Rechtswissenschaft gebe. Nur weil der Gegenstand der Erkenntnis, also das Erkenntnisinteresse, wenn man es auf das Recht bezieht, relativ ist, nämlich nur bezüglich eines bestimmten Territoriums oder einer bestimmten Zeit gilt, bedeutet das nicht, dass die Wissenschaft, die davon handelt, gegenüber den Naturwissenschaften a limine minderwertig ist.[46] Man kann sogar sagen, dass Pascal hier implizit etwas angesprochen hat, das erst in unserer Zeit wieder aufgegriffen wurde, nämlich die Problematik des rechtlichen Wissens,[47] also dessen, was man vom und über das Recht überhaupt wissen kann.[48] Mit buchstäblicher Radikalität stellt er die rhetorische Frage, worauf der Lauf der Welt gründet, indem er mit scheinbarer Nachdenklichkeit die Gerechtigkeit als möglichen Beweggrund ins Feld führt, nur um sie gleich darauf vollends in Zweifel zu ziehen: « Sera-ce sur la justice? il l'ignore ». Es geht weniger – wie in manchen Übersetzungen unscharf hervorgehoben – um die Unkenntnis des Rechts als vielmehr um die der Gerechtigkeit.[49]

46 Mit guten Gründen meint *Vittorio Hösle*, Moral und Politik. Grundlagen einer Politischen Ethik für das 21. Jahrhundert, 1997, S. 717 Fußnote 248, dass bei Pascal „der Verlust des Ordogedankens in der Naturkonzeption und die Auslotung neuer Tiefen der eigenen Subjektivität Hand in Hand gehen".

47 *Ewald Wasmuth*, Die Philosophie Pascals unter besonderer Berücksichtigung seiner Lehren von dem Unendlichen und dem Nichts und den Ordnungen, 1949, S. 249, umreißt Pascals Standpunkt so: „Wir wissen, dass es die Unendlichkeit gibt, wir wissen, dass es Recht und Gerechtigkeit gibt, aber wir sind unwissend über ihr Wesen und unfähig, das wirkliche Recht zu besitzen". – Aber das Eine hat mit dem Anderen nichts zu tun, und ob wir wissen, dass es Gerechtigkeit gibt, ist aus Pascals Sicht gerade die – allenfalls eschatologisch zu beantwortende – Frage.

48 Grundlegend *Alexander Somek*, Rechtliches Wissen, 2006. Allgemein zu dieser Frage auch *Michael Stolleis*, Blaise Pascal – Gedanken zur Ungewissheit des Rechts, Festschrift für Jan Schröder, 2013, S. 787: „Besonders bewegend ist sein Ringen um die Frage ›Was kann ich wissen?‹" – Pascal denkt auch in dieser Hinsicht in der unmittelbaren Nachfolge Montaignes; näher *Jens Petersen*, Montaignes Erschließung der Grundlagen des Rechts, 2014, S. 3 ff. und passim.

49 Mit guten Gründen *Emil Lerch*, Pascals „Gedanken" über Recht und Gerechtigkeit, Zeitschrift für schweizerisches Recht, Schweizerischer Juristenverein 61 (1942), 339, 344 f.: „Es erscheint mir unmöglich, hier die mehreren Bedeutungen klar zu machen, die Pascal aus den verschiedensten Stellen seines Werkes dem Wort ‚justice', ‚Gerechtigkeit' gegeben hat. Das würde tief in die jansenischen Lehren von der Gnade und in Pascals Anthropologie hineinführen".

b) Wahrheit und Gerechtigkeit

Bei näherer Betrachtung ist damit aber noch etwas Anderes angesprochen, das die Mehrdimensionalität des Pascalschen Einwandes sichtbar macht. Es ist entgegen dem ersten Anschein nicht einfach der seit jeher und immer wieder begegnende wissenschaftliche Hochmut des Naturwissenschaftlers, der dem heute so genannten „Geisteswissenschaftler", näherhin dem Juristen, die Grenzen seiner Erkenntnis aufzeigt. Gewiss ist diese Zielrichtung im Gedanken Pascals *auch* enthalten, wie aus der schneidenden Schärfe der rhetorischen Zuspitzung erhellt: « Plaisante justice qu'une rivière borne! Vérité au deçà des Pyrénées, erreurs au delà ».[50] – „Spaßhafte Gerechtigkeit, die ein Fluss begrenzt! Diesseits der Pyrenäen Wahrheit, jenseits Irrtum."[51] – Man beachte, wie Pascal hier von der soeben behandelten Kenntnis zur Wahrheit übergeht.[52] Verbindliches Wissen könnte in anderen Wissenschaften zur Wahrheit führen,[53] die es im Recht jedoch nicht gibt. Die Verbindung der Frage nach der Gerechtigkeit mit der nach der Wahrheit hat später Nietzsche in unausgesprochenem Konsens mit Pascal miteinander verbunden.[54]

Das zeigt sich am Beispiel eines anderen Gedankens, der veranschaulicht, wie schwer der entscheidende Punkt jeweils getroffen werden kann:[55] « La justice et la

---

50 *Blaise Pascal*, Pensées, Fragment 294. Siehe dazu *Peter Schneider*, Pascals Plaisante Justice, Archiv für Rechts- und Sozialphilosophie XXXIX (1950/51), 79.

51 *Jacques Attali*, Blaise Pascal, Biographie eines Genies, 2. Auflage 2007, S. 51, sieht den Ursprung dieser Einsicht (wenn man einmal von Montaigne absieht, den er in diesem Zusammenhang nicht erwähnt), darin, dass Pascal durch die seinem Vater wegen der Teilnahme an einer Demonstration zeitweise drohende Verhaftung zutiefst an der Justiz zweifelte.

52 Siehe auch *Michael Stolleis*, Blaise Pascal – Gedanken zur Ungewissheit des Rechts, Festschrift für Jan Schröder, 2013, S. 787, 796: „Diese Diskrepanz ist unauflöslich. Sie zeigt die Qual eines innovativen Forschers, der erkennt, dass ‚Wahrheit' durch menschliche Anstrengung nicht erlangt werden kann".

53 *Michel Foucault*, Die Ordnung des Diskurses, 1979, S. 36 ff., legt beispielsweise später ein völlig anderes Verständnis zugrunde, wonach Wahrheit gerade kein gemeinsames Werkzeug der Disziplinierung des Diskurses darstellt, das ausschließt und Grenzen zieht: „Wir müssen uns nicht einbilden, dass uns die Welt ein lesbares Gesicht zuwendet, welches wir nur zu entziffern haben. Die Welt ist kein Komplize unserer Erkenntnis". Zu dieser Stelle auch *Robert Spaemann*, Das Natürliche und das Vernünftige, 1987, S. 124.

54 *Friedrich Nietzsche*, Menschliches, Allzumenschliches I, 1878, Fragment 635 f.; dazu *Jens Petersen*, Nietzsches Genialität der Gerechtigkeit, 2. Auflage 2015, S. 9 ff.; siehe auch *Hermann Platz*, Pascal in der Geschichtsphilosophie Nietzsches, Theologie und Glaube 31 (1939), 116.

55 *Karlheinz Stierle*, Was heißt Moralistik?, in: Moralistik. Explorationen und Perspektiven (Hg. Rudolf Behrens/Maria Moog-Grünewald), 2010, S. 1, 6, spricht anschaulich von der „Untreffbarkeit des Punkts, der der wahre Mittelpunkt wäre". Siehe zum Verhältnis von Wahrheit und Gerechtigkeit auch *Karlheinz Stierle*, Zeit und Werk. Prousts *A la Recherche du Temps perdu* und Dantes *Commedia*, 2008, S. 11.

verité sont deux pointes si subtiles, que nos instruments sont trop mousses pour y toucher exactement. S'ils y arrivent, ils en écachent la pointe, et appuient tout autour, plus sur le faux que sur le vrai ».[56] Nicht nur erweist sich unsere beschränkte Sinneswahrnehmung als unzureichend, sondern auch das Recht selbst als inkonstant. Das Recht erscheint Pascal regelrecht als wetterwendisch: « On la verrait plantée par tous les États du monde et dans tous les temps, au lieu qu'on ne voit rien de juste ou d'injuste qui ne change de qualité en changeant le climat ».[57] Hier zeigt sich exemplarisch die argumentative Fertigkeit Pascals, der, sobald er die geringste nur denkbare Schwäche im Gedankengebäude des imaginären Gegners erkannt hat, dagegen so zu Felde zieht, dass von den Gründen der Gegenseite nichts übrig bleibt und ihre Ziele mitunter geradezu der Lächerlichkeit preisgegeben sind.[58]

Aber um einen solchen billigen Triumph geht es Pascal nicht, vor allem nicht in den Lettres Provinciales, in deren zwölftem Brief er zum Verhältnis von Wahrheit und Macht in einer vielsagenden religiösen Färbung sagt:[59] „Gewalt und Wahrheit vermögen nichts übereinander. Sage man nicht, dass sie das gleiche seien: denn es besteht dieser extreme Unterschied zwischen ihnen, dass die Gewalt durch den Befehl Gottes nur einen begrenzten Lauf hat, der ihre Folgen zum Ruhme der Wahrheit hinführt, die sie bekämpft. Dagegen besteht die Wahrheit ewig und triumphiert über ihre Feinde, denn sie ist ewig und mächtig wie Gott selber."[60] Der christozentrische Anklang in Anlehnung an Joh 14,6 wird uns noch weiter unten im Zusammenhang mit Pascals Ordnungslehre beschäftigen, die gleichfalls davon ausgeht, dass zwischen den einzelnen Ordnungen – etwa der des unendlichen Raums und derjenigen des Geistes ein kategorialer Unterschied und eine qualitative Unerreichbarkeit liegen.

---

56 *Blaise Pascal*, Pensées, Fragment 82.

57 *Blaise Pascal*, Pensées, Fragment 294.

58 *Blaise Pascal*, Lettres Provinciales, 1656–1657, in: Pascal Œuvres complètes, Band I, Bibliothèque de la Pléiade, 1998, S. 577 (in deutsch: Briefe an einen Freund in der Provinz, übersetzt und eingeleitet von Auguste Schorn, 1968), zeigen dies in seiner Parteinahme im Streit um die Jansenisten überdeutlich und sind damit eine der Meisterleistungen scharfzüngiger französischer Polemik.

59 *Blaise Pascal*, Lettres Provinciales, 1656–1657, in: Pascal Œuvres complètes, Band I, Bibliothèque de la Pléiade, 1998, S. 722.

60 Hier zitiert in der Übersetzung von *Emil Lerch*, Pascals „Gedanken" über Recht und Gerechtigkeit, Zeitschrift für schweizerisches Recht, Schweizerischer Juristenverein 61 (1942), 339, 364.

c) Certitude als Maßstab im Spiegel des Fragment 375

So richtig und unabweisbar es ist, dass er die naturwissenschaftliche Exaktheit, die Gewissheit in einem durchaus auch noch cartesischen Sinne zum Maßstab erhebt und daran die Rechtswissenschaft prüfend misst und verwirft, so wichtig ist es zu berücksichtigen, dass damit noch nicht die ganze Wahrheit ausgesprochen ist. Denn so hätte Descartes selbst argumentieren können. Pascal geht es um mehr:[61] Er hat mit seinem rasiermesserscharfen geometrischen Geist zugleich die Grenzen desselben erkannt.[62] Die ‚certitude', die er erst in der Nacht der Niederschrift des Mémorial, von dem noch die Rede sein wird, fand, ist von einer Art, welche die naturwissenschaftliche Exaktheit und Gewissheit übertrifft; an jener gemessen, verblasst auch diese. Daher muss sich der Blick im Folgenden darauf richten, welchen Maßstab Pascal wirklich anlegt, wenn er vom Recht, der Gerechtigkeit, dem Naturrecht und der Vernunft spricht.[63]

aa) Offenbarung der Idee der Gerechtigkeit

In diesen Zusammenhang gehört ein Fragment, das Pascals fundamentale Zweifel an der Gerechtigkeit in den Blick nimmt und zugleich den anthropologischen Ausgangspunkt zurecht rückt. Es hebt an mit dem Glauben an die Gerechtigkeit, von dem Pascal bekennt, dass er ihn lange Zeit gehegt hat: « J'ai passé longtemps de ma vie en croyant qu'il y avait une justice ».[64] Dieser Beginn des Gedankens ist insofern bezeichnend für Pascals rhetorische Darstellungskunst, als er den Eindruck vermittelt, dass die unmittelbar darauf folgende Ernüchterung vorprogrammiert erscheint, in die der Gedanke auch in der Tat münden wird. Bevor dies allerdings aufgezeigt wird, leuchtet die Richtigkeit dieser ursprünglichen Einsicht auf, womit nicht von ungefähr das Moment des Glaubensaktes (‚en croyant') eine tiefere Bedeutung erhält:[65] « et en cela je ne me trompais pas; car il y en a, selon

---

61 Bündig *Kathleen M. Jamieson*, Pascal vs. Descartes: A Clash over Rhetorics in the Seventeenth Century, Communications Monographs 43 (1976), 43, 46: "Descartes's methode is inimical to the art of pleasing suggested by Pascal".

62 *Blaise Pascal*, De l'esprit géométrique, wurde etwa zur gleichen Zeit begonnen wie die Pensées; näher *Jean-Pierre Schobinger*, Kommentar zu Pascals Reflexionen über die Geometrie im allgemeinen, 1974, mit deutschem und französischem Text; auch von *Blaise Pascal*, De l'esprit géométrique et de l'art de persuader, 1658, in: Pascal Œuvres complètes, Band II, Bibliothèque de la Pléiade, 1998, S. 154, 171.

63 Dazu auch *Michael Stolleis*, Blaise Pascal – Gedanken zur Ungewissheit des Rechts, Festschrift für Jan Schröder, 2013, S. 787, 790ff.

64 *Blaise Pascal*, Pensées, Fragment 375.

65 Zu dieser Stelle auch *Arthur Rich*, Pascals Gedanken über Recht und Macht, Theologische Zeitschrift der Universität Basel 3 (1952), 205, 213, 223f.

que Dieu nous l'a voulu révéler ».[66] Gott wollte uns demnach einen Begriff von der Gerechtigkeit offenbaren, er hat uns – Pascal zufolge – die Vorstellung der Gerechtigkeit gleichsam eingestiftet. Der Glaube an die Idee einer irdischen Gerechtigkeit führt also in einer denkwürdigen Dialektik über den zerstörerischen Zweifel daran zur Einsicht einer höheren Form der Gerechtigkeit.[67] Pascal legt dies jedoch nicht in akademischer Manier dar, indem zunächst die Zweifel zu obsiegen scheinen, sondern enthüllt unvermittelt das Ergebnis der Richtigkeit seines Glaubens an sein Vertrauen in eine Gerechtigkeit, wenngleich nur auf einer höheren Ebene.

bb) Irrweg der Gerechtigkeitserkenntnis als Akt der Selbstwahrnehmung

Allerdings offenbart Pascal auch seinen scheinbaren Irrweg, indem er in der ihm eigenen rhetorischen Genialität eine menschliche Unzulänglichkeit bekennt, um dadurch die göttliche Gerechtigkeit umso größer erscheinen zu lassen: « Mais je ne le prenais pas ainsi, et c'est en quoi je me trompais; car je croyais que notre justice était essentiellement juste et que j'avais de quoi la connaître et en juger ».[68] Pascal schreibt die fehlende Einsicht in das Walten göttlicher Gerechtigkeit seiner – und das heißt wohl stellvertretend: der menschlichen – unzulänglichen Auffassungsgabe zu. Sein – freilich rhetorisch mit Bedacht überhöhter – Irrtum bezieht sich also darauf, dass er die Ebene beständig verfehlt hat, indem er die irdische Gerechtigkeit für wesensmäßig gerecht gehalten habe und sich imstande sah, sie zu erkennen und darüber zu urteilen.[69]

Doch sah er sich darin stets aufs Neue getäuscht; und zwar so oft, dass er das Vertrauen in seine Urteilskraft und die der anderen einbüßte: « Mais je me suis trouvé tant de fois en faute de jugement droit, qu'enfin je suis entré en défiance de

66 *Blaise Pascal*, Pensées, Fragment 375.

67 Den zersetzenden Zweifel an der diesseitigen Gerechtigkeit beschreibt am deutlichsten *Emil Lerch*, Pascals „Gedanken" über Recht und Gerechtigkeit, Zeitschrift für schweizerisches Recht, Schweizerischer Juristenverein 61 (1942), 339, 359: „Seine Dialektik hat nicht nur jede Grundlage des positiv geltenden Rechts zerstört, indem sie auch dieses auf Zufall und Willkür reduziert, sondern auch die Möglichkeit eines einheitlichen Rechtsbewusstseins, das vertikal durch die verschiedenen Stände sozialen und geistigen Ranges hinauf in eine wirklich gültige und durch keine ‚pensée de derrière la tête' entnervte Staatsauffassung zu gewährleisten vermöchte".

68 *Blaise Pascal*, Pensées, Fragment 375.

69 *Emil Lerch*, Pascals „Gedanken" über Recht und Gerechtigkeit, Zeitschrift für schweizerisches Recht, Schweizerischer Juristenverein 61 (1942), 339, 358, kann daher als Resultat dieser Einsicht festhalten, „wie sehr Pascal auf der ganzen Linie die Ohnmacht und Verdunkelung der menschlichen Gerechtigkeit zu zeigen bestrebt ist".

moi et puis des autres ».[70] Der erschütterte Glaube an die Gerechtigkeit gerät auf diese Weise zu einem das Selbstbewusstsein ebenso wie die interpersonale Wahrnehmung berührenden Akt der Selbsterkenntnis.[71]

cc) Pascals Wandel der Perspektive durch die wandelbare „wahre Gerechtigkeit"

Damit verändert sich freilich auch Pascals Blick auf die Welt, weil er gewahr wurde, dass alle Länder und Menschen einem beständigen Wandel unterworfen sind: « J'ai vu tous les pays et hommes changeants ».[72] Wie sich sogleich noch erweisen wird, könnte bei dieser Einsicht beständiger Veränderung, die nicht von ungefähr auch die raumzeitliche Relativität des Rechts voraussetzt, Montaigne Pate gestanden haben. Bevor dem jedoch nachgegangen wird, sei der anthropologische Ausgangspunkt und der Wandel in Pascals Perspektive erläutert, den er freimütig erklärt: « et ainsi, après bien des changements de jugement touchant la véritable justice, j'ai connu que notre nature n'était qu'un continuel changement ».[73] Die menschliche Natur ist also einem ständigen Wandel unterworfen, ja sie ist selbst wesensmäßig kontinuierliche Veränderung.

Es ist interessant, dass diese elementare Einsicht vom Problem der Erkenntnis der Gerechtigkeit ausgeht. Indem er die wahre Gerechtigkeit zu fassen sucht, findet er im Gegenteil nichts als Wandlungen und beständigen Wechsel der Erscheinung vermeintlicher Gerechtigkeit.[74] Sein Beschluss lautet daher, sich selbst treu zu bleiben und sich möglichst nicht mehr zu ändern, um eine Konstante zu schaffen und seinem Leben im Hinblick auf die Gerechtigkeit einen Halt zu geben:

---

70 *Blaise Pascal*, Pensées, Fragment 375.

71 Siehe auch *Ewald Wasmuth*, Person und Ordnung bei Pascal, Philosophisches Jahrbuch 61 (1951), 80.

72 *Blaise Pascal*, Pensées, Fragment 375.

73 *Blaise Pascal*, Pensées, Fragment 375.

74 Hierin liegt eine auffällige Parallele zu *Friedrich Nietzsche*, Nachgelassene Fragmente, August-September 1885, 40 (65), Kritische Studienausgabe, Band 11 (Hg. Giorgio Colli/Mazzino Montinari), S. 664: „Es geschah spät – ich war schon über die zwanziger Jahre hinaus –, dass ich dahinter kam, was mir noch ganz und gar fehle: nämlich die Gerechtigkeit. ‚Was ist Gerechtigkeit? Und ist sie möglich?' Solchermaßen fragte ich mich unablässig. Es beängstigte mich tief, überall, wo ich bei mir nachgrub, nur Leidenschaften, nur Winkel-Perspektiven, nur die Unbedenklichkeit dessen zu finden, dem schon die Vorbedingungen zur Gerechtigkeit fehlen: aber wo war die Besonnenheit? – Besonnenheit aus umfänglicher Einsicht?". Zu dieser Stelle *Jens Petersen*, Nietzsches Genialität der Gerechtigkeit, 2. Auflage 2015, S. 214; zu Nietzsche und Pascal, ebenda, S. 55; sowie *Friedrich Nietzsche*, Menschliches Allzumenschliches II 2, 1879, S. 408. Es verwundert nicht, dass *Friedrich Nietzsche*, Der Wille zur Macht, 786, insbesondere bei Pascal eine „psychologische Verschärfung des Blicks" diagnostizierte.

« et je n'ai plus changé depuis ».[75] Jede Veränderung der eigenen Persönlichkeit würde unweigerlich dazu führen, dass auch die Anschauung über die Gerechtigkeit sich wandeln würde, weil die menschliche Natur permanent im Flusse ist. Diese skeptische Philosophie, deren gedanklicher Ausgangspunkt notwendigerweise ein konservativer ist,[76] wie sich auch in dem Vorsatz zeigt, sich nicht mehr ändern zu wollen, weist Pascal als Leser Montaignes aus,[77] mit dessen Rechtsdenken sie in einem markanten Punkt nahezu wörtlich übereinstimmt,[78] wovon im Folgenden die Rede sein soll.[79]

2. Pascal und Montaigne

Wir haben gesehen, dass Pascal wie wenige vor ihm die Frage der Erkennbarkeit der Gerechtigkeit gestellt hat, indem er lapidar festhielt: « il l'ignore », d. h. er kennt sie nicht. Aufschlussreich ist die für Pascal typische hypothetische Fortführung dieses Gedankens: « Certainement s'il la connaissait, il n'aurait pas établi cette maxime, la plus générale de toutes celles qui sont parmi les hommes, que chacun suive les mœurs de son pays ».[80]

a) Pascals Anklänge an Montaigne

Wenn er sie also kennte – und die Möglichkeit scheint es immerhin für Pascal zu geben –, hätte er niemals jenen allgemeinsten Grundsatz unter den Menschen aufgestellt, dass jeder den Sitten seines Landes folgen solle. Dieses überraschende

75 *Jacques Attali*, Blaise Pascal. Biographie eines Genies, 2. Auflage 2007, S. 128, interpretiert dieses Fragment – ähnlich wie verschiedene andere über Recht und Ungerechtigkeit – als Reaktion auf die dem Vater seitens des Staates widerfahrene Ungerechtigkeit.

76 *Max Horkheimer*, Montaigne und die Funktion der Skepsis, Gesammelte Schriften (Hg. Alfred Schmidt), Band 4, 1988, S. 240 f.

77 *Emile Baudin*, La philosophie de Pascal, II/2, 1947, S. 28, hat diese Gefahr der Erstarrung in der Sozialphilosophie Pascals am deutlichsten herausgestellt: « On voit maintenant pourquoi et comment Pascal, soucieux d'éviter l'anarchie et l'esprit révolutionnaire, qui découlent directement du pyrrhonisme moral libertiniste, en vient à professer un conservativisme social et politique rigide et étroit à souhaiter, prêt à maintenir et à cannoniser tout status quo quel qu'il soit ».

78 Vgl. auch zur Skepsis gegenüber der Gerechtigkeit als solcher *Annemarie von der Groeben*, « Le cœur a son ordre, l'esprit le sien » – Eine Überlegung zum Begriff « ordre » bei Pascal, Festschrift für Hartmut von Hentig, 1985, S. 50, 53 („skeptizistisches Gedankengut, über das ein gebildeter Leser des 17. Jahrhunderts in der Regel verfügte").

79 Näher *Jens Petersen*, Montaignes Erschließung der Grundlagen des Rechts, 2014.

80 *Blaise Pascal*, Pensées, Fragment 294.

Verdikt ist wohl nur verständlich, wenn man Pascal – wie auch im Übrigen Descartes – als Leser Montaignes begreift.[81] Montaigne, den Pascal an vielen Stellen seiner Pensées und durchaus nicht immer zustimmend zitiert,[82] aber unausgesprochen in das innere Gespräch einbezieht[83] und auf dessen Darstellungen von Staat und Recht er mitunter verweist,[84] hat unter Berufung auf Sokrates die Frage aufgeworfen, ob es nicht vernünftig sei, dass jeder den Gesetzen seines Landes gehorche, gleichsam als göttlichem Ratschlag.[85] Montaigne hatte dabei die Möglichkeit vor Augen, dass sich die Wahrheit im Antlitz der Rechtsförmigkeit und der Gerechtigkeit – wenn sie denn überhaupt erkennbar wäre! – offenbaren könne, wobei er wohl ebenso skeptisch wie später Pascal der Frage gegenüberstand, ob und inwieweit dies durch die jeweiligen Sitten des Landes abgebildet würde.[86] Aber auch an späterer Stelle orientiert sich Pascal an Montaigne, den er unausgesprochen und teils wörtlich zitiert; er verwendet sogar dieselben lateinischen Zitate wie Montaigne,[87] der wiederum sich auf Cicero,[88] Seneca[89] und Tacitus[90] beruft. Interessanter für unseren Zusammenhang ist aber auch hier das inhaltlich implizite Zitat, wenn es bei Pascal heißt: « De cette confusion arrive que l'un dit que l'essence de la justice est l'autorité du législateur, l'autre la commodité du souverain, l'autre la coutume présente ».[91] Zumindest diese letztgenannte Alternative ist wiederum Montaigne entlehnt: « Et de ce que

81 *Léon Brunschvicg*, Descartes et Pascal, lecteurs de Montaigne, 2. Auflage 1945.

82 *Blaise Pascal*, Pensées, Fragmente 62 – 65. Eingehend *Jens Petersen*, Montaignes Erschließung der Grundlagen des Rechts, 2014.

83 *Richard Friedenthal*, Entdecker des Ich. Montaigne – Pascal – Diderot, 1969.

84 *Blaise Pascal*, Pensées, Fragment 613.

85 *Michel de Montaigne*, Essais (Édition P. Christian), 1868, Zweites Buch, 12. Kapitel, S. 365: « Au demourant, si c'est de nous que nous tirons le reglement de nos mœurs, à quelle confusion nous reiectons nous? car ce que nostre raison nous y conseille de plus vraysemblable, c'est généralement à chascun d'obeïr aux lois de son païs, comme porte l'advis de Socrates, inspiré, dict il, d'un conseil divin ».

86 *Michel de Montaigne*, Essais (Édition P. Christian), 1868, Zweites Buch, 12. Kapitel, S. 365: « La verité doibt avoir un visage pareil et universel : la droitcture et la iustice, si l'homme en cognoissoit qui eust corps et véritable essence, il ne l'attacheroit pas à la condition des coustumes de cette contree, ou de celle là ».

87 *Michel de Montaigne*, Essais (Édition P. Christian), 1868, Zweites Buch, 12. Kapitel.

88 *Marcus Tullius Cicero*, De finibus bonorum et malorum, V, 21.

89 *Lucius Annaeus Seneca*, Briefe, 95.

90 In Anlehnung an *Publius Cornelius Tacitus*, Annales III, 25; ihn zitiert er freilich ungenau, wenn es in Fragment 294 heißt: „ut olim vitiis, nunc legibus laboramus". *Publius Cornelius Tacitus*, Annales III, 25, formuliert hingegen anders und passivisch: „utque antehac flagitiis, ita tunc legibus laborabatur" (hier zitiert nach der von Erich Heller herausgegebenen und von Manfred Fuhrmann eingeleiteten Tusculum-Ausgabe, 3. Auflage 1997).

91 *Blaise Pascal*, Pensées, Fragment 294.

tiennent aussi les cyrenaïques, qu'il n'y a rien de iuste de soy; que les coustumes et loix forment la iustice ».[92]

Dieser Gedanke Montaignes, dass es nichts an sich Gerechtes gebe, sondern dass die Sitten und Gesetze prägende Kraft entfalten und die Gerechtigkeit bilden, hat Pascal ersichtlich nachhaltig geprägt, wie sich auch aus dem Folgenden ergibt: « et c'est le plus sur: rien, suivant la seule raison, n'est juste de soi; tout branle avec le temps. La coutume fait toute l'équité, par cette seule raison qu'elle est reçue; c'est le fondement mystique de son autorité ». Hier begegnet erneut im Ausgangspunkt die praktisch wörtliche Entsprechung, wonach nichts an und für sich gerecht ist, die sich immerfort Bahn brechende Gewohnheit aber alle Lebensverhältnisse durchformt.[93] Zugleich wird der Stellenwert des Herkommens und der Sitte betont, welche durch ihre elementare historische Kraft eine gerechtigkeitsstiftende Wirkung erzeugt.[94] Angemessenheit bewirkt. Schließlich – und vor allem – bringt Pascal es im Anschluss an eine berühmte Stelle Montaignes auf den Nenner, wonach dies das mystische Fundament seiner Autorität ist.[95] Diese Wendung wird später Derrida aufgreifen, wovon weiter unten die Rede sein wird, doch geht sie ebenfalls auf Montaigne zurück, der bereits gesagt hat: « Or, les loix se maintiennent en credit, non parce qu'elles sont iustes, mais parce qu'elles sont loix: c'est le fondement mystique de leur auctorité, elles n'en ont point d'aultre ».[96] Die Gesetze enthalten und stiften Vertrauen, d. h. verfügen über Kredit, nicht weil sie gerecht sind, sondern weil sie eben Gesetze sind.

b) Unterschiedliche Betonungen und Akzentverschiebungen

Und doch kennt Pascals Montaigne-Rezeption markante Grenzen, die nicht von ungefähr gerade im Hinblick auf das Recht virulent werden.[97] In einem gleichsam innehaltenden Gedanken, der paradoxerweise seinerseits Montaigne entlehnt ist,[98] klärt uns Pascal zunächst abstrakt darüber auf: « Ce n'est pas dans

---

92 *Michel de Montaigne*, Essais (Édition P. Christian), 1868, Drittes Buch, 13. Kapitel, S. 682.

93 *Karlheinz Stierle*, Pascals Reflexionen über den ‚ordre' der *Pensées*, Poetica 4 (1971), 167, 189: „*Coutume* ist bei Pascal eine unüberwindliche Macht, der auch der esprit nicht zu widerstehen vermag".

94 Man kann hier an *Friedrich Nietzsches* (Morgenröte I 9) „Sittlichkeit der Sitte" denken; zu ihr *Jens Petersen*, Nietzsches Genialität der Gerechtigkeit, 2. Auflage 2015.

95 Ausführlich *Jens Petersen*, Montaignes Erschließung der Grundlagen des Rechts, 2014, § 4 f.

96 *Michel de Montaigne*, Essais (Édition P. Christian), 1868, Drittes Buch, 13. Kapitel, S. 682.

97 *Erich Auerbach*, Über Pascals politische Theorie, in: Vier Untersuchungen zur Geschichte der französischen Bildung, 1951, S. 51, 53, hat die Akzentverschiebung herausgearbeitet, die Pascal gegenüber Montaigne vornimmt.

98 *Léon Brunschvicg*, in: Pascal, Pensées et Opuscules, S. 345 Fußnote 1.

Montaigne, mais dans moi, que je trouve tous ce que j'y vois ».[99] Zunächst geht es um den Gehorsam gegenüber den Sitten und Gebräuchen, die für Montaigne eine mittelbar rechtsstiftende Wirkung haben.[100] Pascal unterscheidet sich von Montaigne durch den Geltungsgrund dieses Gehorsams. Hier habe Montaigne unrecht, weil man die Sitten um ihrer selbst willen zu befolgen habe und nicht etwa weil sie gerecht oder vernünftig seien, auch wenn das Volk sie nur deswegen befolge, weil es sie für gerecht halte, da man nur dem Recht oder der Gerechtigkeit unterworfen sein will:[101] « Montaigne a tort: la coutume ne doit être suivie que parce qu'elle est coutume et non parce qu'elle soit raisonnable ou juste, mais le peuple la suit par cette seule raison, qu'il la croit juste; (...) car on ne veut être assujetti qu'à la raison ou qu'à la justice ».[102] Dieser Gedanke findet sich spiegelbildlich im Fragment für die Gesetzesbefolgung, die Pascal um ihrer selbst willen gebietet und nicht etwa weil die Gesetze gerecht seien.[103]

c) Pascals angstvolles Rechtsverständnis

Daher findet sich in dem gegen Montaigne gerichteten Gedanken ein entsprechender Parallelismus, der die Tyrannei beschwört, wenn das Vertrauen in die Rechtsunterworfenheit oder die Herrschaft der Gesetze in Frage gestellt werde: « La coutume, sans cela, passerait pour tyrannie; mais l'empire de la raison et de la justice n'est non plus tyrannique que celui de la délectation: ce sonst les principes naturels à l'homme ».[104] Auch wenn Pascal ebenso wie Montaigne den anthropologischen Ausgangspunkt sucht, der auch für Montaigne in der Befangenheit in der condition humaine liegt,[105] erweist er sich mit diesen Einschränkungen als der

---

99 *Blaise Pascal*, Pensées, Fragment 64.

100 Näher *Jens Petersen*, Montaignes Erschließung der Grundlagen des Rechts, 2014, § 1 f.

101 Rechtsphilosophisch aufschlussreich *Hugo Friedrich*, Pascal, in: Romanische Literaturen, Band 1 (Hg. Brigitte Schneider-Pachaly), 1973, S. 139, 153 f.: „In vielen Fragmenten will es allerdings scheinen, als ob er eine kategorische Entwertung des Menschen wollte. Das ist überall dort der Fall, wo er Illusionen demaskiert, wo er das sinnlose Auf und Ab der Fortuna beschreibt (...), wo er jede Erfüllbarkeit einer Rechtsidee leugnet und nur einen Haufen von positiven Rechtssätzen vorfindet, die aus Gewalt und Gewohnheit geboren sind und zu ihrem Schutz das Rechtloseste, nämlich wiederum die Gewalt brauchen (...)".

102 *Blaise Pascal*, Pensées, Fragment 325. Siehe dazu auch *Arthur Rich*, Pascals Gedanken über Recht und Macht, Theologische Zeitschrift der Universität Basel 3 (1952), 205, 218: „Weil aber das in seiner Inhaltslosigkeit ohnmächtige Rechtsgefühl des Menschen ein sicheres Recht nicht finden kann, darum ist man auf die Macht verfallen, die sicher ist".

103 *Blaise Pascal*, Pensées, Fragment 298.

104 *Blaise Pascal*, Pensées, Fragment 325.

105 Näher *Jens Petersen*, Montaignes Erschließung der Grundlagen des Rechts, 2014, § 4.

rigidere, weniger liberale Rechtsdenker als Montaigne.[106] Darüber hinaus mutet Pascals Lesart mitunter in einer Montaigne fremden Weise zynisch an,[107] wenn er dem Volk unbedingten Gehorsam in der Illusion der Gerechtigkeit der Vorgaben abverlangt.[108]

Es ist letztlich ein angstvolles Rechtsverständnis vor aller Aufklärung, weil es Aufruhr und Umsturz für den Fall der Richtigstellung fürchtet.[109] Pascals Rechtsauffassung birgt damit durchaus die Gefahr einer persuasiven Diktatur des Gesetzes- und Sittengehorsams.[110] Jedenfalls hat Pascal im Unterschied zu Montaigne den bestimmenden Faktor der Macht für die Gewohnheit betont.[111]

---

106 Allgemein *Hugo Friedrich*, Pascal, in: Romanische Literaturen, Band 1 (Hg. Brigitte Schneider-Pachaly), 1973, S. 139, 153: „Vieles ist tatsächlich aus Montaigne angeregt, dessen Essais man die Profanbibel Pascals genannt hat. Aber die Art, wie Pascal über den Menschen spricht, ist nicht nur konzentrierter und kühner, sie steht auch unter einer anderen Sinnsetzung".

107 *Morris Bishop*, Pascal, 1938, S. 448, kennzeichnet Pascals Rechtsphilosophie daher als „realistisch, desillusioniert, zynisch und sogar machiavellistisch".

108 *Erich Auerbach*, Über Pascals politische Theorie, in: Vier Untersuchungen zur Geschichte der französischen Bildung, 1951, S. 51, 61, geht so weit festzustellen: „Die wirkliche Macht ist die einzige irdische Erscheinung, für die Pascal eine gewisse Art von Achtung und Anerkennung zeigt, die freilich so bitter und hinterhältig ist, dass sie zuweilen zynisch klingt. Es ist das Recht des Bösen, das er wegen seiner unverfälschten Klarheit respektiert (...); allein es sei gefährlich, das Volk über diesen seinen Irrtum (sc.: dass das Recht gerecht sei) aufzuklären".

109 *Arthur Rich*, Pascals Gedanken über Recht und Macht, Theologische Zeitschrift der Universität Basel 3 (1952), 205, 220, unter Verweis auf *Blaise Pascal*, Pensées, Fragment 878: „In dieser verhängnisvollen Dialektik sieht Pascal das innere Unrecht der Revolution".

110 Vgl. mutatis mutandis *Emil Lerch*, Pascals „Gedanken" über Recht und Gerechtigkeit, Zeitschrift für schweizerisches Recht, Schweizerischer Juristenverein 61 (1942), 339, 352: „Wie weit sind wir an dieser gefährlichen und zweideutigen Stelle (gemeint ist ibidem allerdings Fragment 327) entfernt von der gewaltigen Simplizität, mit welcher der christliche Glaube über alle Arten von Geistern herrscht!"; sowie S. 360 („fast machiavellistische Auffassung der Politik"). Siehe auch *Jens Petersen*, Fichtes Versuch, Machiavelli Gerechtigkeit widerfahren zu lassen, Festschrift für Michael Kloepfer, 2013, S. 927.

111 *Erich Auerbach*, Über Pascals politische Theorie, in: Vier Untersuchungen zur Geschichte der französischen Bildung, 1951, S. 51, 55: „Pascal neigt dazu, die Gewohnheit ihrer Selbständigkeit zu berauben, indem er sie als bloße Funktion der Macht gesetzt ansieht. Er berührt ein Problem, das Montaigne nie behandelt hat, das Verhältnis der Gewohnheit zur Macht".

3. Religion und Anthropologie

Ein im Hinblick auf die Gesetze soweit ersichtlich noch nicht hinlänglich beachteter Gedanke Pascals findet sich in Fragment 380.[112] Dieser sei hier etwas näher nachgezeichnet. Denn in ihm findet sich die Pascalsche Anthropologie, seine Skepsis gegenüber den Gesetzen und sein Verhältnis zur Religion besonders deutlich.[113]

a) Gemeinwohl und Religion

Der Gedanke beginnt mit der eingängigen Feststellung, dass alle guten Maximen in der Welt sind, also vergleichsweise offen zu Tage liegen, nur bedauerlicherweise nicht angewendet werden: « Toutes les bonnes maximes sont dans le monde; on ne manque qu'à les appliquer ».[114] Im Folgenden gibt er drei Beispiele: So bezweifelt man etwa nicht, dass man sich dafür stark machen muss, das öffentliche Wohl zu verteidigen; und mehrere tun dies auch, aber überhaupt nicht für die Religion: « On ne doute pas qu'il ne faille exposer sa vie pour défendre le bien public, et plusieurs le font; mais pour la religion, point ».[115] Daran ist zweierlei interessant: Zum Einen, dass Pascal den Begriff des öffentlichen Wohls verwendet, zum Zweiten, dass er ihn auf die Religion anwendet. Die Religion gehört für ihn also im weitesten Sinne zum Gemeinwohl und ist keine Privatangelegenheit. Dass sie für ihn aber geradezu etwas Existenzielles – und zwar auch als öffentliches Gut – hat, veranschaulicht die Wendung ‚exposer sa vie'.[116]

b) Ungleichheit der Menschen und Herrschaftsverhältnisse

Das zweite Beispiel behandelt den politischen und rechtlichen Bereich anhand einer anthropologischen Grundbedingung: Danach ist es notwendig, dass es Ungleichheit zwischen den Menschen gibt, auch das ist nach Pascal wahr: « Il est nécessaire qu'il y ait de l'inégalité parmi les hommes, cela est vrai ».[117] Die An-

---

112 Andeutungsweise *Nicole Schumacher*, Friedrich Heinrich Jacobi und Blaise Pascal. Einfluss – Wirkung –Weiterführung, 2003, S. 203.

113 *Blaise Pascal*, Pensées, Fragment 574, speziell zu letzterem.

114 *Blaise Pascal*, Pensées, Fragment 380.

115 *Blaise Pascal*, Pensées, Fragment 380.

116 *Vittorio Hösle*, Eine kurze Geschichte der Philosophie, 2013, S. 265, betont mit Recht, dass sich bei Pascal eine erst wieder bei Heidegger in vergleichbarem Ausmaß begegnende „scharfe Kritik an existenzieller Oberflächlichkeit" ausmachen lässt.

117 *Blaise Pascal*, Pensées, Fragment 380.

nahme der Gleichheit aller Menschen kontrastiert seines Erachtens also mit der offenkundigen Ungleichheit der Menschen in bezug auf ihre individuellen Fähigkeiten,[118] die unterschiedliche Güterzuordnung und – jedenfalls zu seiner Zeit – ganz unterschiedliche Rangfolge.[119] Wenn man dieser These der Ungleichheit aber zustimmt, ist nicht nur die Tür zur höchsten Herrschaft, sondern auch zur Tyrannei geöffnet: « mais cela étant accordé, voilà la porte ouverte, non seulement à la plus haute domination, mais à la plus haute tyrannie ».[120] Auch hier fällt auf, dass Pascal nicht die Gleichheit der Seelen vor Gott beschwört, wie man es von einem Religionsphilosophen erwarten könnte,[121] sondern die menschlichen Niederungen beobachtet. Hienieden aber erblickt er nur Ungleichheit als notwendige Quelle aller Herrschaftsverhältnisse und Unterdrückung.

c) Diskrepanz zwischen Geist und Gesetz

Drittens schließlich ist für Pascal notwendig, den Geist ein wenig freizulassen; aber das öffnet den größten Auswüchsen die Tür; wenn man nur die Grenzen markieren könnte: « Il est nécessaire de relâcher un peu l'esprit; mais cela ouvre la porte aux plus grands débordements. – Qu'on en marque les limites ».[122] Das ist ein durchaus halbherziges Bekenntnis zur Möglichkeit der Freigeistigkeit oder gar Gedankenfreiheit, der sogleich Grenzen gesetzt und Zügel angelegt werden. Anders als der Freigeist Montaigne, der allem Menschlichen ein gewisses Grundvertrauen entgegenbringt, misstraut Pascal dem Menschen tendenziell. Diese pessimistische Sicht auf den Menschen und die Dinge, die ihn betreffen, führt Pascal zu einer rechtsphilosophisch aufschlussreichen Diskrepanz. Es gibt für ihn überhaupt keine Begrenzungen in den Dingen selbst; die Gesetze wollen sie setzen, doch der Geist kann es nicht ertragen: « Il n'y a point de bornes dans les choses: les lois y en veulent mettre, et l'esprit ne peut le souffrir ».[123] In der Notwendigkeit der Herstellung praktischer Konkordanz zwischen Freiheit und

---

118 *Blaise Pascal*, Pensées, Fragment 7, bringt den Gedanken der Individualität der Menschen ebenfalls zum Ausdruck, knüpft allerdings an die Erkenntnis dieser Individualität die Bedingung geistiger Überlegenheit, also ebenfalls eine individuelle Befähigung.

119 In diesem Gedanken liegt eine gewisse Entsprechung zu einigen Aphorismen Nietzsches und zugleich ein maßgeblicher Unterschied zu Montaigne, was hier jedoch nicht vertieft werden kann; näher *Jens Petersen*, Nietzsches Genialität der Gerechtigkeit, 2. Auflage 2015 passim.

120 *Blaise Pascal*, Pensées, Fragment 380.

121 An dieser religionsphilosophischen Prämisse entzündet sich nicht von ungefähr Nietzsches Ablehnung der Gleichheit; vgl. *Friedrich Nietzsche*, Der Wille zur Macht, S. 765; dazu *Jens Petersen*, Nietzsches Genialität der Gerechtigkeit, 2. Auflage 2015, S. 185 f., 218

122 *Blaise Pascal*, Pensées, Fragment 380.

123 *Blaise Pascal*, Pensées, Fragment 380.

Bindung erweisen sich die Gesetze für Pascal immerfort als untaugliche Mittel, welche die Leidenschaften und Interessen nicht bändigen können,[124] weil der menschliche Geist unweigerlich auf Überschreitung der gesetzten Grenzen sinnt. Denn diese sind immer willkürlich und niemals natur- oder gar gottgegeben.

4. Recht und Macht

Daher muss im Folgenden das Verhältnis von Recht und Macht zueinander behandelt werden, wie es in Pascals politischem Denken zum Ausdruck kommt.[125] Es ist gewiss auch zeitbedingt, dass für Pascal unumschränkte höfische Macht mit ihren eigentümlichen und wiederum machtbildenden Gepflogenheiten auffällig ist, wenn man beispielsweise an die ebenfalls aus dieser zeitgeschichtlichen Tradition kommenden Fabeln La Fontaines denkt,[126] der ebenfalls mit den höfischen Gepflogenheiten Frankreichs bestens vertraut war.[127] Einen tiefgründigen Gedanken, der das soeben zu Montaigne Erörterte konsequent fortsetzt, bildet das genannte Parallel-Fragment über Recht und Macht.[128] Dieses beginnt scheinbar tautologisch, wenn für recht erklärt wird, dass das, was gerecht ist befolgt wird, zumal da sich die Worte im französischen Original auffallend wiederholen:[129] « Il est juste que ce qui est juste soit suivi ».[130]

---

124 *Blaise Pascal*, Pensées, Fragment 694.

125 Zu Pascals politischem Denken auch *Jacques Maritain*, The political Ideas of Pascal, in: Ransoming the Time, 1941, S. 33 ff.

126 Dazu *Jens Petersen*, Recht und Macht in den Fabeln La Fontaines, Festschrift für Otmar Seul, 2014, S. 384.

127 *Marc Fumaroli*, Le Poète et le Roi. Jean de La Fontaine et son siècle, 1997.

128 Hier und im Folgenden *Blaise Pascal*, Pensées, Fragment 298. Siehe auch *Arthur Rich*, Pascals Gedanken über Macht und Recht, Theologische Zeitschrift der Universität Basel 3 (1952), 205.

129 *Erich Auerbach*, Über Pascals politische Theorie, in: Vier Untersuchungen zur Geschichte der französischen Bildung, 1951, S. 51 ff., hat Struktur und Stilmittel dieses Fragments am eindringlichsten untersucht, insbesondere die „Aussagen in symmetrisch gebauten Satzpaaren (Isokola)"; er gibt mit guten Gründen zu bedenken, dass es „nicht frei von Sophistik zu sein scheint. Sind es nicht zwei Bedeutungen des Wortes juste, die Pascal so behandelt, als wären sie identisch? Im Anfang bedeutet juste doch wohl wahres, natürliches, absolutes Recht; später dagegen, wo es in die Hände der Macht fällt, gesetztes positives Recht. Es *ist* ja doch wohl nicht Recht, was auf Macht beruht, sondern gilt nur dafür". Hervorhebung auch dort.

130 *Blaise Pascal*, Pensées, Fragment 298.

5. Zusammenführung von Macht und Recht

Doch erklärt sich dies im Hinblick auf den scheinbaren Parallelismus, der nicht von ungefähr bei der effektiven Machtdurchsetzung seine wesentliche Aussage entfaltet: « il est nécessaire que ce qui est le plus fort soit suivi ».[131] Hier wird also im Unterschied zu der erstgenannten Direktive gerade kein moralisches Urteil gefällt, sondern die Einsicht in die Notwendigkeit verfügt, weil für den Inhalt des moralischen Gesetzes theologisch ohnehin gilt, dass die gesamte Moral letztlich in der Erbsünde und der Gnade besteht:[132] « toute la morale (sc.: consiste) en la concupiscence et en la grace ».[133] Der Machtmechanismus erweist sich demgegenüber als wirksamer denn jedes Recht, sofern es sich nicht ohnehin danach richtet, so dass die Macht das Recht formt.[134] Demgemäß hängen beide – Macht und Recht – für Pascal unabdingbar zusammen, weil die Eine ohne das Andere nicht recht bestehen können und ausufern: « La justice sans la force est impuissante, la force sans la justice est tyrannique ».[135] Wo sie getrennt werden, drohen Ohnmacht oder Tyrannei. Beides aber verheißt Unordnung und führt bald zum Bürgerkrieg, bald zur Willkür. Weil die Übel der Welt nun einmal fortbestehen:

---

131 *Blaise Pascal*, Pensées, Fragment 298; zu dieser Stelle *Ewald Wasmuth*, Die Philosophie Pascals unter besonderer Berücksichtigung seiner Lehren von dem Unendlichen und dem Nichts und den Ordnungen, 1949, S. 279.

132 *Hugo Friedrich*, Pascal, in: Romanische Literaturen, Band 1 (Hg. Brigitte Schneider-Pachaly), 1973, S. 139, 157, markiert den anthropologischen Ausgangspunkt: „Die Menschenkunde führt zurück oder hinaus in das theologische Verstehen. Der Widersinn des Menschen soll seine Erklärung finden aus den schöpfungsgeschichtlichen Tatsachen: einst gottgeschaffen, verfiel er in Erbsünde, alle seine Größenrelikte sind Spuren der Gott-Erschaffenheit, seine Verworfenheiten Zeichen seines Falls".

133 *Blaise Pascal*, Pensées, Fragment 523.

134 *Erich Auerbach*, Über Pascals politische Theorie, in: Vier Untersuchungen zur Geschichte der französischen Bildung, 1951, S. 51, 54 f., zeichnet dies in noch dunkleren Farben: „Pascal (...) gibt der reinen Macht, die sich die Gewohnheit willkürlich bildet, die Fähigkeit zur freien Rechtschöpfung – ja er sagt mit bitterem Triumph (...), dass dies zu Recht geschieht, denn es gebe gar kein anderes Recht als das, welches die Macht in ihren Händen halte".

135 *Blaise Pascal*, Pensées, Fragment 298; zum besseren Verständnis dieser Stelle *Michael Stolleis*, Blaise Pascal – Gedanken zur Ungewissheit des Rechts, Festschrift für Jan Schröder, 2013, S. 787, 793: „Diese Gewalt, die den Rechtsgewohnheiten Festigkeit verleiht und sie als ›Recht‹ erscheinen lässt, wird zwar, wenn sie sich nicht mit dem Recht verbündet, tyrannisch genannt, aber sie scheint auch – ohne jede Moral – als Beschützerin vor dem Chaos willkommen. Pascal betet die Gewalt nicht an, davon ist er weit entfernt, aber er beschreibt sie als das einzig feste Element, das im Strudel des Nichtwissens und der Täuschung Ordnung schafft. (...) Das Ideal einer klar erkennbaren Gerechtigkeit, ausgestattet mit der Gewalt, sich durchzusetzen, bleibt eine Utopie. Die zweitbeste Lösung lautet deshalb, man habe als gerecht zu akzeptieren, ›was Gewalt hat‹".

« La justice sans force est contredite, parce qu'il y a toujours des méchants; la force sans la justice est accusée ».[136]

6. Synthese von Machteindämmung und Rechtsdurchsetzung

Pascal erweist sich als hellsichtiger Analytiker nicht nur seiner Zeit, wenn er aufgrund der geschichtlichen Erfahrungen die Synthese von Machteindämmung und Rechtsdurchsetzung formuliert:[137] « Il faut donc mettre ensemble la justice et la force; et pour cela faire que ce qui est juste soit fort, ou que ce qui est fort soit juste ».[138] Dieser wohlfeile Wunsch wird von Pascal nicht ohne einen Hintergedanken ganz bewusst in dieser Schlichtheit vorgetragen. Es ist die tiefgründige Einsicht, dass man niemals Einmütigkeit über das Recht wird herstellen können, jedoch jederzeit weiß, was die Macht gebietet und bedeutet:[139] « La justice est sujette à dispute, la force est très reconnaissable et sans dispute ». Mit naturwissenschaftlicher Präzision gelangt Pascal zu der Diagnose, dass die zur Wechselbezüglichkeit verurteilten Elemente grundverschieden sind, weil das eine notwendigerweise unbestimmt, das andere dagegen jederzeit bestimmbar ist. So umstritten das Recht ist, so spürbar ist die Macht. Und doch darf diese nicht ohne jenes bestehen.

---

136 *Blaise Pascal*, Pensées, Fragment 298.

137 *Vittorio Hösle*, Moral und Politik. Grundlagen einer Politischen Ethik für das 21. Jahrhundert, 1997, S. 408, unterscheidet das Analytische, Deskriptive und Normative dieses Gedankens anschaulich: „Pascal hat diesen Punkt an einer berühmten Stelle der ‚Pensées' entwickelt. Dass sich die Macht durchsetze, schreibt er, sei notwendig (genauer handelt es sich um einen analytischen Satz). Dass sich das Moralische (Pascal spricht von Gerechtigkeit) durchsetze, sei gerecht – das heißt: Es ist eine Sollensforderung, die als solche ebenso unbedingt gilt wie jener deskriptive Satz. Also ist eine Vereinigung von Macht und Moral gefordert; nur sie kann beide Notwendigkeiten, die deskriptive und die normative, erfüllen".

138 *Blaise Pascal*, Pensées, Fragment 298.

139 Zweifelhaft *Erich Auerbach*, Über Pascals politische Theorie, in: Vier Untersuchungen zur Geschichte der französischen Bildung, 1951, S. 51, 53, wonach Pascal meint, dass „auf Erden die Macht nicht nur das wirkliche, positive, sondern auch das ‚rechtmäßige' Recht sei".

7. Weitblick über den Sein-Sollen-Dualismus hinaus

Bei unbefangener Betrachtung könnte man annehmen, Pascal unterlaufe hier ein naturalistischer Fehlschluss, indem er von einem Sein auf ein Sollen schließe und Faktizität mit Normativität unzulässig vermenge.[140]

a) Ineinandergreifen von Faktizität und Normativität

Aber wie so oft in seinen Gedanken, wählt Pascal eine an Einfachheit nicht zu überbietende Darstellung, die viel voraussetzt und gerade dadurch die elementare Einsicht freilegt. So erinnert er uns unausgesprochen daran, dass Sein und Sollen in der Rechtswelt eben gerade nicht beziehungslos nebeneinander stehen, sondern notwendigerweise ineinandergreifen. In aphoristischer Zuspitzung und einsamer Abstraktionshöhe führt Pascal zusammen, was in dogmatischer Erstarrung scheinbar getrennt beurteilt werden muss und dadurch verengt betrachtet wird; in der gleichförmigen Wortwahl (juste/justice) schwingt eine Gleichsetzung von Moral und Sittlichkeit mit, bei der aufgrund der scheinbar identischen Wortbedeutung eine Inkonzinnität durchschimmert.[141] Es illustriert einen Weitblick über den Sein-Sollen-Dualismus hinaus, weil die Alternative unweigerlich in eine perspektivische Verengung münden und der Wirklichkeit nicht gerecht würde: « Ainsi on n'a pu donner la force à la justice, parce que la force a contredit la justice et a dit qu'elle était injuste, et a dit que c'était elle qui était juste. Et ainsi ne pouvant faire que ce qui est juste fût fort, on a fait que ce qui est fort fût juste ».[142] Die schlichte, wiederholte Wortwahl in Prämissen und Folgerung führt scheinbar more geometrico mit beinahe syllogistisch anmutender

---

140 In anderem Zusammenhang dazu *Michael Stolleis*, Blaise Pascal – Gedanken zur Ungewissheit des Rechts, Festschrift für Jan Schröder, 2013, S. 787, 792: „Pascal durchbohrt mit seinem Skeptizismus die Verwandlung der Gewohnheit in Vernunft, wohl auch weil er einen unzulässigen Sprung vom Faktum der konstanten Überlieferung einer Norm auf ihren Sollenscharakter vermutet". Aber es ist keineswegs ausgemacht, dass der Montaigne-Leser Pascal von der strikten Unterscheidbarkeit von Sein und Sollen überzeugt war.

141 Treffend *Vittorio Hösle*, Moral und Politik. Grundlagen einer Politischen Ethik für das 21. Jahrhundert, 1997, S. 408: „Nachdem Pascal Moral und Sittlichkeit *zu Unrecht, aber mit ironischem Bewusstsein über die Unrechtmäßigkeit seines Schrittes* gleichgesetzt hat, erklärt er, jene Vereinigung sei auf doppelte Weise möglich: Entweder werde das Gerechte mächtig, oder das Mächtige gerecht. Mit welcher der beiden Möglichkeiten ist zu rechnen? Da die Gerechtigkeit schwer zu erkennen sei, die Macht hingegen offen zutage liege, da ferner die Macht erkläre, sie sei die Gerechtigkeit, habe man – unfähig, der Gerechtigkeit Macht zu verleihen – die Macht zur Gerechtigkeit erklärt". Hervorhebung nur hier.

142 *Blaise Pascal*, Pensées, Fragment 298 a.E.

Strenge den paradoxen (Fehl-)Schluss vor, der zu einer Rechtfertigung bestehender Machtzustände führen kann.[143]

b) Moral und Geschichte

Und doch kann man auch Pascal entgegenhalten, dass er einer Engführung unterliegt, indem er aus der diagnostischen Bewertung gegenwärtiger Machtzustände seiner Zeit[144] die Wechselwirkung von Macht und Recht in der Geschichte insgesamt zu pessimistisch beurteilt.[145] Er betrachtet die Geschichte ebenso wie die Moral allein unter dem Blickwinkel des Glaubens;[146] für ihn war nicht die Geschichte der Staaten bedeutsam, sondern allein die Historizität der Ankunft Jesu.[147] Von daher freilich enthüllt sich ihm eine eigentümliche Schönheit bestimmter Epochen der Geschichte, die aus heutiger Sicht zumindest teilweise von erheblicher Willkür geprägt waren.[148] Andererseits zeigt gerade die Geschichte des vergangenen Jahrhunderts, dass die Gleichsetzung von Recht und Macht in einer

---

143 *Erich Auerbach*, Über Pascals politische Theorie, in: Vier Untersuchungen zur Geschichte der französischen Bildung, 1951, S. 51, 52, analysiert den eigentümlichen Syllogismus noch genauer und beschreibt Pascals Stil am Beispiel dieses Gedankens ebenso präzise wie poetisch in der Synthese: „die einzigartige Verschmelzung von Logik, Rhetorik und Leidenschaft. Die Gedankenführung scheint nichts zu wollen als die Anwendung eines logischen Verfahrens, aber das rhetorische Spiel mit zwei Begriffen in gleichgebauten antithetischen Aussagen bringt eine dramatische Spannung hinein ; und wenn am Schluss die Macht aus dem Begriffskampf hervorsteigt, ihr Haupt und ihre Stimme erhebend (...), da wird ihr Triumph zum Ereignis".

144 *Marc Fumaroli*, Le Poète et le Roi. Jean de La Fontaine et son siècle, 1997, hat diese am Beispiel des berühmten Fabeldichters anschaulich herausgearbeitet.

145 Geschichtsphilosophisch weiterführend *Vittorio Hösle*, Moral und Politik. Grundlagen einer Politischen Ethik für das 21. Jahrhundert, 1997, S. 408: „Gewiss erfasst Pascal einen guten Teil der realen menschlichen Geschichte. Doch handelt es sich eben nur um einen Teil. Sosehr sich Moralvorstellungen dem Machtgleichgewicht verdanken, sosehr sind (...) diese Kämpfe u. a. durch Moralvorstellung motiviert – eine Spirale von Macht und Moral, die Geschichte konstituiert". Rechtsgeschichtlich aufschlussreich *Michael Stolleis*, Blaise Pascal – Gedanken zur Ungewissheit des Rechts, Festschrift für Jan Schröder, 2013, S. 787, 793: „Würde man die Gewohnheit(en) als Rechtsquelle und Maßstab des Rechts nehmen, würde es notwendig nicht nur länderweise verschiedenes Recht geben, es wäre auch der Eingriff der Geschichte in das Recht. Was sich geschichtlich ändert, kann nicht auf Dauer Geltung beanspruchen. Damit wäre der Anspruch universaler Geltung aufgegeben". – Man könnte hinzufügen: Genauso verhält es sich Montaigne zufolge (*Jens Petersen*, Montaignes Erschließung der Grundlagen des Rechts, 2014, § 1 und passim), dessen Leser Pascal war (*Léon Brunschvicg*, Descartes et Pascal, lecteurs de Montaigne, 1945).

146 *Blaise Pascal*, Pensées, Fragment 523.

147 *Blaise Pascal*, Pensées, Fragment 786.

148 *Blaise Pascal*, Pensées, Fragment 700, nennt die Geschichte von Herodes und Cäsar.

Weise zur rechtlosen Tyrannei werden kann, wie sie sich selbst Pascals pessimistische Anthropologie wohl nicht einmal ansatzweise ausmalen konnte.[149] Davon abgesehen aber ist dieses Fragment ein Musterbeispiel nicht nur Pascalscher Gedankenführung, sondern auch seiner Weltsicht und rhetorischen Brillanz, die ihn zum Vorläufer und Maßstab der großen französischen Moralisten macht, wenn man zugleich bedenkt, dass sich die wahre Moral über die Moral mokiert: « La vraie morale se moque de la morale; c'est–à–dire que la morale du jugement se moque de la morale de l'esprit – qui est sans règles ».[150]

8. Gerechtigkeit und Macht

Wenn Recht und Macht nach dem soeben Bedachten idealerweise zusammenfallen, dann gilt dies auch für das Verhältnis der Gerechtigkeit zur Macht. Diesen Zusammenhang stellt Pascal in einem weniger beachteten Fragment her,[151] das in Anlehnung an Cicero die Überschrift *summum ius, summa iniuria* trägt.[152]

a) Mehrheitsprinzip und Macht

Es beginnt mit einer doppeldeutigen Würdigung des Mehrheitsprinzips.[153] Danach weist die Mehrheit den besten Weg, weil sie sichtbar ist und weil sie die Macht hat,

---

149 Zeitgeschichtlich abgeklärt *Ewald Wasmuth*, Die Philosophie Pascals unter besonderer Berücksichtigung seiner Lehren von dem Unendlichen und dem Nichts und den Ordnungen, 1949, S. 247: „Nun, von diesem Versuch, das, was mächtig ist, rechtens zu machen, können wir heute aus eigener Erfahrung reden, wie davon, dass es doch nicht gelungen ist, durch die Macht das Unrecht rechtens zu machen, obgleich es zu unserer Verzweiflung durch Jahre hindurch so aussah. Dass dies nicht möglich wurde, muss unser Trost in der Zeit des Elends sein, wie zugleich der Hinweis Pascals auf die Macht, ohne die keine Rechtsvorschrift Recht sein kann, obgleich sie anderen Wesens, anderer Ordnung als das Recht ist, uns lehren soll, nicht utopischen Träumen nachzuhängen".

150 *Blaise Pascal*, Pensées, Fragment 4.

151 *Blaise Pascal*, Pensées, Fragment 878.

152 *Marcus Tullius Cicero*, De officiis, I, 10. Zu diesem von ihm so genannten ‚Kennwort' Pascals hellsichtig *Arthur Rich*, Pascals Gedanken über Recht und Macht, Theologische Zeitschrift der Universität Basel 3 (1952), 205, 212: „Was heißt das anderes, als dass das ‚höchste Recht', das der Macht entspringt, zugleich das höchste Unrecht ist, ein Urteil, welches auf eine das bloß effektive, positive Recht transzendierende Wirklichkeit des wahren Rechts deutet".

153 *Blaise Pascal*, Pensées, Fragment 299, behandelt eine andere interessante Ausprägung dieses Prinzips: « Les seules règles universelles sont les lois du pays aux choses ordinaires, et la pluralité aux autres. D'où vient cela? de la force qui y est. Et de là vient que les rois, qui ont la force d'ailleurs, ne suivent pas la pluralité de leurs ministres. Sans doute, l'égalité des biens est juste;

dass man ihr gehorcht: « La pluralité est la meilleure voie, parce qu'elle est visible, et qu'elle a la force pour se faire obéir ».[154] Dieser sinnfällige Gesichtspunkt ist typisch für Pascals Rechtsdenken: Die zahlenmäßig klar ermittelbare Mehrheit stellt einen mathematisch exakten Entscheidungsgesichtspunkt dar. Vor allem ist er im Interesse der Rechtssicherheit ebenso bestimmbar wie beispielsweise Erstgeborenenrechte, die Pascal aus eben diesem Grunde favorisiert.[155] Allerdings ist zugleich auch bezeichnend für Pascals Rechtsdenken, dass er diesen, seines Erachtens vorzugswürdigen Weg (‚la meilleure voie') unmittelbar im Anschluss entscheidend relativiert, indem er zu bedenken gibt, dass dies jedoch die Ansicht der weniger Klugen darstelle, zu denen er sich ganz gewiss nicht zählte: « Cependant c'est l'avis des moins habiles ».[156]

Der Grund dafür dürfte darin liegen – und das ist paradoxerweise die Ursache der Geltung des Mehrheitsprinzips –, dass es nicht auf der Richtigkeit der mehrheitlich ermittelten Ansicht beruht, sondern allein auf der Macht: Die Mehrheit bedeutet eine Akkumulation von Macht, die sich deshalb Geltung verschaffen kann: « Pourquoi suit-on la pluralité? est-ce à cause qu'ils ont plus de raison? non, mais plus de force ».[157] Der Mehrheitswille ist also für ihn lediglich die zweitbeste Lösung, die er nur in Ermangelung etwas Besseren erwähnt, weil die beste letztlich keinen gangbaren Weg darstellt, wie er im Folgenden entwickelt. Sie bestünde darin, die Macht in die Hände der Gerechtigkeit zu legen, wenn man es denn vermocht hätte: « Si l'on avait pu, l'on aurait mis la force entre les mains de la justice ».[158]

mais, ne pouvant faire qu'il soit force d'obéir à la justice, on a fait qu'il soit juste d'obéir à la force; ne pouvant fortifier la justice, on a justifié la force, afin que le juste et le fort fussent ensemble, et que la paix fût, qui est le souverain bien ». – Darüber hinaus ist dieser Gedanke Ausdruck des zu Fragment 298 genannten Prinzips.

154 *Blaise Pascal*, Pensées, Fragment 878.

155 Dazu noch unten sub § 6.

156 *Blaise Pascal*, Pensées, Fragment 878.

157 *Blaise Pascal*, Pensées, Fragment 301, mit der rechtstheoretisch interessanten Parallele: « Pourquoi suit-on les anciennes lois et anciennes opinions? est-ce qu'elles sont les plus saines? non, mais elles sont uniques, et nous ôtent la racine de la diversité ». Diesem tiefgründigen Gedanken hat unverkennbar Montaigne Pate gestanden, doch enthält er zugleich die für Pascal bezeichnende Akzentverschiebung; näher *Jens Petersen*, Montaignes Erschließung der Grundlagen des Rechts, 2014, § 1.

158 *Blaise Pascal*, Pensées, Fragment 878.

b) Macht als Determinante der Gerechtigkeit

Da sich aber die Macht nicht so handhaben lässt, wie man will – sie ist nämlich mit Pascals Worten von spürbarer Qualität, wohingegen die Gerechtigkeit von spiritueller Qualität ist, über die man nach Belieben verfügt – hat man die Gerechtigkeit in die Hände der Gewalt gelegt; und so nennt man gerecht, was zwangsweise zu befolgen ist: « Mais, comme la force ne se laisse pas manier comme on veut, parce que c'est une qualité palpable, au lieu que la justice est une qualité spirituelle dont on dispose comme on veut, on l'a mise entre les mains de la force; et ainsi on appelle juste ce qu'il est force d'observer ».[159] Ebenso wie im zuletzt behandelten Parallelgedanken die Macht das Recht determiniert,[160] bestimmt sie hier die Gerechtigkeit. Und auch wenn Pascal Macht und Recht ansonsten mitunter zumindest bezüglich des Eigenschaftsworts ‚juste' überraschend gleichsetzt, unterscheidet er hier mit Bedacht.

Das kommt in der ‚qualité spirituelle' zum Ausdruck, die mit ‚geistig' zu schwach beschrieben ist, weil sie für Pascal eben auch eine religiös konnotierte spirituelle Dimension hat, die im Ideal auch Abglanz der Gerechtigkeit Gottes ist, welche freilich auf Erden nicht umzusetzen ist, wo sie regelmäßig von der Macht verdrängt wird. Von daher kommt für Pascal das Recht des Schwerts, denn das Schwert schafft wirkliches Recht, wie er martialisch formuliert: « De là vient le droit de l'épée, car l'épée donne un véritable droit ».[161] Das Skandalon besteht darin, dass es für Pascal wirkliches Recht und nicht nur eine Fiktion desselben ist, das durch Gewalt geschaffen wird. Darin liegt vielleicht auch ein Verweis auf Mt 26,52, wonach selbst durch das Schwert umkommen soll, wer durch das Schwert richtet: Wer sich der weltlichen Macht durch Gewaltausübung überantwortet, wird nach diesen Maßstäben der Gewalt, die man das Recht nennt, gerichtet.

c) Weltliches Recht der Macht und gewaltlose göttliche Gerechtigkeit

Zugleich dokumentiert das Bibelwort die kategoriale Entfernung von weltlichem, auf Macht gegründetem Recht von der gewaltlosen göttlichen Gerechtigkeit. So lässt sich auch der Nachsatz erklären mit seinem „geheimnisvollen Hinweis"[162]: « Il n'en est pas de même dans l'Église, car il y a une justice véritable, et nulle

159 *Blaise Pascal*, Pensées, Fragment 878.
160 *Blaise Pascal*, Pensées, Fragment 298.
161 *Blaise Pascal*, Pensées, Fragment 878.
162 *Arthur Rich*, Pascals Gedanken über Recht und Macht, Theologische Zeitschrift der Universität Basel 3 (1952), 205, 212.

violence ».[163] Zugleich kommt im Wege einer Außenverweisung das Naturrecht andeutungsweise ins Spiel, wenn es dort heißt: « Autrement on verrait la violence d'un côté et la justice de l'autre. Fin de la douzième *Provinciale* ».[164] Denn in diesem zwölften der Lettres Provinciales sagt er an dem zitierten Schluss, dass die Gewalt und die Wahrheit nichts übereinander vermögen: « La violence et la vérité ne peuvent rien l'une sur l'autre ».[165] Hierin kann man einen Anklang an ein göttliches Naturrecht erblicken,[166] das vielfach bestritten wird und von dem weiter unten noch die Rede sein soll. Wenn man diese transzendentale Dimension, die einer anderen Ordnung als das irdische Recht zugehört, mitberücksichtigt, gilt eben nicht nur das Recht des Stärkeren,[167] sondern in einem höheren, aber für Pascal maßgeblichen Sinne auch die Stärke des Rechts;[168] dies allerdings nur im Zusammenhang mit einem christozentrischen Wahrheitsanspruch in Anlehnung an Joh 14,6.[169]

II. Pascal im Spiegel der Moderne

Die Interdependenz von Macht und Recht mag einer der Gründe dafür sein, dass Nietzsche, der noch weit über Pascal hinausgehend Sein und Sollen zu-

---

163 *Blaise Pascal*, Pensées, Fragment 878.

164 *Blaise Pascal*, Pensées, Fragment 878.

165 *Blaise Pascal*, Lettres Provinciales, 1656–1657, in: Pascal Œuvres complètes, Band I, Bibliothèque de la Pléiade, 1998, S. 722.

166 *Arthur Rich*, Pascals Gedanken über Recht und Macht, Theologische Zeitschrift der Universität Basel 3 (1952), 205, 210 mit Fußnote 20, 211.

167 So aber *Erich Auerbach*, Über Pascals politische Theorie, in: Vier Untersuchungen zur Geschichte der französischen Bildung, 1951, S. 51, 68, der jedoch zugleich ein interessantes Motiv Pascalschen Denkens aus dem Geist von Port-Royal freilegt, wenn er zusammenfasst: „Auch wenn die Wahrheit unterliegt und verborgen bleibt, ja gerade dann, ist die Gerechtigkeit gewahrt; denn dass Gott die Wahrheit verbirgt, ist eben seine Gerechtigkeit; wenn er sie bekannt werden lässt, so geschieht es aus Gerechtigkeit, aus Gnade und Liebe".

168 *Arthur Rich*, Pascals Gedanken über Recht und Macht, Theologische Zeitschrift der Universität Basel 3 (1952), 205, 211: „Die Macht des Rechts, die allein in seiner Wahrheit liegt, vermag doch nichts über die faktische Gewalt, denn Macht und Recht gehören unendlich geschiedenen Wirklichkeiten an".

169 Zum Bezug Pascals zu der genannten Bibelstelle auch *Rainer Zaiser*, Die Epiphanie in der französischen Literatur. Zur Entmystifizierung eines religiösen Erlebnismusters, 1995, S. 64. Ferner *Fritz Schalk*, Französische Moralisten, 1949, Einleitung S. XVIII f., folgert zutreffend: „In dieser Ordnung ist für die Form des Beweises und der Prinzipien, irgendeines Fortschreitens und Fortschrittes der Argumentation gar kein Raum mehr, sie ist eine Digression, ein ewiges Kreisen des Denkens um das Licht des Evangeliums und der Wahrheit".

sammengeführt hat, in ihm – ungeachtet seiner entgegengesetzten Auffassung zur Religion[170] – einen steten Gewährmann seiner eigenen Ansichten sah, die auch auf seinen Blick auf das Recht ausstrahlten.[171] Aus dem bisher Bedachten folgt an sich die zeitlose Gültigkeit der Pascalschen Gedanken über das Recht. Gleichwohl wird Pascal hierzulande als Rechtsphilosoph nur am Rande zur Kenntnis genommen. So hat man auch den bitteren Spott gerade gegen die Deutschen geflissentlich übersehen.[172] Zwei andere gedankliche Fortführungen sind indes bemerkenswert: die eine stammt aus seinem Heimatland Frankreich und betrifft die sogenannte Dekonstruktion, die andere ist eher eine potentielle, gleichsam ‚konstruierte', weil sie einen Gedanken fortführt.

1. Derridas wenig weiterführende Dekonstruktion

Jacques Derrida hat die Methode der Dekonstruktion, die ihn berühmt gemacht hat, auch auf die Rechtsphilosophie angewandt. Er untersucht das Phänomen der Gesetzeskraft,[173] wobei er auf den mystischen Grund der Autorität rekurriert, also dasjenige, was bereits oben untersucht wurde.

a) Gesetzeskraft als „mystischer Grund der Autorität"

Derrida bezieht sich erklärtermaßen auf die bereits betrachteten Fragmente 294 sowie 298 der Pensées und berücksichtigt dabei auch die Entstehung des Wortes aus den Essays Montaignes,[174] was freilich noch keine Dekonstruktion ist, sondern schlichte Rekonstruktion der textlichen Genese. Er zeichnet zunächst im

---

170 Vgl. *Friedrich Nietzsche*, Der Wille zur Macht, 1906, Fragment 252: „Man soll es dem Christentum nie vergeben, dass es solche Menschen wie Pascal zugrunde gerichtet hat".

171 *Jens Petersen*, Nietzsches Genialität der Gerechtigkeit, 2. Auflage 2015, S. 52 f. und öfter.

172 *Blaise Pascal*, Pensées, Fragment 293 (« les législateurs n'auraient pas pris pour modèle, au lieu de cette justice constante, les fantasies et les caprices des Perses et Allemands »). – Die Stelle belegt im Übrigen, wie sehr Pascal Leser Montaignes war; vgl. *Michel de Montaigne*, Apologie de Raimond Sebond, in: Essais de Montaigne (Édition P. Christian), 1868, Zweites Buch, 12. Kapitel, S. 365: « ce ne seroit pas de la fantasie des Perses (!) ou des Indes que la vertu prendroit sa forme ».

173 *Jacques Derrida*, Force de loi: Le « fondement mystique de l'autorité », 1994, zuerst veröffentlicht im Rahmen des Kolloqiums "Deconstruction and the Possibility of Justice", in: The Cardozo Law Review 11 (1990), 919 (dort auch in englischer Übersetzung mit dem Titel Force of Law: The "Mystical Foundation of Authority"); im Folgenden zitiert nach der deutschen, bei Suhrkamp erschienenen Ausgabe: Gesetzeskraft. Der ‚mystische Grund der Autorität', 1991.

174 *Jacques Derrida*, Gesetzeskraft. Der ‚mystische Grund der Autorität', 1991, S. 22 ff.

Wesentlichen den Gedanken nach, wobei freilich stutzig macht, wie etwa der Schlüsselsatz Pascals paraphrasiert wird, wonach Gerechtigkeit ohne Kraft bzw. Gewalt kraftlos, also ohnmächtig ist:[175] „das heißt, dass die Gerechtigkeit nur dann das ist, was sie ist, dass nur dann Gerechtigkeit widerfahren kann, wenn sie die Kraft hat ‚enforced' zu werden; eine ohnmächtige, kraftlose Gerechtigkeit (Rechtsprechung) kann nicht zur Rechtsprechung dienen."[176] Das ist weniger ein analytisches Urteil als vielmehr ein verdächtiger Pleonasmus, der dadurch nicht sinnstiftend wird, dass – ohnehin etwas unmotiviert – die Rechtsprechung einbezogen wird.

Zumindest ist dies unscharf, wie sich auch an der Deutung Derridas zeigt, wonach das zitierte Montaigne-Wort meine: „Die Gerechtigkeit des Rechts, die Rechtsprechung, die Gerechtigkeit als Recht ist nicht (dasselbe wie) die Gerechtigkeit."[177] Das klärt wenig und betont eher die Unterschiede. Vollends bedenklich stimmt, wenn es im Folgenden heißt: „Das Prinzip meiner Analyse oder vielmehr meiner aktiven, niemals gewaltfreien (sic!) Interpretation – das Prinzip dieser Interpretation, die ich im Laufe meines Vortrags wohl letztlich auf *indirekte Weise* hervorbringen werde – wird sich, vor allem im Falle des Pascalschen Gedankens, der Tradition und dem traditionellen Kontext, dessen Evidenz am sinnfälligsten ist, widersetzen."[178]

---

175 Derrida spielt hier an auf Fragment 298. Dieser Text steht in einem interessanten Spannungsverhältnis zur Rechtsphilosophie Nietzsches und ist daher in diesem Zusammenhang an anderer Stelle (*Jens Petersen*, Nietzsches Genialität der Gerechtigkeit, 2. Auflage 2015) behandelt worden, so dass darauf zur Vermeidung von Wiederholungen verwiesen werden kann. Eingehend der Sammelband « Justice et Force. Politiques au Temps de Pascal » (Actes du Colloque de Clermont-Ferrand 20–23 Septembre 1990, Recueillis par Gérard Ferreyrolles, 1996), mit Beiträgen von *Antony McKenna* (S. 13) ; *Jean Jehasse* (S. 27) ; *Jean-B. Neveux* (S. 43) ; *Pierre Force* (S. 61) ; *André Pérès* (S. 71) ; *Kyriaki Christodoulou* (S. 83) ; *Gérard Ferreyrolles* (S. 95) ; *Jean Mesnard* (S. 111) ; *Dominique Descotes* (S. 141) ; *Martine Pécharman* (S. 161) ; *Simone Goyard-Fabre* (S. 187) ; *Jean Rohou* (S. 207) ; *Frédéric Briot* (S. 225) ; *Koji Kawamata* (S. 237) ; *Alain Niderst* (S. 245) ; *Jacques Plainemaison* (S. 255) ; *John A. Gallucci* (S. 267) ; *Édouard Morot-Sir* (S. 281) ; *Charles M. Natoli* (S. 297) ; *Tetsuya Shiokawa* (S. 307) ; *Christian Meurillon* (S. 319) ; *Thérèse Goyet* (S. 333) ; *Laurent Thirouin* (S. 347) ; *Philippe Sellier* (S. 365).

176 *Jacques Derrida*, Gesetzeskraft. Der ‚mystische Grund der Autorität', 1991, S. 23.

177 *Jacques Derrida*, Gesetzeskraft. Der ‚mystische Grund der Autorität', 1991, S. 25; auf S. 26 soll dann wiederum justice „eher Recht als Gerechtigkeit heißen", womit die soeben erkannte Unterscheidung wieder beliebig wird.

178 *Jacques Derrida*, Gesetzeskraft. Der ‚mystische Grund der Autorität', 1991, S. 23 f.; Hervorhebung auch dort.

b) Kritik

Es ist nicht ganz einfach, einer Interpretation gerecht zu werden, die sich als nicht gewaltfrei – wohl: dem auszulegenden bzw. zu dekonstruierenden Text gegenüber – und ‚widersetzend' einstuft und so eine Befreiung von aller Verbindlichkeit des Textes für sich in Anspruch nimmt. Wie beliebig Derrida letztlich verfährt, veranschaulicht seine Deutung des mystischen Grundes: „An diesem Punkt stößt der Diskurs an seine Grenze: in sich selbst, in seinem eigenen performativen Vermögen, in seiner performativen Kraft oder Macht. Ich schlage vor, dass man dies hier das Mystische nennt. Die gewaltsame Struktur der stiftenden Tat birgt ein Schweigen: ein Schweigen ist darin eingeschlossen und vermauert. Vermauert, von Mauern umgeben, weil dieses Schweigen der Sprache nicht äußerlich bleibt. Ich wäre versucht, jenes, was Montaigne und Pascal den mystischen Grund der Autorität nennen, in dieser Richtung, in diesem Sinne zu interpretieren. Stets wird man das, was ich hier sage oder tue, auf das zurückbeziehen oder gegen das kehren können, was ich eben sage (was eben so geschieht, am oder im Ursprung der Institutionen). Das Wort ‚mystisch' würde ich also so gebrauchen, dass es einen wittgensteinischen Anklang erhält (ich riskiere es, auf diese Weise die Richtung anzugeben, in die ich es wenden würde)."[179]

Man kann sich schwerlich dem Eindruck entziehen, dass Derrida im Rahmen dieser – wie er selbst zugesteht: „ein wenig aktiven Interpretation" – einen Topos entlehnt, diesen eigenmächtig – das heißt wohl: aktiv – deutet, indem er ihn in anderem, eher beliebigen Zusammenhang ‚konstruiert', um ihn auf dieser Grundlage zu *dekonstruieren:* „Die Struktur, die ich gerade beschreibe, ist eine Struktur, in der sich das Recht seinem Wesen nach dekonstruieren lässt: entweder, weil es in Text-Schichten gründet, die man deuten und verwandeln kann (das ist die Geschichte des Rechts, seine mögliche und notwendige Verwandlung, manchmal sogar eine Verbesserung), oder weil sein letzter Grund per definitionem grundlos, unbegründet (sic!) ist. Dass sich das Recht dekonstruieren lässt, ist kein Unglück."[180] Das kann man wohl auch anders sehen, wenn man den Gedankengang nachzuzeichnen versucht.

c) Pascals *l'art de persuader* als Maßstab

Wie weit sich Derrida von seinem Ausgangspunkt ins letztlich Beliebige entfernt und wie wenig er ihm damit gerecht wird, zeigt sich, wenn man seinen Deu-

---

179 *Jacques Derrida*, Gesetzeskraft. Der ‚mystische Grund der Autorität', 1991, S. 28. Zur Kritik daran in diesem Sinne bereits ausführlich *Jens Petersen*, Montaignes Erschließung der Grundlagen des Rechts, 2014, S. 77 ff.

180 *Jacques Derrida*, Gesetzeskraft. Der ‚mystische Grund der Autorität', 1991, S. 29 f.

tungsversuch an dem Maßstab misst, den Pascal selbst in seinem Traktat über die Überzeugungskunst gesetzt hat.[181] Darin finden sich folgende eherne Regeln, deren Einhaltung auch heute noch jedem wissenschaftlichen Text zur Ehre gereichen würde: „1. Niemals den Beweis einer Sache versuchen, die an sich dermaßen evident ist, dass man nichts Klareres hat, um sie zu beweisen. 2. Jeden etwas unklaren Satz beweisen und zu dessen Beweis nur ganz eindeutige Axiome oder bereits angenommene oder bewiesene Sätze heranziehen. 3. Stets in Gedanken das Definierte durch die Definition ersetzen, um sich nicht von der Zweideutigkeit jener Begriffe täuschen zu lassen, welche von den Definitionen eingeschränkt werden."[182]

Derridas Dekonstruktion der Gerechtigkeit erweist sich am Maßstab dieser Postulate gemessen, die nicht von außen an sie herangetragen werden, sondern implizit ihrem Gegenstand – Pascals Fragment 294 – nach selbstgesetzt sind, als durchweg unzulänglich. An die Stelle der Pascalschen Stringenz, tritt das Unverbindliche und Ungefähre, das sich vom Gegenstand entfernt, wo es ihn auszuleuchten vorgibt. Für Pascals Rechtsverständnis dagegen lässt sich aus dieser Abhandlung über die Kunst zu überzeugen ersehen, dass – wenn man ihre Aussagen auf die Jurisprudenz überträgt – darin keine Gewissheit im Sinne einer Letztgültigkeit zum Ausdruck kommt und somit keine sichere Erkenntnis über das Recht möglich ist, sondern dass die Jurisprudenz eher eine Nähe zur Rhetorik aufweist.

181 Allerdings stammt der Titel selbst nicht von Pascal; vgl. *Wilhelm Schmidt-Biggemann*, Blaise Pascal, 1999, S. 42. *Hyung-Kil Kim*, De l'art de persuader dans les Pensées de Pascal, 1992; *Hellmut Geißner*, Esprit und Cœur. Zur Doppelstruktur des Überzeugens in Pascals ‚De l'art de persuader', Festschrift für Gerhard Kiefner, 1987, S. 121.

182 *Blaise Pascal*, De l'esprit géométrique et de l'art de persuader, 1658, in: Pascal Œuvres complètes, Band II, Bibliothèque de la Pléiade, 1998, S. 154, 176 (Übersetzung von *Jacques Attali*, Blaise Pascal. Biographie eines Genies, 2. Auflage 2007, S. 282). In diesen Zusammenhang gehört wohl auch Fragment 15 der Pensées : « Éloquence qui persuade par douceur, non par empire, en tyran, non en roi ». Diese Form der Beredsamkeit, die mit Sanftheit und nicht tyrannisch, herrschaftlich überzeugt, kommt auch in anderen Gedanken zum Ausdruck ; etwa Fragment 4 : « La vraie éloquence se moque de l'éloquence ». Ebenso Fragment 25 über den inneren Wahrheitsanspruch: « Il faut de l'agréable et du réel ; mais il faut que cet agréable soit lui-même pris du vrai ». Ausdrücklich, wenngleich metaphorisch, Fragment 26 : « L'éloquence est une peinture de la pensée ; et ainsi. ceux qui, après avoir peint, ajoutent encore, font un tableau au lieu d'un portrait ».

2. Naturrechtsdenken und Vernunftkritik

Die bisherigen Überlegungen münden in die Frage nach dem Zusammenhang von Gerechtigkeit und Macht bzw. in die Problematik des Naturrechts bei Pascal: « Il y a sans doute des lois naturelles; mais cette belle raison corrompue a tout corrompu ».[183] Dieser Satz steht sperrig allein zwischen scheinbar entgegengesetzten Aussagen.[184]

a) Selbstkritik der Vernunft?

Den gleichsam umgekehrten Fall bildet die sog. Regensburger Vorlesung von Papst Benedikt XVI., die dem Thema „Glaube und Vernunft" – letztlich auch dem beherrschenden Thema Pascals – gewidmet ist. Auch wenn sie auf ihn nur am Rande Bezug nimmt,[185] ist ihr Thema doch für den vorliegenden Zusammenhang von Interesse: Es geht um die darin zur Diskussion gestellte Selbstkritik der modernen Vernunft.[186] Nicht von ungefähr geht diese ebenfalls insbesondere vom Cartesianismus aus.[187] Wendet man den Grundgedanken nämlich auf die Rechtsphilosophie Pascals an, so kann man sagen, dass es gleichsam um den Widerstreit zwischen ursprünglichem Naturrecht und aufgeklärtem Vernunftrecht geht.[188] Die gedankliche Fortführung, würde dann ergeben, dass es entsprechend der Selbstkritik der modernen Vernunft auch eine Selbstkritik des modernen Vernunftrechts geben könnte, die im Sinne Pascals zu diskutieren wäre. Dabei dürfte es mit Selbstverständlichkeit nicht um einen Rückschritt hinter die Errungenschaften der Aufklärung gehen. Das Naturrecht, das namentlich Kant (auf den die Selbstkritik der modernen Vernunft wohl anspielt) und der deutsche

---

183 *Blaise Pascal*, Pensées, Fragment 294.

184 *Arthur Rich*, Pascals Gedanken über Recht und Macht, Theologische Zeitschrift der Universität Basel 3 (1952), 205, 212, spricht von einem „erratischen Block".

185 *Joseph Ratzinger/Benedikt XVI.*, Glaube und Vernunft. Die Regensburger Vorlesung, 2006, S. 24; siehe auch *Joseph Ratzinger/Benedikt XVI.*, Der Gott des Glaubens und der Gott der Philosophen. Ein Beitrag zur Theologia naturalis, 2. Auflage 2005.

186 Zu ihr bereits *Jens Petersen*, Wilhelm von Humboldts Rechtsphilosophie, 3. Auflage 2016, 5. Kapitel II.

187 *Joseph Ratzinger/Benedikt XVI.*, Glaube und Vernunft. Die Regensburger Vorlesung, 2006, S. 26.

188 Lesenswert dazu *Horst Dreier*, Naturrecht und Rechtspositivismus. Pauschalurteile, Vorurteile, Fehlurteile, in: „Vom Rechte, das mit uns geboren ist", Aktuelle Probleme des Naturrechts (Hg. Wilfried Härle/Bernhard Vogel), 2007, S. 127 ff. Siehe auch *Jens Petersen*, Kants Beweis der Unrechtmäßigkeit des Büchernachdrucks, Festschrift für Helmut Köhler, 2014, S. 529, 534, wo dieser Unterschied allerdings gegen Ende leicht überakzentuiert wird.

Idealismus meinen, ist ein aus der praktischen Vernunft – und nicht aus der Natur – begründetes Prinzip, weshalb man auch von einem Vernunftrecht sprechen kann. Hinter einen solchen Primat der praktischen Vernunft kann es kein Zurück geben. Aber dass der Mensch selbst sich seiner Widersprüchlichkeit bewusst wird, gehört zu den steten Mahnungen der Pascalschen Anthropologie.[189] Insofern führt ein gerader Weg von Pascal zu Nietzsche,[190] aber auch zu Kants berühmtem Dictum: „Aus so krummem Holze, als woraus der Mensch gemacht ist, kann nichts ganz Gerades gezimmert werden.“[191]

b) Durch Vernunft verdorbenes Naturrecht

Um der Naturrechtsfrage näher zu treten, muss man nochmals im Ausgangspunkt das aufgreifen, was Pascal selbstverständlich erschien: « Il y a sans doute des lois naturelles; mais cette belle raison corrompue a tout corrompu ».[192] Ein Teil der Lehre erblickt darin durchaus einen Anklang an ein göttliches Naturrecht.[193] Anderer Ansicht zufolge lehnt Pascal das Naturrecht ab.[194] Der soeben zitierte Satz Pascals, der die meisten Rätsel aufgibt und von denen, die das Naturrecht bei Pascal ganz leugnen, zumeist nicht näher behandelt wird, spricht allerdings für die prinzipielle Anerkennung eines Naturrechts, mag dieses auch durch den

---

189 *Arthur Rich*, Pascals Gedanken über Recht und Macht, Theologische Zeitschrift der Universität Basel 3 (1952), 205, 222 f.: „Er will dem Menschen die Augen öffnen für die Sinnlosigkeit seiner vernünftigen und die Vernünftigkeit seiner sinnlosen politischen Institutionen und Gesetze, Handlungen und Gedanken, damit er sich selber als ein Mensch des Widerspruchs erkenne“.

190 Näher *Otto Weiss*, „Der erste aller Christen“. Zur deutschen Pascal-Rezeption von Friedrich Nietzsche bis Hans-Urs von Balthasar, 2012.

191 *Immanuel Kant*, AA, Band VIII, S. 15, 23; Ideengeschichtlich aufschlussreich *Isaiah Berlin*, Das krumme Holz der Humanität, 2009.

192 *Blaise Pascal*, Pensées, Fragment 294.

193 *Ewald Wasmuth*, Der unbekannte Pascal, 1962, S. 160 ff.; siehe aber auch *dens.*, Die Philosophie Pascals unter besonderer Berücksichtigung seiner Lehren von dem Unendlichen und dem Nichts und den Ordnungen, 1949, S. 245, wonach das Naturrecht als „leerer Trieb“ des Menschen erscheint.

194 *Erich Auerbach*, Über Pascals politische Theorie, in: Vier Untersuchungen zur Geschichte der französischen Bildung, 1951, S. 51, 71; *Michael Stolleis*, Blaise Pascal – Gedanken zur Ungewissheit des Rechts, Festschrift für Jan Schröder, 2013, S. 787, 791 f. Seines Erachtens verbleibt nach Ablehnung des Naturrechts und einer aus Brauch, Gewohnheit und Sitte nurmehr die auf faktischer Macht beruhende Rechtsbegründung. Er berücksichtigt allerdings Montaignes Einfluss nicht, dessen *Essais* die dort zitierten Einsichten überwiegend entlehnt sind. Montaigne ‚verwirft‘ das Naturrecht in der Tat und setzt an dessen Stelle die spezifisch neuzeitliche Perspektive einer Rechtsanthropologie; näher *Jens Petersen*, Montaignes Erschließung der Grundlagen des Rechts, 2014, §§ 5 f.

neuzeitlichen Rationalismus verdorben und in seiner Geltungskraft zerstört worden sein.[195] Zumindest die Theologen von Port-Royal, namentlich Arnauld, welche das Konvolut der schwer zu entziffernden Fragmente für eine erste Edition ordneten, dürften der naturrechtsskeptischen Haltung Pascals wenig abgewonnen haben, die mitunter einem regelrechten Rechtsnihilismus das Wort zu reden scheint,[196] von dem bereits die Rede war.

Möglicherweise ist es gerade die Freilegung dieser ursprünglichen Ordnung und ihre dem Menschen innewohnende Sehnsucht nach ihr, in der das Naturrecht, das selbst keinen materialen Gerechtigkeitsgehalt mehr aufweist, seinen angestammten Platz hat, was Pascal im Sinn hat.[197] Eine differenzierende Sicht vertritt Paolo Prodi: „Auf der anderen Seite herrscht bei Pascal und seinen Anhängern die Überzeugung vor, dass es keine universalen und Naturgesetze in einer Welt gibt, in der das Recht mit der Macht zusammenfällt und territorial fragmentisiert ist. (...) Der Bruch zwischen dem positiven Recht und dem Gewissen, der sich in den vorhergehenden Jahrzehnten im europäischen Denken und Bewusstsein entwickelte, führt mit seiner Projektion des natürlich-göttlichen Rechts außerhalb der irdischen Ordnung so zu einer radikalen Lösung. (...) Das göttlich-natürliche Gesetz wird auf den Bereich des Gewissens verwiesen, und die *aequitas* – im klassischen und christlichen Denken das Band zwischen der Realität und der Idee der Gerechtigkeit – ist lediglich eine Frucht der Gewohnheit (...).“[198]

---

195 Interessant die Synthese von *Emil Lerch*, Pascals „Gedanken“ über Recht und Gerechtigkeit, Zeitschrift für schweizerisches Recht, Schweizerischer Juristenverein 61 (1942), 339, 345: „Wo liegt also, fragt er sich weiter, die Basis des Rechts, nachdem ‚es ohne Zweifel Gesetze des Naturrechts gibt, aber diese prächtige, verdorbene Vernunft alles verdorben hat‘ (fr. 294), in der Autorität des Gesetzgebers, im Nutzen des Menschen oder in Sitte und Herkommen? Jedermann bietet ein anderes Prinzip an, meint Pascal; was wir feststellen, ist *die vollendete Relativität jeden Rechts*“. Hervorhebung nur hier.

196 *Stig Strömholm*, Montaigne und Pascal: Zwei Einsprüche gegen den vernunftrechtlichen Optimismus, Nachrichten der Akademie der Wissenschaften in Göttingen, Philologisch-historische Klasse 5 (1972), 261, 270 f., verweist auf einen Brief Arnaulds an einen Verwandten Pascals, aus dem „der fortdauernde Glaube der Spätscholastik an das Naturrecht und das Misstrauen des praktischen Theologen gegen Pascals Nihilismus spricht“. Der Brief ist abgedruckt bei *Léon Brunschvicg*, Descartes et Pascal, lecteurs de Montaigne, 2. Auflage 1945, S. 462 Fußnote 4.

197 In diese Richtung auch *Arthur Rich*, Pascals Gedanken über Recht und Macht, Theologische Zeitschrift der Universität Basel 3 (1952), 205, 218: „Es gibt ein Naturrecht, aber nur in einem rein formalen, faktisch vollkommen inhaltslosen Sinn (...), nur als ohnmächtiges Rechtsgefühl“.

198 *Paolo Prodi*, Eine Geschichte der Gerechtigkeit. Vom Recht Gottes zum modernen Rechtsstaat, 2. Auflage 2005, S. 273. Konsequenterweise anders in der Herleitung *Michael Stolleis*, Blaise Pascal – Gedanken zur Ungewissheit des Rechts, Festschrift für Jan Schröder, 2013, S. 787, 792: „Was sich bewährt hat, bietet in gewisser Weise einen Schutz vor Überraschungen, aber eben nur in gewisser Weise. Wir folgen den Vorbildern, weil wir Lernprozesse durchlaufen und am Ende

c) Evolutionäres Rechtsdenken als unausgesprochene Abwendung vom Rationalismus

Wie wichtig gerade die zuletzt angesprochene Gewohnheit für Pascals Rechtsverständnis ist, das übrigens auch insofern in der Nachfolge Montaignes steht, belegt ein wenig beachteter Gedanke, der ungeachtet seiner lakonischen Kürze die Quintessenz seines Rechtsdenkens offenbart: « Comme le mode fait l'agrément, aussi fait-elle la justice ».[199] Diese knappe Sentenz ist Ausdruck einer evolutiven Vorstellung vom Recht, das nicht vernunftmäßig geschaffen oder gar erfunden wurde, sondern sich aus Sitten und Gebräuchen allmählich entwickelt hat, und deren schärfster Widersacher der kritische Rationalismus cartesischer Prägung ist.[200]

Diese Ambivalenz gegenüber der Vernunft kommt auch in einem Paradoxon zur Geltung, das kaum adäquat übersetzbar ist, weil der dort auf die Vernunft bezogene Begriff ‚désaveu' weder mit Missbilligung noch mit Verleugnung, Nichtanerkennung oder gar Verurteilung zur Geltung gebracht werden kann, wenn Pascal feststellt, dass nichts der Vernunft so entsprechend ist wie die Geringschätzung derselben: « Il n'y a rien de si conforme à la raison que ce désaveu de la raison ».[201]

Und doch birgt dieser Mechanismus zugleich unweigerlich eine Gefahr, die Pascals messerscharfem Geist nicht entgangen ist. Denn die spontane Entwicklung des Gesetzesrechts aus den Gebräuchen kann zu unreflektierten Vorschriften führen, deren Geltungsgrund und Gerechtigkeitsgehalt nicht mehr kritisch hinterfragt wird und in denen sich letztlich eine perpetuierte Willkür verbirgt, die nur noch in der irrigen Vorstellung der Rechtsunterworfenen ein Gerechtigkeitsgehalt finden lässt:[202] « La justice est ce qui est établi; et ainsi toutes nos lois établies

---

halten wir das Gewohnte für Naturrecht. (...) Aus Gewohnheit wird Vernunft". – So folgerichtig diese Ableitung scheint und so sehr sie dem im Text zugrunde gelegten evolutiven Rechtsverständnis entspricht, muss sie sich doch die Frage gefallen lassen, warum Pascal trotz alledem festhält: « Il y a sans doute des lois naturelles; mais cette belle raison corrompue a tout corrompu; » (Fragment 294).

199 *Blaise Pascal*, Pensées, Fragment 309; *Léon Brunschvicg* gibt in Fußnote 1 seiner Edition (S. 474) mit Recht zu bedenken, dass « mode » und « coutume; » bei Pascal synonym verstanden werden dürfen.

200 Friedrich August von Hayek hätte sich mit vielen seiner Vorbehalte gegen Descartes auch auf Pascal berufen können; näher *Jens Petersen*, Freiheit unter dem Gesetz. Das Rechtsdenken Friedrich August von Hayek, 2014, passim.

201 *Blaise Pascal*, Pensées, Fragment 272.

202 *Arthur Rich*, Pascals Gedanken über Recht und Macht, Theologische Zeitschrift der Universität Basel 3 (1952), 205, 219, fragt mit Recht: „Wie steht es mit der eigentlichen Rechtlichkeit dieses faktisch geltenden Rechts? (...) Was also vermag im Grunde die Macht? Nichts anderes als

seront nécessairement tenues pour justes sans être examinées, puisqu'elles sont établies ».[203]

3. Wahres Recht anderer Ordnung?

Auch hier ist noch Gedankengut Montaignes gegenwärtig;[204] ebenso in einem ähnlichen Gedanken, der die Befolgung der Sitten seines Heimatlandes voraussetzt und den mystischen Grund der Autorität betrifft.[205] Bevor dies freilich weiter verfolgt wird, ist allerdings klarzustellen, dass die damit implizit vorausgesetzte Abwendung vom neuzeitlichen Rationalismus nicht als Bekenntnis zu einem irrationalen Rechtsdenken missverstanden werden sollte, da auch Pascals wissenschaftstheoretisches Verständnis – gerade auch in seiner Skepsis gegenüber dem Wissenschaftsanspruch der Jurisprudenz und so sehr er sich dagegen verwahrt – zum Erbe des neuzeitlichen Rationalismus gehört.[206] Nicht zuletzt deswegen stellt Pascals Rechtsdenken eine so eminente Herausforderung an die Jurisprudenz dar; ja womöglich die größte Provokation der neuzeitlichen Philosophie gegenüber ihrem Wissenschaftsanspruch, die bis auf den heutigen Tag noch nicht vollständig ausgeräumt ist.[207]

Aber im entscheidenden Unterschied zu Montaigne ist der Befehl der Befolgung der Sitten mit einer unausgesprochenen religionsphilosophischen Akzentverschiebung versehen,[208] die bezeichnenderweise ‚veri iuris' überschrieben ist

---

einen von ihr willkürlich geschaffenen Zustand andauern zu lassen, bis er zur Gewohnheit, zur politischen Sitte geworden, dank der menschlichen Einbildungskraft einen Anschein von Objektivität und Rechtlichkeit gewinnt".

203 *Blaise Pascal*, Pensées, Fragment 312.

204 Zu diesem Gedanken etablierten Rechts auch *Jens Petersen*, Montaignes Erschließung der Grundlagen des Rechts, 2014, § 1.

205 *Blaise Pascal*, Pensées, Fragment 294.

206 Auch für *Lothar Schäfer*, Pascal und Descartes als methodologische Antipoden, Philosophisches Jahrbuch 81 (1974), 314, 335, „gehört Pascal nicht nur als Mathematiker, Physiker und Wissenschaftstheoretiker in die Entwicklungsphase des neuzeitlichen Wissenschaftsideals, sondern Pascals Gesamtkonzeption gehört der Bewegung des Rationalismus zu ebenso wie Descartes, Leibniz, Spinoza, und kann nicht als irrationaler Gegenfüßler ausgeklammert werden".

207 Siehe dazu auch *Jens Petersen*, Max Webers Rechtssoziologie und die juristische Methodenlehre, 2. Auflage 2014, S. 140 f.

208 *Blaise Pascal*, Pensées, Fragment 393, kann in diesem Zusammenhang ebenfalls erwähnt werden: « C'est une plaisante chose à considérer, de ce qu'il y a des gens dans le monde qui, ayant renoncé à toutes les lois de Dieu et de la nature, s'en sont fait eux-memes auxquelles ils obéissent exactemant, comme par exemple les soldats de Mahomet, les voleurs, les hérétiques, etc. Et ainsi

und in Bezug auf dieses wahre Recht einen naturrechtlichen Anklang aufweist, auch wenn die düstere Machtausrichtung des Rechts zu überwiegen scheint: « Nous n'en avon plus: si nous en avions nous ne prendrions pas pour règle de justice de suivre les mœurs de son pays. C'est là que ne pouvant trouver le juste, on a trouvé le fort ».[209] Das Naturrecht ist zwar die Richtschnur, aber es ist auf Erden verschüttet bzw. durch Vernunft zur Unkenntlichkeit entstellt, so dass man mit einem auf Machtverhältnissen gegründeten Recht vorlieb nehmen muss. Diesem Gedanken kann man sich nur nähern, wenn man die religionsphilosophische Dimension der Pensées unter Einschluss der augustinischen Theologie in den Blick nimmt.[210] Paradigmatisch ist insoweit die eingangs erwähnte Lehre von den drei Ordnungen, die Pascal in einem großangelegten Fragment entwirft. Sie ist zugleich Ausdruck eines Ordnungsverständnisses, ohne dessen Entschlüsselung auch das Rechtsverständnis nur unzureichend begriffen werden kann.

---

les logiciens. Il semble que leur licence doive être sans aucune bornes ni barrières, voyant qu'ils en ont franchi tant de si justes et de si saintes ».

209 *Blaise Pascal*, Pensées, Fragment 297.

210 Plausibel die Deutung von *Arthur Rich*, Pascals Gedanken über Recht und Macht, Theologische Zeitschrift der Universität Basel 3 (1952), 205, 213, am Beispiel von *Blaise Pascal*, Pensées, Fragment 430 über die Doppelnatur des Menschen: „Darum bietet die faktische Natur des Menschen keinerlei positive Anknüpfungspunkte für ein natürliches Recht, weder im Sinne des Mittelalters noch im Sinne der Neuzeit. Es gibt zwar ‚natürliche Gesetze', es gibt ein ‚ius verum', allein nur im Hinblick auf die erste Natur des Menschen. Schauen wir dagegen auf seine faktische Natur, dann gilt das (...) Wort: ‚Nous n'en avons plus', wir haben nichts mehr davon".

§ 2 Die Lehre von den drei Ordnungen

I. Darstellung der Lehre und Entwicklung der Fragen

Die religionsphilosophische Dimension seiner Gedanken hat seit jeher dazu geführt, dass Pascal einhellig in die Reihe der großen christlichen Denker aufgenommen wurde.[211] Zugleich muss auch an dieser Stelle berücksichtigt werden, dass Pascal als Religionsphilosoph nicht den unbestrittenen Rang einnimmt, den etwa Descartes für die Erkenntnistheorie beanspruchen kann.[212] Ein Gedanke, der wie hier das Fragment 793 über die Lehre der drei Ordnungen, den Wettstreit mit der cartesischen Lehre bestehen will, muss daher auch an dieser gemessen werden.[213] Wenn ein bestimmtes Fragment den Mittelpunkt der folgenden Betrachtung bildet, so muss es also entweder das zuletzt Bedachte selbst hinlänglich repräsentieren oder zumindest aus diesem heraus interpretiert werden.[214] Zugleich muss es in Beziehung gesetzt werden zu anderen Fragmenten, die denselben Grundgedanken offenbaren[215] und aus denen heraus es nur verständlich ist, wie etwa das zweite Fragment zeigt, das von einer Trennung unterschiedlicher Ordnungen des rechten Sinnes bzw. – im Sinne des ersten Fragments – des « esprit juste »[216] – ausgeht: « Diverses sortes de sens droit; les uns dans un certain ordre de choses, et non dans les autres ordres, où ils extravaguent ».[217] Pascals Lehre von

---

211 Hellsichtig der Auftakt des Aufsatzes von *Hugo Friedrich*, Pascals Paradox. Das Sprachbild einer Denkform, Zeitschrift für Romanische Philologie 56 (1936), 322: „Die Werke, mit denen Pascal in die allgemeine ‚Literaturgeschichte' eingegangen ist, sind religiös-theologische Werke. Sie entstammen dem Glauben und verkünden ihn, aber sie sprechen die Sprache der diskutierenden Vernunft".

212 Vgl. nochmals *Vittorio Hösle*, Moral und Politik. Grundlagen einer Politischen Ethik für das 21. Jahrhundert, 1997, S. 251 Fußnote 4, wonach Pascal „als Anthropologe ebenso groß wie als Religionsphilosoph schwach ist".

213 *Dieter Henrich*, Werke im Werden. Über die Genesis philosophischer Einsichten, 2011, S. 34 f., stellt Descartes' „Suite von drei Träumen in der Nacht vom 10. zum 11. November 1619", die seinen ‚Discours de la methode' wie sein gesamtes späteres Denken maßgeblich geprägt haben, anschaulich Pascals Mémorial an die Seite, das jedoch „nicht im striktesten Sinn als Dokument einer philosophischen Einsicht bezeichnet werden kann".

214 Ebenso wie hier meint *Ewald Wasmuth*, Die Philosophie Pascals unter besonderer Berücksichtigung seiner Lehren von dem Unendlichen und dem Nichts und den Ordnungen, 1949, S. 171, dass das hier inmitten stehende Fragment 793 „am meisten von seiner (sc.: Pascals) Einsicht in die Ordnungen der Welt sichtbar macht".

215 Zu nennen ist vor allem das Fragment 283, das die Überschrift « L'ordre. Contre l'objection que l'Écriture n'a pas d'ordre » trägt.

216 *Blaise Pascal*, Pensées, Fragment 1.

217 *Blaise Pascal*, Pensées, Fragment 2.

den drei Ordnungen wird so nicht isoliert konzipiert, sondern erschließt sich allein aus der Summe seiner Gedanken.[218]

1. Übersetzung und Zusammenfassung

Das Fragment 793, von dem die Rede ist und das zu den meistzitierten und meist bewunderten Gedanken Pascals gehört, erfüllt diese Bedingungen in jeder Hinsicht. Es lautet in der hervorragenden Übersetzung Romano Guardinis:[219]

---

218 *Henri Lefebvre*, Pascal, Band 1, 1949, S. 187 f.

219 Im französischen Original lautet das Fragment 793: « La distance infinie des corps aux esprits figure la distance infiniment plus infinie des esprits à la charité car elle est surnaturelle. Tout l'éclat des grandeurs n'a point de lustre pour les gens qui sont dans les recherches de l'esprit. La grandeur des gens d'esprit est invisible aux rois, aux riches, aux capitaines, à tous ces grands de chair. La grandeur de la sagesse, qui n'est nulle sinon de Dieu, est invisible aux charnels et aux gens d'esprit. Ce sonst trois ordres différant de genre. Les grands génies ont leur empire, leur éclat, leur grandeur, leur victoire, leur lustre et n'ont nul besoin de grandeurs charnelles, où elles n'ont pas de rapport. Ils sont vus non des yeux, mais des esprits, c'est assez. Les saints ont leur empire, leur éclat, leur victoire, leur lustre, et n'ont nul besoin des grandeurs charnelles ou spirituelles, où elles n'ont nul rapport, car elles n'y ajoutent ni ôtent. Ils sont vus de Dieu et des anges, et non des corps ni des esprits curieux : Dieu leur suffit. Archimède, sans éclat, serait en même vénération. Il n'a pas donné des batailles pour les yeux, mais il a fourni à tous les esprit ses inventions. Oh ! qu'il a éclaté aux esprits! Jésus-Christ, sans biens et sans aucune production au dehors de science, est dans son ordre de sainteté. Il n'a point donné d'invention, il n'a point régné; mais il a été humble, patient, saint, saint à Dieu, terrible aux démons, sans aucun péché. Oh ! qu'il est venu en grande pompe et en une prodigieuse magnificence, aux yeux du cœur, qui voient la sagesse ! Il eût été inutile à Archimède de faire le prince dans ses livres de géométrie, quoiqu'il le fût. Il eût été inutile à Notre Seigneur Jésus-Christ, pour éclater dans son règne de sainteté, de venir en roi; mais il y est bien venu avec l'éclat de son ordre ! Il est bien ridicule de se scandaliser de la bassesse de Jésus-Christ, comme si cette bassesse était du même ordre, duquel est la grandeur qu'il venait faire paraître. Qu'on considère cette grandeur-là dans sa vie, dans sa passion, dans son obscurité, dans sa mort, dans l'élection des siens, dans leur abandonnement, dans sa secrète réssurection, et dans le reste, on la verra si grande, qu'on n'aura pas sujet de se scandaliser d'une bassesse qui n'y est pas. Mais il y en a qui ne peuvent admirer que les grandeurs charnelles, comme s'il n'y en avait pas de spirituelles; et d'autres qui n'admirent que les spirituelles comme s'il n'y en avait pas d'infiniment plus hautes dans la sagesse. Tous les corps, le firmament, les étoiles, la terre et ses royaumes, ne valent pas le moindre des esprits ; car il connaît tout cela, et soi ; et les corps, rien. Tous les corps ensemble, et tous les esprits ensemble, et toutes leurs productions, ne valent pas le moindre mouvement de charité. Cela est d'un ordre infiniment plus élevé. De tous les corps ensemble, on ne saurait en faire réussir une petite pensée : cela est impossible, et d'un autre ordre. De tous les corps et esprits, on n'en saurait tirer un mouvement de vraie charité, cela est impossible, d'un autre ordre, surnaturel ».

a) Der Text in der Übersetzung Guardinis

„Die unendliche Entfernung[220] der Körper von den Geistern ist ein Sinnbild[221] der unendlichmal unendlicheren Entfernung der Geister von der (christlichen) Liebe, denn (diese) ist übernatürlich. Alle Herrlichkeit der (äußeren: politischen, gesellschaftlichen, wirtschaftlichen) Größe hat keinen Glanz für jene Menschen, die in den Bemühungen des Geistes leben. Die Größe der Menschen des Geistes (hingegen) ist den Königen, den Reichen, den Heerführern, all den Großen des Fleisches unsichtbar. Die Größe der (übernatürlichen) Weisheit (hinwiederum), die nicht ist, sie sei denn aus Gott, ist den Fleischlichen und den Menschen des Geistes unsichtbar. Hier sind drei artmäßig verschiedene Ordnungen. Die großen Genies (des Geistes) haben ihre Herrschaft, ihre Herrlichkeit, ihre Größe, ihren Sieg, ihren Glanz und bedürfen in keiner Weise der fleischlichen Größe, auf deren Bereich sie nicht bezogen sind.[222] (Jene Menschen des Geistes und ihre Welt) werden nicht von den (körperlichen) Augen, sondern von den Geistern gesehen. Das ist genug. Die Heiligen haben ihre Herrschaft, ihre Herrlichkeit, ihren Sieg, ihren Glanz, und bedürfen in keiner Weise der fleischlichen oder der geistigen Größe, auf deren Bereich sie nicht bezogen sind, denn diese fügt ihnen weder etwas hinzu, noch nimmt sie ihnen etwas weg. Sie werden von Gott und von den Engeln gesehen, und weder von den Körpern, noch von den neugierigen Geistern: Gott genügt ihnen. Archimedes wäre auch ohne (äußere) Herrlichkeit Gegenstand gleicher Verehrung. Er hat keine Schlacht für die Augen geliefert, aber er hat allen Geistern seine Entdeckungen geschenkt. Oh, wie hell ist er den Geistern aufgeleuchtet! Jesus Christus, ohne (materielle) Güter und ohne irgendeine Hervorbringung mit Ausnahme (geistlicher) Erkenntnis, steht in seiner Ordnung der Heiligkeit.[223] Er hat keine Entdeckung geliefert, er hat nicht (irdisch) regiert; aber er ist demütig, geduldig, heilig gewesen, heilig für Gott, furchtbar für die Dämonen ohne irgendeine Sünde. Oh, in welch großer Pracht und überschwenglicher Magnifizenz ist er vor den Augen des Herzens erschienen, welche die Weisheit schauen! Für Archimedes wäre es nutzlos gewesen, wenn er in seinen geometrischen Büchern als Fürst aufgetreten wäre, obwohl er (durch Geburt) einer war. Für

---

220 *Wilhelm Weischedel* übersetzt: „Abstand“; dafür streitet die eher physikalische Konnotation dieses Wortes. Vgl. *Blaise Pascal*, Gedanken, übersetzt, herausgegeben und eingeleitet von Ewald Wasmuth, 1984, S. 175 f.

221 *Wilhelm Weischedel* schreibt: „Abbild“.

222 Vorzugswürdig erscheint hier *Wilhelm Weischedels:* „die mit der ihrigen gar nichts zu tun hat“, weil damit besser zum Ausdruck gebracht wird, dass hier ein kategorialer Unterschied verläuft.

223 Siehe zu dieser Stelle etwa *Annemarie von der Groeben*, « Le Cœur a son Ordre, l’esprit a le sien » – Eine Überlegung zum Begriff « ordre » bei Pascal, Festschrift für Hartmut von Hentig, 1985, S. 50.

unseren Herrn Jesus Christus wäre es nutzlos gewesen, wenn er, um in seinem Reiche der Heiligkeit zu leuchten, als (irdischer) König gekommen wäre. Aber wahrlich, er ist mit der Herrlichkeit seiner (eigenen) Ordnung gekommen! Es ist sehr niedrig, an der Niedrigkeit Jesu Christi Ärgernis zu nehmen, wie wenn diese (irdische) Niedrigkeit von der gleichen Ordnung wäre wie jene Größe, die offenbar zu machen er kam.[224] Man betrachte diese Größe in seinem Leben, in seinem Leiden, in seiner Verkanntheit, in seinem Tode, in der Auserwählung der Seinen, in ihrer Untreue, in seiner verborgenen Auferstehung und in allem übrigen, und man wird sie so groß erblicken, dass man keine Veranlassung haben wird, an einer Niedrigkeit Ärgernis zu nehmen, die es (in seinem Leben) tatsächlich nicht gibt. Es gibt aber solche, welche nur die fleischliche Größe bewundern können, als ob es keine geistige gäbe; und andere, die nur die geistige bewundern, als ob es nicht unendlich viel höhere in der (christlichen) Weisheit gäbe. Alle Körper, das Firmament, die Sterne, die Erde und ihre Königreiche wiegen nicht den kleinsten der Geister auf; denn dieser erkennt jenes alles, und sich (dazu); die Körper aber (erkennen) nichts. Alle Körper zusammen und alle Geister zusammen und alle ihre Hervorbringungen wiegen nicht die geringste Bewegung der (christlichen) Liebe auf. Diese gehört einer unendlich höheren Ordnung an. Aus allen Körpern zusammen könnte man nicht (auch nur) einen kleinen Gedanken hervorgehen lassen. Das geht nicht, (weil der Gedanke) einer anderen Ordnung angehört. Aus allen Körpern und Geistern könnte man nicht eine (einzige) Bewegung (christlicher) Liebe herausholen, das geht nicht, (weil die Liebe) einer anderen, übernatürlichen Ordnung angehört."[225]

---

224 Treffend *Fritz Schalk*, Französische Moralisten, 1949, Einleitung S. XVIII: „Durch das ganze Werk Pascals zieht sich der Gedanke einer Ordnung, die vom Gesichtspunkt der herkömmlichen Systematik und Logik der Mathematik (des esprit géométrique) eine Unordnung wäre und in Christus selbst ihre unmittelbare Wurzel hat, die Ordnung des Herzens, die eine religiöse Gewissheit widerspiegelt, in der alle Widersprüche verschwunden sind, die in einer verstandesmäßigen Erklärung auseinanderklaffen müssen". Siehe zu dieser Ordnung des Herzens auch *Louis Lafuma*, L'Ordre de l'Esprit et l'Ordre du Cœur, Recherches des Sciences Religieuses XLVI (1958), 416; *Hélène Michon*, L'ordre du cœur. Philosophie, théologie et mystique dans les « Pensées » de Pascal, 1996.

225 *Romano Guardini*, Christliches Bewußtsein: Versuche über Pascal, 1935, 4. Auflage 1991, S. 31 – 33.

b) Lehre von den Ordnungen als repräsentatives Abbild seiner Ordnungsvorstellung

Es ist keine allzu gewagte These, dieses Fragment als Paradigma aller seiner Gedanken anzusehen.[226] Dies gilt umso mehr, als die Gedanken über die Ordnung, deren anspruchsvollster die Lehre von den drei Ordnungen ist, ihrerseits besonders repräsentativ für sein Denken sind.[227] Pascal hat in diesem Fragment seine Lehre von den drei Ordnungen entworfen,[228] die trotz ihrer relativen Länge – sie gehört zu den ausführlicheren Fragmenten – und ihrer absoluten Kürze – sie begründet, wie zu zeigen sein wird, nur das absolut Wesentliche und besticht nicht zuletzt durch die gewaltige Kühnheit ihrer Prämissen – den Kern seines Denkens und Glaubens enthält.[229] Die beiden ersten Ordnungen markieren nämlich Pascals Denken in Gestalt des cartesischen Dualismus von res cogitans[230] und res extensa.[231] Pascals dritte Ordnung der charité überwölbt die beiden anderen. Insofern handelt es sich bei der Lehre der drei Ordnungen um eine universelle und deduktiv entwickelte. Universell ist sie ausweislich ihrer apodiktisch anmutenden Conclusio („*Alle* Körper zusammen und *alle* Geister zusammen und *alle* ihre Hervorbringungen wiegen nicht die geringste Regung der christlichen Liebe auf.").[232]

---

226 *Annemarie von der Groeben*, « Le cœur a son ordre, l'esprit le sien » – Eine Überlegung zum Begriff « ordre » bei Pascal, Festschrift für Hartmut von Hentig, 1985, S. 50, 60, die unter Verweis auf Ewald Wasmuth (im Nachwort der von ihm übersetzten Ausgabe) von einem bzw. dem „Kernstück" der Pensées spricht. Zweifelhaft aber ihre Einschätzung: „Ich glaube allerdings nicht, dass Pascal hier eine ›Lehre‹ begründen wollte, schon gar nicht eine über ›Seinsordnungen‹".

227 *Karlheinz Stierle*, Pascals Reflexionen über den ‚ordre' der *Pensées*, Poetica 4 (1971), 167, 190.

228 Es ist zumindest repräsentativ für die allgemeine Feststellung von *Hugo Friedrich*, Pascals Paradox. Das Sprachbild einer Denkform, Zeitschrift für Romanische Philologie 56 (1936), 322, 324: „Die Fragmente der ‚Pensées' bezeugen in hundertfacher Abwandlung den ernsten Zusammenhang von Glaube und Unglaube, von sinnlicher und geistiger Ordnung, von geistiger und himmlischer Ordnung".

229 Siehe dazu auch *Hugo Friedrich*, Pascal, in: Romanische Literaturen, Band 1 (Hg. Brigitte Schneider-Pachaly), 1973, S. 139, 147.

230 Zu den Ausprägungen und Vermögen der res cogitans im Einzelnen *Johannes Haag*, Descartes über Willen und Willensfreiheit, Zeitschrift für philosophische Forschung 60 (2006), 483, 484 f.

231 Hegels Einschätzung, dass Denker wie Pascal weniger der Philosophie als vielmehr der Allgemeinbildung zugehörten (zustimmend *Vittorio Hösle*, Wahrheit und Geschichte, 1984, S. 710 Fußnote 116), ist von daher zwar mitnichten ungerecht, aber im Hinblick auf Pascal bezüglich derjenigen Fragmente zu modifizieren, in denen sich, wie hier, eine elementare philosophische Einsicht spiegelt.

232 Übertrieben subjektiv die eigenwillige Deutung von *Annemarie von der Groeben*, « Le cœur a son ordre, l'esprit le sien » – Eine Überlegung zum Begriff « ordre » bei Pascal, Festschrift für Hartmut von Hentig, 1985, S. 50, 61: „Wenn du dein Herz an die Dinge dieser Welt hängst (‚ordre

Guardinis Übersetzung enthält durch ihren Zusatz im zweiten Satz eine bemerkenswerte Deutung: « Tout l'éclat des grandeurs n'a point de lustre pour les gens qui sont dans les recherches de l'esprit » übersetzt er : „Alle Herrlichkeit der (äußeren: politischen, gesellschaftlichen, wirtschaftlichen) Größe hat keinen Glanz für jene Menschen, die in den Bemühungen des Geistes leben". Die äußere gesellschaftliche Herrlichkeit hat Pascal selbst vorübergehend wahrgenommen und genossen. In Paris hatte die Familie Pascal sogar Kontakte zum königlichen Hof. Es verwundert nicht, dass der junge Blaise, wie auch seine Schwester Jacqueline, dem Kardinal Richelieu gefielen. Auch später in Rouen (ab 1639) wuchs Pascal in hochkultivierter Atmosphäre auf, wie sich schon daraus ersehen lässt, dass Corneille zur gleichen Zeit dort lebte und seine ersten Stücke dort aufgeführt wurden. Pascal kannte also durchaus die gesellschaftliche Größe ebenso wie die politische Macht. Mit dem präzisierenden Klammerzusatz gibt Guardini unausgesprochen zu erkennen, dass die von Pascal genannte ‚grandeur' auch den Bereich des Rechts erfasst, wenn er die Größe dergestalt äußerlich versteht, dass er die „politischen gesellschaftlichen, wirtschaftlichen" Bezirke beispielhaft nennt.[233] Denn dazu gehört ersichtlich auch das Recht, aber eben auch die Macht.[234] Man kann dieser überzeugenden Präzisierung entnehmen, dass das Recht dieser ersten, niederen, unterhalb des Geistes stehenden Ordnung zugehört.

---

du corps') – so sagt er seinem imaginären Gesprächspartner –, dann wird deine ‚cupidité' immer neuen ‚divertissements' immer neue ‚plaisirs' finden, aber dieser Plural bedeutet kein Mehr an Glück; und wenn du dich von deinem Wissensdrang leiten lässt (‚ordre de l'esprit'), so wird deine curiosité in der immer neuen ‚diversité' der Dinge neue ‚vérités' finden, aber dieser Plural bedeutet kein Mehr an Gewissheit (...). Aber deine ‚inquiétude' lässt dich spüren, dass es einen anderen ‚ordre' gibt: in der ‚charité' ist deine Natur überwunden (‚elle est sur-naturelle'), denn sie erlöst dich von der Ichbezogenheit, die die Ursache deines Unglücks ist".

233 Ähnlich *Ewald Wasmuth*, Die Philosophie Pascals unter besonderer Berücksichtigung seiner Lehren von dem Unendlichen und dem Nichts und den Ordnungen, 1949, S. 173: „Dieser Text wendet die ontologische Grundeinsicht Pascals auf die soziologische Schichtung der Menschen, also eigentlich nur bildlich an". Ähnlich *Ewald Wasmuth*, ebenda, S. 223: „Das also sind nach Pascal die drei Ordnungen, in die sich die Schöpfung ontologisch und soziologisch gliedert".

234 *Hugo Friedrich*, Pascal, in: Romanische Literaturen, Band 1 (Hg. Brigitte Schneider-Pachaly), 1973, S. 139, 148 („umfasst alle Erscheinungen des Stofflichen und der auf dem Stofflichen gegründeten Macht: die Erde, die Staaten, Könige, Besitzenden").

c) Cartesischer Dualismus versus paulinisch-augustinisches (Naturrechts-)Denken

Wenn man des Weiteren davon ausgeht, dass die ersten beiden Ordnungen der res extensa bzw. res cogitans entsprechen, führt die dritte Ordnung zu einer Überhöhung des cartesischen Dualismus und zwangsläufig zu der Frage, wie weit Pascal im Wortsinne über Descartes hinausgegangen ist. Anders gewendet: Die durch Descartes ausgelöste strenge Neuorientierung der neuzeitlichen Philosophie führt bei dem nicht nur more geometrico geschulten, sondern in diesem Bereich schlechthin ingeniösen Zeitgenossen zu einer Abkehr des vom selben rationalen Ausgangspunkt her eingeschlagenen Weges[235] und damit einem Verlassen der Philosophie und Geometrie bei gleichzeitiger Hinwendung zur Religion.[236] Das erklärt die zentrale Bedeutung Pascals für die Theologie und seine vergleichsweise bescheidene Rezeption in der Philosophie.[237]

All dies ist im Kern angelegt und ausgeführt in der Lehre von den drei Ordnungen, welche die neuzeitliche Philosophie als erstaunlichen Abweg, die Theologie hingegen als bemerkenswerteste Zusammenfassung eines auf paulinischem Denken gründenden und augustinischer Tradition verhafteten Glaubenszeugnis versteht. Arthur Rich hat dies in einer für den vorliegenden Zusammenhang aufschlussreichen Weise für die Entwicklung des problematischen Naturrechtsdenkens Pascals fruchtbar gemacht, das sich nur im Hinblick auf seine anthropologischen Prämissen adäquat erfassen lasse: „Aber man darf nie ver-

---

235 In diese Richtung auch *Fritz Schalk*, Französische Moralisten, 1949, Einleitung S. XX: „Und wenn bei Pascal die Theologie in der Sicherheit der Ordnung des Herzens begründet ist, in dem es keine ‚Schlachtordnung der Syllogismen' mehr geben kann, so begegnet man jetzt immer wieder einer entsprechenden philosophischen Wendung, aus der für die Gestaltung des Lebens, die Kultur des Sprechens und der Sprache Ergebnisse von größter Tragweite entsprangen".

236 Vgl. auch *Eugen Biser*, Der Mensch – das uneingelöste Versprechen, 2. Auflage 1996, S. 49: „Anstatt sich auf seine prekäre Mittelstellung (sc.: die des Menschen zwischen All und Nichts) zur Besinnung auf seine Verfassung und zu einer radikalen Ergründung der conditio humana bewegen zu lassen, stürzt er (sc.: der Mensch) sich wie Pascal mit kritischem Seitenblick auf Descartes und dessen Vor- und Nachgeschichte bemerkt, in das Unternehmen der Naturforschung ganz so, als wäre er nie von Augustin gewarnt worden, nicht nach draußen zu gehen, weil die Wahrheit nur im ‚inwendigen' Menschen zu finden ist. (...) Mit alledem bewirkt Pascal zweifellos den bis dahin schwersten Einbruch im Bewusstsein der Neuzeit, das sich der Autarkie des Denkens verschrieben hatte und, vom Hochgefühl einer ungebrochenen Lebenslust getragen (...), alles auszublenden suchte, was dem entgegenstand: die Tragik des Geschichtsverlaufs ebenso wie die Rückschlägigkeit im individuellen Lebenslauf, vor allem aber die Geschichte und, mit wachsender Intensität, die Offenbarung".

237 Vgl. *Carl Friedrich von Weizsäcker*, Zeit und Wissen, 1992, S. 529: „In der akademischen Philosophie blieb Pascal jedoch (sc. zuvor war auch dort von Descartes die Rede) verhältnismäßig wirkungslos".

gessen, dass der ‚doppelte' Pascal hier wie dort begegnet, und dass sich deshalb die (...) Zwiespältigkeit in seinen Gedanken über Recht und Macht auch nicht auf den bequemen Nenner der Entwicklung reduzieren lässt. Sie ist vielmehr in ihrem tieferen Gehalt der Ausdruck einer dialektischen Sicht der Dinge, die nur auf dem Hintergrund des Pascalschen Menschenbildes begriffen werden kann (...). Das Menschenbild der Pensées, auffallend dem paulinisch-augustinischen Geist verpflichtet, ist beherrscht vom Zwiespalt zweier Naturen, die einerseits unendlich geschiedenen Ordnungswirklichkeiten angehören und andererseits doch wieder in einem verborgenen Zusammenhang stehen."[238] Das entspricht exakt dem hier vertretenen Standpunkt, weil damit Rechts- und Ordnungsdenken aufeinander bezogen und mit Rücksicht auf das tendenziell pessimistische Menschenbild des Augustinus zurückgeführt werden.

2. Die Grundspannung der Pensées am Beispiel der Fragmente 402 und 793

Daher muss im Folgenden ein Gedanke Pascals berücksichtigt werden, der gerade diese misanthropisch erscheinende Sicht auf die menschliche Natur auf sein Ordnungsdenken bezieht. Die scheinbare Umkehrung der Lehre von den drei Ordnungen könnte sich nämlich im Fragment 402 finden. Danach zeigt sich die « Grandeur de l'homme dans sa concupiscence même, d'en avoir su tirer un règlement admirable, et d'en avoir fait un tableau de la charité ».[239] Dieses Fragment ist, wie sich am Ende dieser Untersuchung noch zeigen wird, bedeutsam für Pascals Verständnis der Sozialordnung.[240] Auf den ersten Blick scheint es, als zeige sich hier nur Pascals Sprachgewalt, die nicht nur eine reine Lehre zu ent-

---

238 *Arthur Rich*, Pascals Gedanken über Recht und Macht, Theologische Zeitschrift der Universität Basel 3 (1952), 205, 213, am Beispiel von *Blaise Pascal*, Pensées, Fragment 430.

239 In der Übersetzung von *Romano Guardini*, Christliches Bewußtsein: Versuche über Pascal, 1935, 4. Auflage 1991, S. 121 (Hervorhebung nur hier) erweist sich die „Größe des Menschen noch in der sündigen Begehrlichkeit, dass er aus dieser eine bewunderungswürdige *Ordnung* herauszuholen gewusst und aus ihr ein Bild der christlichen *Liebe* zu machen vermocht hat".

240 Erklärend *Hugo Friedrich*, Pascal, in: Romanische Literaturen, Band 1 (Hg. Brigitte Schneider-Pachaly), 1973, S. 139, 156: „Der Mensch, ein Wesen der Triebe, stellt aus diesem seinem schlechten Stoff eine wunderbare Ordnung her, das Sozialgefüge. Wunderbar ist sie um ihres formalen Ordnungscharakters willen, der eine ferne Analogie bildet zur Liebesordnung. Aber materiell ist diese Ordnung auch wieder sinnlos. Denn sie ist nicht aus Erkenntnis des objektiv Vernünftigen geschaffen – eine solche Erkenntnis gibt es nicht –, sondern nach irgendwelchen zufälligen Spielregeln, wie etwa dieser, dass die Staatsmacht auf Königssöhne übergeht, oder dass man dem, der die meisten Lakaien hat, den Vortritt gewährt (...). Das heißt also: das Sozialgefüge vereint das Unvereinbarste: chaotische Triebhaftigkeit und hohe Ordnung".

falten imstande ist, sondern mit wenigen Worten auch die genaue Umkehrung zu zeichnen vermag. Eine solche Würdigung würde jedoch zu kurz greifen und zu einem schwerwiegenden Missverständnis führen. Man muss nämlich den anthropologischen Schlüsselbegriff der ‚concupiscence' bzw. der ‚cupidité' mit berücksichtigen, der inmitten des Fragment 402 steht, sich aber auch in anderen gleichgesinnten Gedanken findet. Dazu gehört namentlich derjenige Gedanke, der – für den vorliegenden Zusammenhang bedeutsam – davon ausgeht, dass sich einerseits nichts so ähnlich ist wie die Begehrlichkeit der christlichen Liebe und andererseits nichts so entgegengesetzt sei:[241] « Rien n'est si semblable à la charité que la cupidité, et rien n'y est si contraire. »[242] Ähnlich pessimistisch ist die Grundstimmung in jenem Gedanken, der davon ausgeht, dass sich alle Menschen von Grund auf hassen und ihre Begierden so verbrämen, dass sie dem öffentlichen Wohl zu dienen scheinen und zu einem falschen Bild der Barmherzigkeit werden: « Tous les hommes se haïssent naturellement l'un l'autre. On s'est servi comme on a pu de la concupiscence pour la faire servir au bien public; mais ce n'est que feindre, et une fausse image de la charité; car au fond ce n'est que haine ».[243] Diese anthropologische Prämisse macht den Weg frei zum Verständnis des Fragments 402.[244] Allerdings zeigt sich daran, wie klärungsbedürftig das Verhältnis der oben genannten Fragmente 793 und 402 ist. Sie stehen offenbar in einem gewissen Spannungsverhältnis zueinander. Besser gesagt: Sie bilden in ihrer Zusammenschau die Grundspannung der Pensées ab. Bevor diese jedoch am Ende der Abhandlung aufgelöst werden kann,[245] muss das Fragment 793 mit seiner partiell cartesischen Beeinflussung erörtert werden.

---

241 Zur Begründung dieses Zusammenhangs *Arthur Rich*, Pascals Gedanken über Recht und Macht, Theologische Zeitschrift der Universität Basel 3 (1952), 205, 216: „Die Konkupiszenz ist nämlich ein Abbild der wahren Liebe, weil sie in den tiefsten Tiefen ihrer Leidenschaft wie diese nach dem höchsten Gute hungert, und sie ist ihr Gegenbild, weil sie das höchste Gut, das ja eins ist mit dem Gott, aus dessen Ordnung der Mensch gefallen, nicht finden kann".

242 *Blaise Pascal*, Pensées, Fragment 663.

243 *Blaise Pascal*, Pensées, Fragment 451.

244 Zutreffend *Arthur Rich*, Pascals Gedanken über Recht und Macht, Theologische Zeitschrift der Universität Basel 3 (1952), 205, 216: „Es handelt sich hier um einen höchst zentralen Gedanken, der die innere Dialektik der Pascalschen Anthropologie erschließt".

245 Unter Verweis auf *Albert Otto Hirschman*, Leidenschaften und Interessen (The Passions and the Interests, 1977), 1987, S. 25 mit Fußnote b.

II. Geistesgeschichtliche Widersacher

Für die Einordnung der Pensées im Allgemeinen und die Interpretation der Lehre der drei Ordnungen im Besonderen ist ein erstes von wesentlicher Bedeutung. Die von Pascal zumindest möglicherweise auch intendierte Apologie des Christentums konnte – wenn überhaupt – von vornherein nur wirksam werden,[246] wenn sie nicht nur die geistigen Strömungen der Zeit traf und auf die spezifisch neuen Fragen zu antworten vermochte.[247] Die neuzeitliche Erhebung des Menschen und seine Emanzipation aus kirchlicher und sonstiger Bevormundung stellte hohe Anforderungen an eine Verteidigung des Christentums, die nicht nur patristische Lehren rezipierte, sondern auch philosophisch und naturwissenschaftlich gleichsam auf der Höhe der Zeit argumentierte.[248] Was den mathematisch-naturwissenschaftlichen Teil betrifft, so brauchte Pascal den Vergleich mit niemandem zu scheuen. Vielmehr vermochte er nicht nur kraft unangefochtener und wissenschaftlich fundierter Kompetenz als Autorität zu argumentieren, sondern – was verschiedentlich noch zu erläutern sein wird – er konnte diese Autorität auch vor dem Hintergrund seiner geplanten Apologie in die Wagschale werfen, indem man ihn nicht ohne weiteres als Schwärmer abtun konnte. Das galt indes nicht unbedingt für seine Fähigkeit auf dem Gebiet der Philosophie. Hier konnte eine adäquate Verteidigung nur dann gelingen, wenn die maßgeblichen Neuheiten in die Apologie eingearbeitet wurden und ihr inhaltlich zugrunde lagen. Zunächst sei zur Begründung der Ausgangshypothese, wonach Pascals Apologie des Christentums vor allem die Philosophen der aufkommenden Aufklärung fürchten musste, die Rezeption Pascals durch Voltaire dargestellt, weil sie paradigmatisch

---

246 Siehe zur Problematik der Apologie aber auch *Karlheinz Stierle*, Die Modernität der französischen Klassik. Negative Anthropologie und funktionaler Stil, in: Französische Klassik (Hg. Fritz Nies/Ders.), 1985, S. 81, 85: „Pascals Verteidigung des christlichen Glaubens ist in ihren wesentlichen Momenten ein anthropologischer, nicht ein theologischer Diskurs. So vermeidet er ebenso wie der engere Kreis seiner Verwandten und Freunde für die Bezeichnung dieses Werks konsequent den theologisch festgelegten Terminus der ‚Apologie'. Erst die spätere Tradition spricht von Pascals ‚Apologie' des christlichen Glaubens".

247 Siehe auch *Annemarie Piller*, Der Mensch im Schnittpunkt von Autonomie und Heteronomie, 2003, S. 92: „Pascal hat es ebenfalls (sc.: wie Descartes) geleistet, insbesondere mit seiner Lehre von den drei Ordnungen (Pensées, Fr. 793), darin freilich – anders als bei der Cartesischen Lösung – unter Vermeidung eines derartigen Subjektivismus".

248 Hellsichtig *Peter Sloterdijk*, Philosophische Temperamente. Von Platon bis Foucault, 4. Auflage 2010, S. 52: „War seine Melancholie nicht auch schon die einer aufklärungsmüden späteren Moderne?".

dasjenige enthält, was bis auf den heutigen Tag von philosophischer Seite geargwöhnt wird.[249]

1. Voltaire und Pascal

Man kann Voltaires Pascal-Verständnis nicht eben freundlich nennen. Zuviel trennte diese beiden großen Geister, zu sehr musste sich der Spätere durch die mystische Einsicht des Früheren herausgefordert fühlen.[250] Gerade Pascals Gedanken über das Recht mit ihrer Prämisse, dass dem Volk nur der Glaube an die Gerechtigkeit der Gesetze vorgespiegelt werden solle, weil ihm die Wahrheit nicht zuzumuten sei,[251] musste dem Aufklärer Voltaire von Grund auf zuwider sein.[252]

a) Der anthropologische Ausgangspunkt

Schon das zugrunde liegende Menschenbild konnte unterschiedlicher nicht sein.[253] Während Pascal, der „große Analytiker des Menschseins",[254] den Menschen als elend, jämmerlich, unvollkommen darstellte, der Gnade bedürftig,[255] weil von Grund auf sündig,[256] propagierte Voltaire ein optimistischeres Menschenbild.[257] Stellvertretend für viele einzelne Gegenüberstellungen, in denen er

---

249 Eine bedeutsame Ausnahme bildet Karl Löwith, der über Pascals Apologie des Christentums anerkennend schrieb, sie sei „auch heute noch die einzige, die sich einem denkerischen Anspruch stellen kann". Vgl. *Karl Löwith*, Sammelband Mensch und Menschenwelt, in: Sämtliche Schriften Band 1, 1981, S. 426–449.

250 Monographisch dazu *Mario Sina*, L'« Anti-Pascal » di Voltaire, 1970.

251 *Blaise Pascal*, Pensées, Fragment 298.

252 *Erich Auerbach*, Über Pascals politische Theorie, in: Vier Untersuchungen zur Geschichte der französischen Bildung, 1951, S. 51, 64f.

253 Dazu *Arthur Rich*, Pascals Bild vom Menschen, 1953. Zum Folgenden auch *Albert Raffelt*, „Ich wage es, die Partei der Menschheit zu ergreifen...": Das Gottesbild der Aufklärung. Voltaire kritisiert Pascal, in: Gottesbilder. Die Rede von Gott zwischen Tradition und Moderne, Katholisches Bibelwerk (Hg. Jürgen Hoeren/Michael Kessler), 1988, S. 87–107.

254 *Eugen Biser*, Glaubenserweckung. Das Christentum an der Jahrtausendwende, 2000, S. 85.

255 *Blaise Pascal*, Pensées, Fragment 510.

256 *Hugo Friedrich*, Pascal, in: Romanische Literaturen, Band 1 (Hg. Brigitte Schneider-Pachaly), 1973, S. 139, 148, präzisiert die Lehre von den drei Ordnungen dahingehend, dass „diese Stufen untereinander durch eine Diskontinuität geschieden sind, die der Mensch nicht aus eigener Kraft, sondern nur durch Gnade überwinden kann".

257 Sehr plausibel *Eugen Biser*, Der Mensch – das uneingelöste Versprechen, 2. Auflage 1996, S. 46: „Allem Anschein war der (sc.: ein außergewöhnlicher Leidensdruck) gegeben, als Pascal

Pascals Vorstellung vom Menschen mit beißenden Worten kritisierte und zu widerlegen suchte,[258] sei folgendes Zitat aus der Einleitung zum 25. Brief der Lettres Philosophiques genannt, da dieses die Pensées im Ganzen und darüber hinaus Pascal selbst betrifft: „Mir scheint, dass die Absicht, in der Pascal diese Pensées schrieb, insgesamt die war, den Menschen im schlechten Licht darzustellen. Er bemüht sich, uns alle böse und unglücklich zu malen. Er schrieb gegen die menschliche Natur fast so wie gegen die Jesuiten. (...) Ich wage, die Partei der Menschen zu ergreifen gegen diesen großen Menschenfeind; ich wage zu behaupten, dass wir weder so böse noch so unglücklich sind, wie er sagt."[259]

b) Die Konfrontation am Beispiel des Fragment 793

Aber nicht nur die anthropologische Divergenz im Allgemeinen, sondern vor allem ihre Folgerungen im Besonderen sind für das Verhältnis der beiden großen Franzosen zueinander aufschlussreich.[260] Das gilt umso mehr, als sich eine unmittelbare Bemerkung Voltaires zum Einleitungssatz der Lehre von den drei Ordnungen findet.[261] Voltaire hat dazu nichts weiter zu sagen als eine beinahe mitleidig anmutende Bemerkung: „Es ist anzunehmen, dass Pascal in seinem Werk nicht zu diesem Galimathias gegriffen haben würde, hätte er Zeit gehabt, es auszuarbeiten."[262]

Man darf dieses Verdikt nicht einfach als Verkennung eines großen Geistes durch einen anderen bewerten.[263] Der Gesichtspunkt der gedanklichen Unvollständigkeit, der Vorläufigkeit und der Unabgeschlossenheit hingeworfener Noti-

---

unter dem wachsenden Zweifel, ob er die geplante Apologie noch zum Abschluss bringen könne, daran ging, wenigstens die anthropologischen Passagen als eine Art Vorhalle auszuarbeiten".

258 Siehe nur den 6. Brief der Lettres Philosophiques gegen Fragment 393 der Pensées; sowie den 28. Brief gegen Fragment 341.

259 Zitiert nach der Übersetzung Rudolf von Bitters, 1985.

260 Siehe aber auch *Kurt Flasch*, Kampfplätze der Philosophie. Große Kontroversen von Augustin bis Voltaire, 2008, S. 334, 335, der gerade im Hinblick auf Pascal und Voltaire zu bedenken gibt: „Klischeebilder verdecken ihre Gemeinsamkeiten".

261 *Hugo Friedrich*, Pascal, in: Romanische Literaturen, Band 1 (Hg. Brigitte Schneider-Pachaly), 1973, S. 139, 155, hat am Beispiel von Fragment 139 herausgearbeitet, dass Voltaire wohl auch dort über das Ziel hinausschießt: „Das zeigt schon der Fall Voltaire, der den Lebensinhalt der Aufklärung formulierte im Disput mit Pascal, und zwar gerade mit Stücken aus diesem Fragment (sc.: 139), gegen die er allen Ernstes die gut funktionierenden Wohlfahrtseinrichtungen der Weltstädte London und Paris ausspielen wollte".

262 *Voltaire*, Lettres Philosophiques Nr. 16, 1734. Zitiert nach der Ausgabe von Jacques van den Heuvel, Voltaire, Mélanges, Bibliothèque de la Pléiade, 1965.

263 Zum Verhältnis der beiden zueinander *Graeme Hunter*, Pascal: the Philosopher: An Introduction, 2013, S. 73.

zen hat bei der Interpretation der Pensées durchaus seine Berechtigung. Die Frage ist nur, ob dies auch und gerade für das Fragment 793 gilt. Bereits weiter oben wurde diesbezüglich die These aufgestellt, dass dieses eine regelrechte inhaltliche Vollendung durch seinen Autor erhalten hat, und zwar dergestalt dass gerade der berühmte Einleitungssatz die Summe alles Kommenden darstellt. Insofern darf der Einleitungssatz nicht vom Folgenden und erst recht nicht vom Ende des Fragments isoliert werden.

Man könnte Voltaires Einwand vielmehr entgegenhalten, dass sich gerade das Fragment 793 und insbesondere sein vielschichtiger Einleitungssatz im Fragmentarischen eine Vollkommenheit erreicht, die auch durch eine vollständige Ausarbeitung der ganzen Pensées nicht überboten werden könnte. Damit soll keinem romantisierenden Verständnis der Pensées das Wort geredet werden. Das Fragment ist nämlich bei Pascal keine bewusste Darstellungsform, die wie in der Romantik gerade durch ihre formale Unvollendung und Brechung eine ganz eigene Aussage zutage fördern sollte. Vielmehr handelt es sich beim fragmentarischen Charakter der Pensées um ein der Krankheit und ablaufenden Lebenszeit ihres Autors geschuldetes notwendiges Übel. Das scheint vordergründig Voltaire Recht zu geben, dürfte jedoch gerade nicht für das Fragment 793 gelten. Es ist daher eher anzunehmen, dass Pascal auch dann, wenn ihm mehr Zeit beschieden worden wäre, kein Wort und buchstäblich keinen Strich am Fragment 793 geändert hätte.

2. Esprit de géométrie et esprit de finesse

Es bleibt freilich die Frage, warum Pascal im Fragment 793 vorderhand die cartesischen Kategorien aufgreift,[264] obwohl an die Stelle der Unterscheidung von res cogitans und res extensa bei ihm an sich diejenige zwischen esprit de finesse und

---

264 Aus theologischer Sicht aufschlussreich, da nicht nur deskriptiv, sondern zugleich ausdeutend *Joseph Ratzinger*, Vom Sinn des Christseins, 1965, S. 33, zum Fragement 793: „Pascal hat diesen Gedanken (sc.: dass die Wirklichkeit der Wahrheit und Liebe, die eigentlichen Wirklichkeiten Gottes in der Welt nicht anzutrefffen sind, sondern nur dann gefunden werden können, wenn wir über sie hinauswachsen in eine neue Ordnung hinein) ausgedrückt in seiner großartigen Lehre von den drei Ordnungen. Da gibt es nach ihm zunächst die Ordnung der Quantitäten, und sie ist gewaltig und unausmessbar: der unerschöpfliche Gegenstand der Naturwissenschaften. Die Ordnung des Geistes – der zweite große Wirklichkeitsbereich – erscheint daneben, vom rein Quantitativen her, wie das reine Nichts, denn sie nimmt quantitativ keinen messbaren Raum ein. Und trotzdem ist ein einziger Geist (...) größer als die ganze Ordnung des quantitativen Kosmos, weil dieser Geist, der weder Gewicht noch Länge noch Breite hat, den ganzen Kosmos messen kann". Zu seiner ebenfalls instruktiven Beschreibung der dritten Ordnung weiter unten § 4.

esprit de géométrie getreten ist.[265] Diese entwickelt Pascal gleich im ersten Gedanken.[266] Dabei gibt es zwei grundsätzliche Möglichkeiten. Zum einen könnte man sich vorstellen, dass sich die grundsätzliche Unterscheidung aus dem ersten Fragment in abgewandelter Form auch im Fragment 793 zeigt. Der esprit de géométrie wäre dann jener der zweiten Ordnung, der den Raum der ersten Ordnung auszumessen imstande wäre.[267] Die Frage ist jedoch, ob der esprit de finesse eine Fähigkeit meint, die in ihrer ausgereiftesten Form der dritten Ordnung nahekommt, weil sie auf eine Vornehmheit der Gesinnung aus ist, die das Rechte im Interesse des Allgemeinwohls sieht und dem Prinzip des neminem laedere verpflichtet ist, wenn man es nur aus dem richtigen Winkel betrachtet: « Mais dans l'esprit de finesse, les principes sont dans l'usage commun et devant les yeux de tout le monde. On n'a que faire de tourner la tête, ni de se faire violence. »[268]

Dafür spricht zwar, dass der esprit de finesse dem auch von Pascal idealisierten und noch weiter unten zu besprechenden Typus des honnête homme nahekommt:[269] « La règle est l'honnêteté ».[270] Dem esprit de finesse eignet im

---

265 Vgl. *Carl Friedrich von Weizsäcker*, Zeit und Wissen, 1992, S. 529: „Pascal, umgekehrt, ist wohl der einzige, der gegen Descartes, auf dessen eigenem intellektuellen Niveau, die christlich-jüdische Grunderfahrung auszusprechen vermochte. Er, der bedeutende Mathematiker, unterwarf sich nicht dem mathematischen Erkenntnismodell; er unterschied vom esprit géométrique den esprit de finesse. Doch ist auch dies im Rahmen des cartesischen Dualismus gesehen, denn der esprit géométrique wird als der ausgedehnten Materie angemessen anerkannt, der esprit de finesse aber wird dem Verständnis des Menschen tiefer gerecht als die selbstsichere cogitatio von Descartes". Diese erhellende Erkenntnis und Beschreibung veranschaulicht, dass die im Text genannten Möglichkeiten nicht in einem strikten Exklusivitätsverhältnis zueinander stehen, sondern die Wahrheit in der Zusammenschau zur Geltung kommt.

266 *Blaise Pascal*, Pensées, Fragment 1.

267 Zur weiteren Unterscheidung zwischen esprit de géométrie und esprit de justesse *Eduard Zwierlein*, Existenz und Vernunft. Studien zu Pascal, Descartes und Nietzsche, 2001, S. 31; *Irene Elisabeth Kummer*, Blaise Pascal – Das Heil im Widerspruch, 1978, S. 35 mit Fußnote 1 und weiterem Nachweis.

268 *Blaise Pascal*, Pensées, Fragment 1.

269 *Willy Hochkeppel*, Blaise Pascal, Vom geometrische Geist, in: ZEIT-Bibliothek der 100 Sachbücher (Hg. Fritz J. Raddatz), 1984, S. 79, stellt den Zusammenhang zeitgemäß her: „Dieser esprit de finesse, dieser Feinsinn, der ganz dem damaligen modischen Ideal des honnête homme entsprach und dem der Chevalier de Méré, dem Pascal zu Beginn seiner Schrift ‚Von der Kunst zu überzeugen' Komplimente macht, verblüffend nahe kam, ist ungefähr das, was heute als literarisch-geistesgeschichtliche Denkweise der naturwissenschaftlichen gegenübergestellt wird".

270 *Blaise Pascal*, Pensées, Fragment 30.

Unterschied zum esprit de géométrie eine gewisse Urteilskraft:[271] « La finesse est la part du jugement, la géometrie est celle de l'esprit ».[272]

Doch fehlt gleichwohl ein Bindeglied zu dieser höheren Ordnung. Denn so schwer bestimmbar der esprit de finesse auch ist, könnte er sich nicht ohne weiteres in der dritten Ordnung einfinden. Es bedürfte dafür eines Wahrnehmungsorgans, als welches womöglich das Herz, le cœur,[273] im Sinne Pascals fungieren könnte.[274] Dieser Weg wird weiter unten verfolgt. Die andere grundsätzliche Erklärungsmöglichkeit dafür, dass Pascal in der Lehre von den drei Ordnungen nicht nur in seiner eigenen Unterscheidung, sondern auch in der cartesischen argumentiert, könnte in der apologetischen Zielrichtung der Pensées überhaupt begründet sein. Um sie zu erfassen, muss man das bereits mehrfach erwähnte Mémorial in den Blick nehmen und in Beziehung zur Lehre von den drei Ordnungen setzen.

III. Mémorial und Ordnungslehre

Über kaum ein nachgelassenes Dokument ist so viel geschrieben und gerätselt worden, wie über das Stück Papier, das man nach Pascals Tod in seinen Rock eingenäht fand und das man seit je als das Mémorial bezeichnet hat. Es kündet von einem mystischen Erlebnis,[275] das Pascal in der Nacht vom 23. Novembers 1653 hatte und das für ihn offenbar von so existenzieller Bedeutung war,[276] dass man darin eine Art Initialzündung zur inneren Umkehr erblicken kann.[277] Offenbar hat Pascal jedes Mal, wenn er sich einen neuen Rock fertigen ließ das Stück Pergament

---

271 Mit Recht kennzeichnet *Karlheinz Stierle*, Pascals Reflexionen über den ‚ordre' der *Pensées*, Poetica 4 (1971), 167, 194, den esprit de finesse als „einen eigenen Sinn für das Besondere, nicht auf Formeln zu Bringende".

272 *Blaise Pascal*, Pensées, Fragment 4.

273 *Hugo Friedrich*, Pascal, in: Romanische Literaturen, Band 1 (Hg. Brigitte Schneider-Pachaly), 1973, S. 139, 150 („Gewissheitsorgan, ein vorwillentliches Persönlichkeitszentrum").

274 *Eduard Zwierlein*, Blaise Pascal zur Einführung, 1996, S. 74, wonach „sich das ‚cœur' als ‚esprit de finesse' realisiert".

275 Siehe zum Mémorial auch *Kurt Hübner*, Glaube und Denken, Dimension der Wirklichkeit, 2001, S. 203 ff.

276 *Romano Guardini*, Christliches Bewußtsein: Versuche über Pascal, 1935, 4. Auflage 1991, S. 30, spricht gleichfalls von einer „neuen Daseinsebene".

277 Zu diesem Zeitpunkt wurde wohl auch die Apologie erstmals ins Auge gefasst; vgl. *Eugen Biser*, Die Entdeckung des Christentums, 2000, S. 345.

eigenhändig wieder eingenäht.[278] Es wäre wohl übertrieben, von einer Art „Damaskus-Erlebnis" zu sprechen, wiewohl Pascal selbst stark im paulinischen Denken verwurzelt war. Man darf auch nicht übersehen, dass Pascal nach diesem Erlebnis nicht unbedingt äußerlich ein anderer geworden ist. Zwar lebte Pascal zuvor zeitweilig durchaus als Mann von Welt und hat wohl nicht zuletzt durch die ihm zuteil gewordene Offenbarung fortan zu einer vordem ungekannten Innerlichkeit gefunden.[279] Doch hat er diese Erfahrung nicht *unmittelbar* mitgeteilt, wie sich daraus ergibt, dass er die spontan niedergeschriebene Erfahrung jenes Abends hernach noch einmal in feinster Schrift zu Papier brachte. Wohl aber lässt sich sagen, dass er die neue Einsicht fortan *mittelbar* auf seine Art verkündete.

Guardini hat bereits in seinem Kapitel über das Mémorial den spontanen Rekurs auf das Fragment 793 unternommen. Er sieht dieses „herrliche Fragment"[280] als beispielhaft für das vom Mémorial-Erlebnis geprägte Denken Pascals an. Insofern liegt es nahe, auch in der Lehre von den drei Ordnungen ein Abbild jener Einsicht zu erblicken. Ihre klare Deduktion kann nicht darüber hinweg sehen lassen, dass sich die Erschütterung über das Empfundene forthin in jeder seiner Zeilen und erst recht in einem so zentralen Gedanken widerspiegelt.

1. Die Exklamation als legitimierendes Bindeglied

All dies ist jedoch eher eine notwendige und noch keine hinreichende Bedingung dafür, im Mémorial auch einen Schlüssel für das Verständnis der Lehre von den drei Ordnungen zu erblicken. Die Kluft liegt gerade darin, dass das Fragment 793, wie gesehen, zu einem gleichsam objektiven Gesetz findet, wohingegen das Mémorial in seinem überwältigenden Subjektivismus das genaue Gegenteil zu

---

278 *Walter Jens*/Hans Küng, Dichtung und Religion, 1985, S. 32, weist allerdings darauf hin, dass dieses Einnähen von wichtigen Notizen ins Gewand höfischem Ritual entsprach, wie es etwa auch Richelieu praktizierte.

279 *Dieter Henrich*, Werke im Werden. Über die Genesis philosophischer Einsichten, 2011, S. 35, ordnet das Mémorial mit guten Gründen nicht „als Dokument einer philosophischen Einsicht" im engeren Sinne, sondern eher in die Reihe manifester Bekehrungserlebnisse ein, wobei der Bezug zu Archimedes aufschlussreich ist: „Ähnlich einem Zeugnis der Bekehrung ist er das Zeugnis einer festen Verankerung im christlichen Glauben durch eine Art innerer Offenbarung. *Pascals Text enthält keinen Archimedischen Zug.* Auch wendet er sich eher gegen Kontemplation als Zugang zu einer Leben stiftenden Wahrheit. Dennoch kann er in der Reihe der Zeugnisse für philosophische Einsichten einen Platz haben. Denn in ihm ist konzentriert, was Pascals philosophische Schriften zu begründen und zu vermitteln versuchen". Hervorhebung nur hier.

280 *Romano Guardini*, Christliches Bewußtsein: Versuche über Pascal, 1935, 4. Auflage 1991, S. 31.

sein scheint. Der Weg von dieser äußersten Innerlichkeit zu jener Abgeklärtheit scheint also nicht bruchlos zu verlaufen. Im Fragment 793 umschließt der kristallklare Obersatz und die Conclusio einen eher subjektiv gefärbten Mittelteil. Auch wenn dieser von keiner eigenen Erfahrung berichtet – eine solche hätte in Pascals Augen wohl auch keine hinlängliche Überzeugungskraft gehabt –, so fällt doch die wiederholte Verwendung von Affirmationen, vor allem in Gestalt von Ausrufezeichen auf. Während die einleitenden und abschließenden Aussagen keiner weitergehenden Interpunktion bedürfen, schließen im Mittelteil nicht weniger als fünf Aussagen mit einem Ausrufezeichen. Zwei dieser Aussagen erschöpfen sich in einem ‚Oh': « Oh! qu'il a éclaté aux esprits » und: « Oh! qu'il est venu en grande pompe et en une prodigieuse magnificence, aux yeux du cœur, qui voient la sagesse ! ». Der erste Bewunderungsruf gilt Archimedes, der zweite Jesus. Diese affirmative Gleichsetzung irritiert und ist ihrerseits erklärungsbedürftig. Sollte Pascals Bewunderung für Archimedes wirklich den gleichen Rang haben?

2. Die Rückbesinnung auf den apologetischen Charakter

Man kommt an dieser Stelle nicht umhin, sich erneut den apologetischen Charakter der Pensées zu vergegenwärtigen. Dabei ist freilich im Ausgangspunkt Vorsicht angezeigt.[281] Denn auch wenn die Pensées nicht zuletzt Vorarbeiten für die ins Auge gefasste Apologie des Christentums waren, so darf das nicht zu der vereinfachenden Maxime verleiten, dass jeder einzelne Gedanke Ausdruck einer solchen Verteidigung sein müsse.[282]

a) Die Mehrdimensionalität der Pensées

Es gehört zu den großen Schwierigkeiten, die Pascals Pensées aufgeben, dass nicht immer ganz klar ist, ob die jeweilige Sentenz Pascals eigener Gedanke, ein

---

281 *Karlheinz Stierle*, Pascals Reflexionen über den ‚ordre' der *Pensées*, Poetica 4 (1971), 167 Fußnote 2, macht freilich gegenüber *Roger-E. Lacombe*, L'Apologétique de Pascal, 1958, mit Recht geltend, dass Pascals Vermeidung des Apologie-Begriffs entnommen werden kann, dass er „nicht eine im strengen Sinne theologische Argumentation intendiert und intendieren kann". Gerade das macht ihn aber zugleich für den vorliegenden, auch auf die juristische Geistesgeschichte bezogenen Zusammenhang umso interessanter.

282 Siehe auch *Fritz Schalk*, Französische Moralisten, 1949, Einleitung S. XVII f.: „Man hat (...) sehr oft in den ‚Gedanken' nur Trümmer eines großen Werkes sehen wollen, nur Notizen und Aufzeichnungen, die Pascal selbst wahrscheinlich zu einem System, zu einer Apologie oder Dogmatik im Stil der traditionellen Theologie verbunden hätte".

vorgestellter seiner Gegner oder bereits die Erwiderung darauf ist.[283] Es bedarf daher stets einer Untersuchung, ob insoweit Pascal selbst oder der Verteidiger des Christentums in ihm spricht. Gerade diese Rollenvielfalt macht einen Teil des Reichtums und der inneren Vielschichtigkeit der Fragmente aus. Es handelt sich gleichsam um einen mehrdimensionalen Raum, dessen eine Dimension die Selbstreflexion des Autors, eine andere die Verteidigungsrede des geschulten Rationalisten ist, der gleichwohl gerade diesen cartesischen Rationalismus ohne nennenswerte Gefolgschaft bekämpfte, was im Übrigen zugleich auch seine Gedanken über das Recht zu etwas Solitärem machte, das einerseits der einsamen Höhe seines Genies entsprach, andererseits aber auch in der juristischen Geistesgeschichte ebenso einsam dasteht.[284] Die besondere Schwierigkeit liegt darin, dass diese Dimensionen bisweilen ineinandergreifen.[285] Das in dieser Hinsicht – trotz seiner inhaltlichen und endgültigen Eindeutigkeit – paradoxerweise an Vielschichtigkeit und Vieldeutigkeit nicht zu übertreffende Fragment 793 macht dies besonders deutlich und erforderlich.

b) Pascals durchschlagende Rhetorik

Legt man diese Vorsicht auf die Beantwortung unserer Frage nach der scheinbaren Gleichsetzung des Archimedes mit Jesus zugrunde, so liegt das Mitwirken jener apologetischen Dimension zumindest nahe. Denn eine tatsächliche – und sei es auch lediglich formal, also durch Interpunktion und rhetorische Mittel, herbeigeführte – Gleichachtung des Archimedes wäre aus Pascals Sicht völlig ausgeschlossen.

---

283 *Romano Guardini*, Christliches Bewußtsein: Versuche über Pascal, 1935, 4. Auflage 1991, S. 13.

284 *Albert Brimo*, Pascal et le droit – essai sur la pensée pascalienne, le problème juridique et les grandes théories du droit et de l'État, 1942, S. 199 f.: « La solitude du génie pascalien met encore mieux en lumière l'originalité de sa pensée juridique. Antirationaliste, il est isolé au milieu des antirationalistes par son rejet de positivisme juridique, sa volonté d'appréhender le réel dans sa plénitude humaine et métaphysique. Idéaliste dans la mesure où il maintien le concept de justice divine, il est isolé au milieu des idéalistes par son refus de considérer la justice humaine comme l'image naturelle de la justice divine, sa volonté de placer à la base de sa métaphysique non ‚la méthode religieuse' l'*a priori*, mais la méthode réaliste, l'observation du fait ».

285 *Romano Guardini*, Christliches Bewußtsein: Versuche über Pascal, 1935, 4. Auflage 1991, S. 13, beobachtet mit Recht, dass die Gedanken „oft dialektische Äußerungen darstellen".

aa) Die rhetorische Herstellung des ursprünglichen Abstands

Im Gegenteil: Durch die scheinbare Gleichgewichtung wird in Wirklichkeit ein Abstand hergestellt, der sich dem im Einleitungssatz des Fragments 793 angegebenen annähert und diesen zu begründen sucht.[286] In den Augen seiner Leser konnte dadurch die augenscheinliche Aufwertung des Archimedes in Wahrheit zu einer Erhöhung des Anderen aus Sicht einer zunehmend rationalistisch eingestellten Mitwelt sein. Hinter der Bewunderung Pascals für Archimedes kann sich zugleich eine kalkulierte Überzeugungskraft verbergen, die ihrerseits seine Leser affizieren sollte. Insofern war der subjektive Charakter des Mittelteils durchaus geeignet, seine Wirkung auf die Zeitgenossen zu entfalten. Die Person des Archimedes gilt eben der zweiten Ordnung des Geistes, wohingegen die Erwähnung Jesu auf die dritte Ordnung verweist. Folgerichtig ist im bisherigen Schrifttum zu Pascals Ordnungslehre auch bereits der Versuch unternommen worden, die Herrschaft des Geistes über die erste Ordnung in juristischer Sprache zu formulieren und die dafür erforderliche Überzeugungskraft zur menschlichen Freiheit in Verbindung zu setzen.[287]

---

286 Etwas funktional und rollensoziologisch, aber sachlich zutreffend *Hans-Martin Rieger*, Menschlich denken – Glauben begründen. Blaise Pascal und religionsphilosophische Begründungsmodelle der Moderne, 2010, S. 195: „Pascal macht diesen Sachverhalt an den beiden Prototypen Archimedes und Jesus Cristus deutlich: Sollte Archimedes aufsehenerregende Schlachten geschlagen haben (was er nicht tat), dann wäre dies für dessen Bedeutung nach der Ordnung des Geistes vernachlässigbar. Unangemessen wäre es jedenfalls, Jesus Christus nach ökonomischen oder wissenschaftlichen Wertmaßstäben zu beurteilen".

287 In diese Richtung *Ewald Wasmuth*, Person und Ordnung bei Pascal, Philosophisches Jahrbuch 61 (1951), 80, 89: „In diesen zwei Ordnungen, die noch nicht durch die höchste, die der Heiligen überhöht sind, unterscheidet Pascal die Ordnung der Macht von der Ordnung des Geistes, und er nennt die Ordnung des Geistes höher als jene der Macht und derart, dass das Recht zu Befehlen eine Analogie, eine Entsprechung des Rechtes ist, mit dem die geistig Bedeutenden die, die geringer im Geiste sind, überzeugen können. Das Recht, durch Gründe zu überzeugen, und das Recht der Fürsten, ohne Gründe zu befehlen, sind Entsprechungen eines und des gleichen Naturrechts; aber ganz offenbar ist das Recht, durch Gründe zu überzeugen, dem gemeinsamen Urbild ähnlicher und deshalb höher als jenes Recht der irdisch Mächtigen, weil die Art durch Gründe zu überzeugen, da sie die freie Entscheidung des Menschen für die Wahrheit voraussetzt, jener Freiheit ähnlicher ist, in der der Mensch sich in dem Ordo amoris Gottes für Gott und den Heiland entscheiden soll und muss". – Aber diese umständlich hergeleitete Analogie ist wenig weiterführend, zumal da die Berufung auf das Naturrecht hier eher einen Fremdkörper markiert. Auch die Zusammenführung von sprachlicher und juristischer Überzeugungskraft erinnert eher an Derridas – wenig weiterführende, vgl. oben § 1 – Dekonstruktion und ist denselben Gegenargumenten ausgesetzt.

bb) Die Janusköpfigkeit des Gedankens

Hier zeigt sich ein Wesensmerkmal der Pensées, soweit sie zumindest auch apologetischen Charakters sind: die durchschlagende Rhetorik Pascals, die hinter scheinbarer Einfachheit – hier mit den Mitteln kindlichen Staunens erzeugt – eine mitreißende Kraft entfaltet.[288] Zugleich – hier setzt wiederum das Paradoxon und damit die Vielschichtigkeit ein – ist es jenes Staunen, das jedoch gleichwohl ein kalkuliertes Mittel seiner Kunst zu überzeugen darstellt, und daher vor dem Hintergrund seiner einschlägigen Abhandlung De l'art de persuader verstanden werden muss.[289] Auch bei diesem Zeugnis der eigentümlichen Rhetorik Pascals steht letztlich der Gesichtspunkt der Entgegensetzung seiner Gedanken und ihrer Übereinstimmung mit seiner Abhandlung über die Kunst zu überzeugen zur cartesischen Methode im Hintergrund.[290] Das veranschaulicht die Janusköpfigkeit der Pensées im Allgemeinen und des Fragments 793 im Besonderen, von der noch verschiedentlich die Rede sein wird. Der Autor zielt einerseits nach vorne im Hinblick auf die zu überzeugende Mit- und Nachwelt, blickt aber andererseits zurück.

cc) Der Ausruf des Erstaunens als Paradigma

Beides wird im Übrigen in den eingangs bezeichneten Ausrufen deutlich. Der Schreibende wird hier gleichsam zum Sprecher und der Leser zum Angesprochenen, womit eine ungleich stärkere Unmittelbarkeit erreicht wird. Das ‚Oh!' führt zugleich zu einem Innehalten, welches das vordem Gesagte mit dem nachfolgenden Gedanken verbindet, indem es einen Moment der inneren Einkehr nach außen trägt.[291] Zugleich verbirgt sich dahinter das Kalkül der umso stärkeren

---

288 Das gilt im Übrigen auch ganz allgemein für den Stil Pascals, von dem der große Pascal-Forscher *Fortunat Strowski* (Pascal et son temps, Band I – III, 6. Auflage 1921/22) schreibt: « ce style âpre, noble, sobre, ardent, concentre, impetueux et magnifique ».

289 Dazu *Hellmut Geißner*, Esprit und Cœur. Zur Doppelstruktur des Überzeugens in Pascals ‚De l'art de persuader', Festschrift für Gerhard Kiefner, 1987, S. 121; *Willy Hochkeppel*, Blaise Pascal, Vom geometrischen Geist, in: ZEIT-Bibliothek der 100 Sachbücher (Hg. Fritz J. Raddatz), 1984, S. 77 f.: „Religiöse, göttliche Wahrheiten, so befindet Pascal im Aufsatz ‚Von der Kunst zu überzeugen', gehen den Weg vom Herzen zum Geist, von der Liebe zur Erkenntnis".

290 *Karlheinz Stierle*, Pascals Reflexionen über den ‚ordre' der *Pensées*, Poetica 4 (1971), 167, 191. Siehe auch *Kathleen M. Jamieson*, Pascal vs. Descartes: A Clash over Rhetorics in the Seventeenth Century, Communications Monographs 43 (1976), 43.

291 Es verhält sich insoweit ganz ähnlich wie bei dem in Goethes Werk, vor allem seinen Gedichten, häufig anzutreffenden eingeschobenen „Ach", dessen prominentestes Beispiel Fausts anfängliches „Habe nun, ach, Philosophie, Juristerei und Medizin/ durchaus studiert mit heißem Bemühn" darstellt.

Überzeugungskraft, weil der Autor gleichsam seine eigene Autorität in die Wagschale wirft, da er nicht nur als Überzeugender, sondern als selbst Überzeugter vor den Leser tritt.

3. Pascals väterlicherseits geschürter Zweifel an der Jurisprudenz

Es tritt noch etwas Weiteres hinzu. Trifft die Hypothese der vom Willen maximaler Überzeugungskraft getragenen kalkulierten Wirkung zu, so kann auch die Heranziehung gerade des Archimedes nur alles andere als zufällig eingeschätzt werden. Pascal galt nämlich als Archimedes seiner Zeit, wie auch aus zeitgenössischen Versen belegt ist.[292] In der Tat war die Auffassungsgabe des jungen Pascal gewaltig; er muss eines der größten mathematischen Wunderkinder aller Zeiten gewesen sein. Dem biographischen Abriss seiner Schwester[293] zufolge hat er selbständig die ersten 32 Lehrsätze des Euklids herausgefunden. Fest steht, dass er siebzehnjährig eine eigenständige Abhandlung zur Theorie der Kegelschnitte ersann, die 1640 auch veröffentlicht wurde.[294] Zwischen seinem 19. und 21. Lebensjahr konstruierte Pascal eine in circa 50 verschiedenen Modellen durchgearbeitete Rechenmaschine,[295] für deren optimale kommerzielle Auswertung er im

---

292 So findet sich in der Muse historique von *Jean Loret* vom 14. April 1652 folgendes Gedicht: « Je me rencontrai, l'autre jour / Dedans le petit Louxembourg, / Auquel beau lieu que Dieu benie / Se trouva grande compagnie / Tant duchesses que cordons-bleus, / Pour voir les effets merveilleux / D'un ouvrage d'arithméthique / Autrement de mathematique, / Ou, par un secret sans égal, / Son rare auteur nommé Pascal / Fit voir une speculative / Si claire et si persuasive, / Touchant le calcul et le jet, / Qu'on admira le grand projet. / Il fit encore sur des fontaines / Des démonstrations si pleines / D'esprit et de subtilité / Que l'on vit bien, en vérité, / Qu'un très beau génie il possède / Et qu'on le traita d'Archimède ».

293 Es handelt sich dabei um das wichtigste biographische Zeugnis über das Leben Pascals. « La vie de Blaise Pascal » ist abgedruckt in der von *Léon Brunschvicg* edierten Ausgabe der Pensées et Opuscules, S. 2 – 40. Seine Schwester Gilberte wurde 1620 geboren, sie starb 1687 und schrieb die Kurzbiographie kurz nach dem Tod ihres Bruders.

294 *Blaise Pascal*, Essai pour les Coniques, 1640, in: Pascal Œuvres complètes, Band I, Bibliothèque de la Pléiade, 1998, S. 111 ff.

295 *Morris Bishop*, Pascal (deutsche Ausgabe 1938, übersetzt von Erika Pfuhl/Richard Blunck), S. 51, setzt diese Maschine mit ihrem eigenartigen Mechanismus ins Verhältnis zu seiner Ordnungslehre, wie sie in Fragment 460 aufscheint (zu diesem im Verhältnis zu der Lehre von den drei Ordnungen in Fragment 793 siehe unten § 5) und kommt zu dem auch für die vorliegende Abhandlung interessanten Ergebnis: „Wir werden ihn tief beunruhigt sehen von den Größenordnungen: die Ordnung der Körper, die Ordnung der Gedanken, die Ordnung der christlichen Lehre. Er konnte in diesen Bezirken den wirkenden Hebel nicht finden, der die eine Ordnung mit der nächst höhern verband". Zu dieser Stelle auch *Emil Lerch*, Pascals „Gedanken" über Recht und

Übrigen auch schon die erforderlichen Maßnahmen, inklusive Patentierung, getroffen hat.[296]

Er wollte damit seinen Vater entlasten, der von seinen aufwendigen Steuerberechnungen zunehmend zermürbt wurde. Über Pascals Vater ist in einer für den vorliegenden Zusammenhang aufschlussreichen Weise bemerkt worden, dass er „mehr von der Mathematik als von der Rechtsprechung und Verwaltung angezogen war",[297] die ebenfalls zu seiner beruflichen Zuständigkeit gehörten, weil er zeitweise ein juristisches Amt im Rahmen der Steuerverwaltung versah, und die er beide beherrschte.[298] Das ist deswegen interessant, weil die negativen Erfahrungen des Vaters mit der Rechtsprechung und Rechtslehre, die dieser wider Willen studiert hatte, auf den Sohn abgefärbt haben dürften,[299] womit wiederum seine grundstürzende Skepsis gegenüber der Jurisprudenz erklärlich wäre.[300] Es ist nicht zuletzt die mangelnde Exaktheit der Jurisprudenz, die sowohl seinen Vater als auch Pascal selbst der Rechtsgelehrsamkeit abspenstig machte. Darüber hinaus mochte eine Rolle gespielt haben, dass Pascals Vater, der bei einer Bewerbung intrigant übergangen worden war, seinem Sohn immer wieder die Ungerechtigkeit der menschlichen Natur – nicht von ungefähr waren beide Leser Montaignes, der dies allenthalben zugrunde legte[301] – vor Augen geführt haben

Gerechtigkeit, Zeitschrift für schweizerisches Recht, Schweizerischer Juristenverein 61 (1942), 339, 362.

296 *Blaise* Pascal, Lettre Dédicatoire à Monseigneur le Chancelier, 1645, in: Pascal Œuvres complètes, Band I, Bibliothèque de la Pléiade, 1998, S. 331 ff.

297 *Jacques Attali*, Blaise Pascal. Biographie eines Genies, 2. Auflage 2007, S. 21.

298 *Wilhelm Schmidt-Biggemann*, Blaise Pascal, 1999, S. 9: „Als Chef der Steuerbehörde musste Étienne Pascal juristisch und mathematisch versiert sein; beide Voraussetzungen erfüllte er in hohem Grade".

299 Weiterführend *Michael Stolleis*, Blaise Pascal – Gedanken zur Ungewissheit des Rechts, Festschrift für Jan Schröder, 2013, S. 787, 790: „Von diesem Punkt aus warf Pascal, dem die Welt des Rechts durch das familiäre Umfeld vertraut war, kritische Blicke auf Richter, Advokaten und andere Autoritäten. Er grübelt nicht nur nach über die Diskrepanz zwischen prunkvoller Erscheinung und fundamentalem Nichtwissen, was Recht eigentlich sei, sondern auch über den Zusammenhang von Macht und Recht, insbesondere über die Verwandlung von Gewohnheit oder Machtgebot in ›Recht‹". – Auch in dieser Hinsicht war allerdings Montaigne sein Lehrmeister, der die unterschiedlichen Maskierungen der Juristen und Rechtsgelehrten durchschaute, mit denen das fehlende Wissen um das Recht habituell camoufliert wird.

300 *Jacques Attali*, Blaise Pascal. Biographie eines Genies, 2. Auflage 2007, S. 24, bemerkt, dass Pascals Vater im Studium die „Qualität der Rechtslehre" mitnichten beeindruckt habe und er „bald die Universität und alles in ihr Gelehrte verachtete".

301 *Jens Petersen*, Montaignes Erschließung der Grundlagen des Rechts, 2014, passim.

dürfte.[302] Vor allem dürfte die staatliche Willkür, der sein Vater zeitweise ausgesetzt war, weil er als Aufrührer zu Unrecht verdächtigt wurde, Pascals Vertrauen in die Jurisprudenz nachhaltig erschüttert haben. Attali hat dies durchaus plausibel anhand der juristisch gefärbten Fragmente der Pensées nachgezeichnet, wenn er folgert: „Die Rechtsprechung der Menschen verfolgte ihn (sc.: den Vater), obwohl er doch nur sein gutes Recht verteidigte",[303] und verweist auf das kurze Fragment 309, wonach die Mode so das Recht bestimmt, wie sie auch das Vergnügen bestimmt: « Comme le mode fait l'agrément, aussi fait-elle la justice ». Und auch das bereits zitierte Fragment 294 über die raumzeitliche Relativität des Rechts, nach dem drei geographische Grade die ganze Jurisprudenz auf den Kopf stellen und die Gerechtigkeit einem Flussverlauf folgen soll, interpretiert Attali einleuchtend als Folge der Reflexion Pascals über die ungerechte Behandlung des Staates gegenüber seinem Vater.

4. Die ersten beiden Ordnungen im Spiegel dieser Leistungen

Aufschlussreich ist eine weitere epochale Leistung Pascals: Nicht nur, dass er Torricellis neu entwickelte Theorie des leeren Raums, die damals die Gemüter bewegte, praktisch nachvollzog; mehr noch: er vermochte die herausgefundene Möglichkeit des leeren Raums zu einem allgemeinen Prinzip zu erheben und zugleich die praktischen Auswirkungen der hydraulischen Presse und der Verschiebung des Luftdrucks zu erfassen. Die physikalische Kategorie des Raumes hat Pascal also von Anfang an beschäftigt.

Vor diesem Hintergrund gewinnt die erste seiner drei Ordnungen besonderes Gewicht. Wenn die Überlegenheit der zweiten Ordnung des Geistes gegenüber der ersten des Raumes damit begründet wird, dass der Geist den unendlichen Raum ermessen kann, so enthält bereits dieses ein autobiographisches Moment.[304] Zu-

---

302 *Jacques Attali*, Blaise Pascal. Biograhie eines Genies, 2. Auflage 2007, S. 31: „Die Bitterkeit über seinen Misserfolg hing ihm noch sehr lange nach. Gewiss hat er seinem Sohn diesbezüglich zu verstehen gegeben, wie ungerecht ihm die Gerechtigkeit der Menschen erschien, und wie skandalös es war, ein Talent wie das seine zu vergeuden".

303 *Jacques Attali*, Blaise Pascal. Biographie eines Genies, 2. Auflage 2007, S. 51.

304 Eigenwillig die Deutung von *Erich Auerbach*, Über Pascals politische Theorie, in: Vier Untersuchungen zur Geschichte der französischen Bildung, 1951, S. 51, 62: „Folgerichtig hätte er die Wissenschaft und den Geist ebenso demütigen müssen wie alle anderen menschlichen Dinge, hätte ihre Tätigkeit und ihre Ergebnisse als bloße opinions und imaginations hinstellen müssen, die, wie alles andere auf Erden, mit Recht von der Macht abhingen – allein dazu konnte er, der große Mathematiker und Physiker, der mit Descartes, Roberval, Fermat in tätiger Verbindung stand, sich doch nicht verstehen".

gleich muss man sich vor einer Gleichsetzung Pascals mit Archimedes hüten. Dies weniger aus falscher Bescheidenheit – Pascal wusste um seinen außerordentlichen Rang auf dem Gebiet der Mathematik –, als vielmehr aus wissenschaftstheoretischer Selbstbeschränkung,[305] die Raum lässt für jenen Relativismus, der auch die raumzeitliche Relativität des Rechts berücksichtigt und gerade im Bereich der durch das Recht idealerweise gestifteten Friedensordnung anerkennt,[306] dass sich angesichts des Fehlens absoluter Lösungen für zwischenmenschliche Konflikte auch die rechtliche Rückbesinnung notwendigerweise bescheiden muss.[307]

305 Siehe dazu auch *Friedrich Kambartel*, Pascal und die Wissenschaftskritik, Hochland 57 (1964/65), 254.

306 *Blaise Pascal*, Pensées, Fragment 299.

307 Hellsichtig daher die Folgerung von *Albert Brimo*, Pascal et le droit – essai sur la pensée pascalienne, le problème juridique et les grandes théories du droit et de l'État, 1942, S. 202: « La doctrine pascalienne dans sa jeunesse éternelle, parce qu'elle traduit le devenir du droit par la dialectique et celui de l'homme par l'effort moral qu'elle recommande, offre à nos esprits une solution qui répond aux exigences présentes et futures de la philosophie du droit. *Elle est une admirable leçon d'humilité scientifique*, elle se propose moins d'offrir des solutions définitives, que de montrer l'impuissance de l'eprit humain à résoudre les problèmes éternels en dehors de la religion et de la révélation ». Hervorhebung nur hier.

§ 3 Pascals politischer Gedanke im Spiegel der Ordnungen

I. Ordnungslehre außerhalb der Pensées

Pascals Schwester Gilberte hat seine politische Philosophie mit einfachen Worten wiedergegeben. Demnach habe er gesagt, „in einem Staatswesen mit republikanischer Verfassung, wie Venedig, sei es ein großes Unrecht, sich um die Einsetzung eines Königs zu bemühen und die Freiheit, die Gott einem Volke gegeben hat, zu unterdrücken; dagegen könne man in einem Staat, in dem die königliche Gewalt bestehe, die Achtung, die man dem König schuldet, nicht verletzen, ohne eine Art Sakrileg zu begehen; denn da die Macht, die Gott mit dem Königtum verbunden habe, nicht nur ein Bild der göttlichen Macht, sondern eine Teilhabe an ihr sei, könne man sich ihr nicht widersetzen, ohne sich offensichtlich der Ordnung Gottes zu widersetzen."[308] Diese Ordnung Gottes ist für Pascal das Maß schlechthin.[309] Auch wenn die Biographie seiner Schwester nicht immer zuverlässig ist und gerade die wiedergegebene Sicht mit ihrem schlichten Gottesgnadentum für Pascals Verhältnisse eindimensional anmutet, ist nicht von vornherein auszuschließen, dass sie seinen politischen Gedanken ansatzweise wiedergibt. Denn es kommt darin immerhin ein – freilich zeitlich beschränktes – evolutionäres Rechtsdenken zur Geltung, das bereits eingangs dieser Untersuchung für charakteristisch gehalten wurde.

1. Der Brief an die Königin von Schweden als Selbstzeugnis

Man kann aber Pascals Ordnungsverständnis nur dann angemessen würdigen, wenn man außerhalb seiner Pensées einen Text berücksichtigt, den er brieflich an die Königin von Schweden gerichtet hat, um eine seiner Entdeckungen bekannt zu machen und womöglich gewerblich nutzen zu können.[310] Die von Pascal entwi-

---

308 *Gilberte Périer*, La Vie de Monsieur Pascal, Édition integrale, 1980, S. LXXIII (hier zitiert nach der vorzüglichen Übersetzung von Hans Peter Schmidt in: *Jacques Attali*, Blaise Pascal. Biographie eines Genies, 2. Auflage 2007, S. 281).

309 *Blaise Pascal*, Pensées, Fragment 582.

310 *Romano Guardini*, Christliches Bewußtsein: Versuche über Pascal, 1935, 4. Auflage 1991, S. 34, folgert unter Verweis auf den Brief an die Königin (ebenda, Fußnote 9) mit Recht im Hinblick auf die Lehre von den drei Ordnungen: „Zur Erfassung bedarf es also der spezifischen Kategorien. Diese müssen am Gegenstand selbst gefunden werden. Das ist aber nur möglich, wenn die spe-

ckelte Rechenmaschine, von der bereits die Rede war, ist mittelbar von Bedeutung für den vorliegenden Zusammenhang.[311] Pascal schickte sie nämlich mit einem Brief an die spätere Königin Christine von Schweden, die 1655 zum Katholizismus konvertierte.[312] Hintergrund dieser Korrespondenz war, dass Pascal anlässlich der Vollendung seiner Maschine 1644 einem Arzt namens Pierre Michon Bourdelot davon berichtet hatte, der Leibarzt und Vertrauter der Königin von Schweden geworden war.[313] Dieser war bemüht, für seine Königin Kontakte zu bedeutenden französischen Wissenschaftlern und somit auch Pascal herzustellen.[314] Bourdelot schrieb am 14. März 1652 an Pascal, er sei einer der Denker, zu denen die Königin Kontakt suche. Sie sei durchaus interessiert an der Maschine.[315] Auch wenn keine einzige dieser Maschinen bestellt wurde, ist der – übrigens von der Adressatin unbeantwortet gebliebene – Begleitbrief aufschlussreich, weil er ausnahmsweise einen Blick in Pascals politisches Denken ermöglicht[316] und zugleich eine unabweisbare Nähe zur Lehre von den drei Ordnungen aufweist.[317] Er ist daher eine

---

zifische Sehkraft, die ‚vue' da ist, die sich auf jeder Stufe (sc.: der drei Ordnungen) neu konstituieren muss. So sehr, dass die ‚rois' – sie bilden die Analogie der ‚savants'; diese haben (sic) den Erkenntnisblick auf die Körperwelt, und ihre Herrschmacht besteht darin, Überzeugungen zu schaffen; *jene haben Erkenntnisblick für die Körperlichkeit der Untertanen und politischen Wirklichkeiten und Herrschmacht über ihren Willen* – die Könige also, und die Reichen, und ‚grands de chair' aus sich die ‚grandeurs spirituelles' überhaupt nicht sehen; die ‚gens d'esprit' wiederum nicht die ‚grandeur de la sagesse', für welche die ‚charité' oder ‚sainteté' erfordert wird. So sind da ‚trois ordres différant de genre' ". Hervorhebung nur hier. – Dies illustriert zugleich die, freilich bewusst geringfügig ausgestaltete, Anwesenheit des politischen Gedankens in der Lehre von den drei Ordnungen. Daran zeigt sich, dass auch Pascals rechtsphilosophisches Denken letztlich eingebettet ist in seine Ordnungsvorstellung, die wiederum religionsphilosophisch determiniert ist.

311 Vgl. auch *Hans-Martin Rieger*, Menschlich denken – Glauben begründen. Blaise Pascal und religionsphilosophische Begründungsmodelle der Moderne, 2010, S. 189.

312 Sie starb im Jahre 1689 in Rom.

313 *Hans Loeffel*, Blaise Pascal (1623–1662), 1987, S. 53.

314 Es verwundert nicht, dass auch Descartes zu jenen gehörte. Freilich vertrug er das Stockholmer Klima nicht, so dass er dort alsbald fort wollte, was ihm freilich nicht mehr beschieden war; vgl. *Léon Brunschvicg*, in: Pascal, Pensées et Opuscules, Opuscules, Deuxième Partie, X Anm. 3.

315 Wörtlich heißt es bei *Pierre Michon Bourdelot:* « Vous êtes un de ces génies que la Reine cherche ; elle aime la clarté dans les raisonnements, des preuves solides mieux appuyées que sur des vraisemblances. Elle sera bien aise d'avoir votre machine et votre discours » (zitiert nach *Léon Brunschvicg*, in: Pascal, Pensées et Opuscules, Opuscules, Deuxième Partie, IX, S. 111).

316 *Jacques Attali*, Blaise Pascal. Biographie eines Genies, 2. Auflage 2007, S. 159: „von besonderem Interesse, weil es sich um einen der seltenen rein politischen Texte Pascals handelt".

317 *Hans-Martin Rieger*, Menschlich denken – Glauben begründen. Blaise Pascal und religionsphilosophische Begründungsmodelle der Moderne, 2010, S. 190.

Art Bindeglied zwischen seinem Rechtsdenken und seiner übergeordneten Gerechtigkeitskonzeption, wie sie sich in der Ordnungslehre spiegelt.[318]

Der Brief, mit dem Pascal daraufhin seine Maschine verschickte, enthält eine für das Verständnis und die Entwicklung der Lehre von den drei Ordnungen überaus aufschlussreiche Stelle. Nach einigen Höflichkeiten, die freilich nicht ohne aufrichtige Herzlichkeit sind und eine gewisse Geistesverwandtschaft verraten,[319] verweist Pascal bezüglich der versendeten Maschine geschickt auf das Notwendige, was er Bourdelot bereits hat wissen lassen, so dass er ohne Umschweife zum Eigentlichen kommen kann. Auch dies gelingt Pascal ohne Brüche mit einem Übergang, der auch stilistisch seinesgleichen sucht, indem er die hochgebildete Königin auf kultivierte Weise, aber ohne jeden Zug ungebührlicher Vertraulichkeit, direkt anspricht. Dies ist deshalb interessant, weil es illustriert, wie sehr Pascal auch hier in seinem Element war, wenn er die gesellschaftlichen Gepflogenheiten seiner Zeit auch in höchsten Kreisen mit höfischer Gewandtheit zu beachten wusste.

2. Der Gedankengang des Briefs und seine Übertragung auf die erste Ordnung

Zugleich ist es auch für das Verständnis der ersten seiner drei Ordnungen aufschlussreich. Denn dort heißt es gleich nach dem mehrfach zitierten Einleitungssatz, dass aller Schimmer irdischer Größe keinen Glanz hat für die Menschen, die in den Forschungen des Geistes stehen. Die Größe der Menschen des Geistes ist nämlich – so geht es weiter im Fragment 793 – unsichtbar für die Könige, die Reichen, die Feldherrn, für alle diese Menschen des Fleisches. Diese Stelle muss man sich vergegenwärtigen, um das Folgende des Briefes angemessen würdigen zu können. Denn für sich betrachtet wäre diese Passage des Fragments, die als Pascals ureigenster Gedanke nicht nach außen drang, für die Regierenden überaus irritierend.[320] Dass die Größe der Menschen des Geistes für die Könige

318 Ähnlich, aber zu sehr auf die Liebe zu Gott abhebend, *Ewald Wasmuth*, Die Philosophie Pascals unter besonderer Berücksichtigung seiner Lehren von dem Unendlichen und dem Nichts und den Ordnungen, 1949, S. 179: „Ist doch in dieser kurzen Bemerkung das ganze Schema der späteren Ordnungslehre enthalten, nur dass dort, in dem Fragment 793, zu der Ordnung des Körpers, der Körper und der Ordnung des Geistes, der Geister, noch als dritte alle krönenden die Ordnung der Liebe zu Gott, der ordo amoris Gottes, der ordo caritatis getreten ist".

319 Darauf hat *Léon Brunschvicg* in der von ihm edierten Ausgabe der Pensées et Opuscules, Deuxième Partie, X Anm. 3 aufmerksam gemacht und zutreffend gefolgert, dass die Königin « une sorte de royauté intellectuelle » zu begründen im Begriffe war.

320 *Johann Jakob Herzog*, Real-Enzyklopädie für protestantische Theologie und Kirche, Band 11, S. 134, nennt es ein „stolzbewusstes Schreiben".

unsichtbar sei, wäre gewiss kein Satz, der sich ziemte, an die Adresse einer Königin gerichtet zu werden. In dieser Form hätte Pascal wohl auch keiner Königin, deren Sympathie und Verständnis für seine wissenschaftlichen Belange er sich sicher sein durfte,[321] unvermittelt entgegentreten können.[322]

Stattdessen fährt er fort, indem er längst nicht mehr – oder zumindest nurmehr dem äußeren Anschein nach – lediglich vom Zweck seiner Rechenmaschine spricht,[323] und rühmt die einzigartige Verbindung von königlicher Autorität und wahrem Sinn für die Wissenschaft, die ihn gleichermaßen mit Bewunderung und Respekt erfüllten. Er habe nämlich eine ganz besondere Verehrung für jene übrig, die auf dem höchsten Grad – sei es der Macht oder der Erkenntnis – angelangt seien.[324] Diese letzten könnten nämlich ebenso gut wie die ersten als Souveräne gelten.[325] Diese Überleitung, die sich im Deutschen noch vergleichsweise grobschlächtiger liest als in Pascals stilistisch unübertroffenem Französisch, könnte auch inhaltlich nicht eleganter sein: « Madame, pour avoir d'autre objet que Votre Majesté même. Ce qui m'y a véritablement porté, est l'union qui se trouve en sa personne sacrée, de deux choses qui me comblent également d'admiration et de respect, qui sont l'autorité souveraine et la science solide ».[326] Ohne jede Anbiederung, sondern mit der höflicherweise eingestandenen Möglichkeit eines

---

321 *Harding Meyer*, Pascals Pensées als dialogische Verkündigung, 1962, S. 28.

322 Vgl. auch *Gertrud Adolff*, Die Pensées der Königin Christine von Schweden, 1932.

323 *Hans Wußing/Heinz-Wilhelm Alten/Heiko Wesemüller-Kock/Eberhard Zeidler*, 6000 Jahre Mathematik: Eine kulturgeschichtliche Zeitreise, Band 2, 2009, S. 507; dort auch zur Frage, inwieweit Pascals Rechenmaschine als Vorläufer moderner Computer angesehen werden kann, wie man bis vor kurzem meinte.

324 Siehe zu Pascal auch *Ernst Cassirer*, Erkenntnisproblem in der Philosophie und der Wissenschaft der neueren Zeit, 1906, Band I, S. 436 ff.

325 Rechtsphilosophisch interessant die Analogie von *Ewald Wasmuth*, Die Philosophie Pascals unter besonderer Berücksichtigung seiner Lehren von dem Unendlichen und dem Nichts und den Ordnungen, 1949, S. 180: „Wie nun die Mächtigen denen, die geringer an Macht sind, nämlich ihren Untertanen, befehlen können, können die im Geiste Mächtigen jene, die geringer im Geiste sind, durch die Stärke der Beweisführung überzeugen, beide, die geringer an Macht sind, haben einem andern, einem Mächtigeren, Größeren zu folgen. Der Rang der Stufung aber hängt offenbar von der Tatsache ab, dass der, der gehorcht, auch gegen seine Einsicht in die Wahrheit und Notwendigkeit, ja vielleicht die Rechtlichkeit der Anordnung gehorchen muss, jene aber, die sich dem im Geiste Mächtigen fügen, folgen ihm auf Grund der Einsicht und Anerkenntnis der Argumente, und folglich sind sie auch dann, wenn sie dem Zwang der Logik folgen, in ihrer Zustimmung freier als irgend ein Untertan, der den Befehl, den er erhalten ausführen muss. Deshalb ist die Ordnung der im Geiste Mächtigen offenbar höher als jene der politischen Macht, wie denn auch diese Ordnungen selbst nur Ausdruck, Analogien sind der dem Menschen eigentümlichen Vermögen: des Geistes und des Körpers".

326 *Blaise Pascal*, Lettre à la reine Christine (zitiert nach *Léon Brunschvicg*, in: Pascal, Pensées et Opuscules, Opuscules, Deuxième Partie, X, S. 112).

Irrtums seinerseits, gelingt es Pascal, eine gemeinsame Ebene herzustellen. Zugleich schließt er seine Adressatin gerade nicht von der Ordnung des Geistes aus, sondern weiß sie – im Übrigen ohne eine Spur falscher Schmeichelei – im Bunde mit den Großen im Geist. Das ist nicht nur ein diplomatisches Meisterstück, sondern auch der Beweis aufrichtiger Wertschätzung.

II. Die nicht exklusive Zuordnung zu den Ordnungen

Man sollte nicht übersehen, dass Christine von Schweden aus Pascals Sicht eine im besten Sinne ambivalente Stellung inne gehabt haben dürfte. Gewiss erscheint die Königin formal als Zugehörige der ersten Ordnung, die zugleich auch Macht und Recht verkörpert. Zugleich darf sie sich aber mit Fug angesprochen fühlen als Frau des Geistes – auch wenn Pascal schwerlich die distanzlose Taktlosigkeit unterlaufen wäre, sie als „Königin des Geistes" zu titulieren.[327] Damit hat sie aber auch Anteil an jener höherstehenden zweiten Ordnung. Das ist für das Verständnis der Ordnungen Pascals durchaus bedeutsam. Denn wenn man immer davon ausgeht, dass zwischen den unterschiedlichen Ordnungen Pascals ein kategorischer Unterschied, eine unübersteigbare Kluft liegt, so gilt dies gewiss für die abschließende Form, in die er seine Lehre gegossen hat.

Es darf aber nicht ohne weiteres auf ihre Herleitung in dem Sinne bezogen werden, dass auch die explizit angesprochenen Gruppen gleichsam a priori von der nächst höheren Ordnung ausgeschlossen wären. So kann daher die Königin als Person formal zu jener ersten Ordnung der Körper gezählt werden. Das schließt indes nicht aus, dass sie, indem sie erkennt, dass die Macht des Geistes höher steht, auch selbst teilhat an dieser höheren Ordnung. Erst recht muss dies gelten für die höchste Ordnung, denn auch jene Großen, d. h. der irdischen Ordnung, müssen und sollen ja gerade imstande sein zur Nächstenliebe, deren geringste Regung eben ihre ganze irdische Macht übersteigt. Das belegt auch Fragment 484, das in Anspielung auf Mt 22,37 die Gottes- und Nächstenliebe zu den beiden bestimmenden Gesetzen macht: « Deux lois suffisent pour régler toute la République chrétienne, mieux que toutes les lois politiques ».[328]

---

327 Mit Recht fragt *Ewald Wasmuth*, Die Philosophie Pascals unter besonderer Berücksichtigung seiner Lehren von dem Unendlichen und dem Nichts und den Ordnungen, 1949, S. 181: „In welcher Weise scheiden sich diese Bereiche der Ordnungen, die offenbar auf Erden miteinander vermischt, ja ineinander gefügt bestehn, derart dass die Mächtigen im politischen Raum auch über die Genies unter ihren Untertanen nach Belieben verfügen?".

328 Mit diesem Verweis schließt *Arthur Rich*, Pascals Gedanken über Recht und Macht, Theologische Zeitschrift der Universität Basel 3 (1952), 205, 224: „Wenn auch die wahre Gerechtigkeit

1. Die rudimentäre Darlegung der ersten beiden Ordnungen

An dieser Stelle nimmt der Brief an die Königin seine entscheidende Wendung. Ausgehend von der Annahme, dass die Menschen der Erkenntnis ebensogut wie die Menschen der Macht als Souveräne gelten können, fährt er fort, dass dieselben Stufen sich zwischen den Genien wie zwischen den Zuständen in der Gesellschaft finden:[329] « Et le pouvoir des rois sur les sujets n'est, ce me semble, qu'une image du pouvoir des esprits sur les esprits qui leur sont inférieurs, sur lesquels ils exercent le droit de persuader, qui est parmi eux ce que le droit de commander est dans le gouvernement politique ». In diesem Zusammenhang ist erneut daran zu erinnern, dass Pascal auch eine wissenschaftstheoretisch bemerkenswerte Abhandlung über die Überzeugungskunst geschrieben hat (De l'art de persuader).[330] Er geht darin der Frage nach, wie überhaupt eine Überzeugung zustande kommt, d. h. welchen Einfluss vor allem Sympathiebeweise und Wertbewusstsein auf die Erkenntnis haben.[331] Letztlich betrifft das die Verbindung und den Zusammenhang der zentralen Begriffe ‚raison' und ‚cœur' zur Schaffung wahrhafter ‚coutumes'.[332] Auch diese spätere Lehre ist in diesem Brief also, wiewohl noch nicht

---

nicht in der freien Verfügbarkeit des Menschen steht, so ist sie doch die in Jesus Christus geoffenbarte Gerechtigkeit Gottes. (...) Und so münden die Gedanken Pascals über Recht und Macht ein in die unvergängliche Weisung des Evangeliums: Suchet vielmehr das Reich Gottes und seine Gerechtigkeit". Siehe auch *Ewald Wasmuth*, Die Philosophie Pascals unter besonderer Berücksichtigung seiner Lehren von dem Unendlichen und dem Nichts und den Ordnungen, 1949, S. 248: „Folgten wir dieser Forderung (sc.: Mt 22,37), so würde alle Verwirrung weichen, würde der Wille Gottes auch in der Ordnung der Stände, in der Ordnung der Körper, des Fleisches herrschen; da wir es aber nicht tun, sind wir dem Zufall und der Willkür mehr oder weniger ausgeliefert, sind alle Gesetze mehr oder weniger jenem Urbild der politischen Ordnung verwandt, das Pascal in einem berühmten Fragment (sc.: 295) beschrieben hat".

329 Die Stelle ist schwerlich übersetzbar. Im Original lautet sie: « Les mêmes degrés se rencontrent entre les génies qu'entre les conditions ».

330 Dazu *Willy Hochkeppel*, Blaise Pascal, Vom geometrischen Geist, in: ZEIT-Bibliothek der 100 Sachbücher (Hg. Fritz J. Raddatz), 1984, S. 77, 80: „Zum Schluss der Abhandlung von der Überzeugungskunst, *einer rudimentären Konsensustheorie*, kommt Pascal möglichen Prioritätsansprüchen der Logiker zuvor, deren scholastische Absonderlichkeiten er, polemisch wie meist, mustert. Deren zeigenössische Logik, findet er, mag die Regeln der Geometrie entlehnt haben, jedoch ohne ihre Vortrefflichkeit zu erfassen". Hervorhebung nur hier.

331 Zum Folgenden auch *Hellmut Geißner*, Esprit und Cœur. Zur Doppelstruktur des Überzeugens in Pascals ‚De l'art de persuader', Festschrift für Gerhard Kiefner, 1987, S. 121.

332 *Romano Guardini*, Christliches Bewußtsein: Versuche über Pascal, 1935, 4. Auflage 1991, S. 20. Zu berücksichtigen ist der Ursprung dieser Gewohnheiten; wozu *Blaise Pascal*, Pensées, Fragment 89, bündig feststellt: « La coutume est notre nature ». Hellsichtig *Emil Lerch*, Pascals „Gedanken" über Recht und Gerechtigkeit, Zeitschrift für schweizerisches Recht, Schweizerischer Juristenverein 61 (1942), 339, 362: „In dem Augenblick, als Pascal im Bezirk der politischen und

ausgearbeitet, so doch in nuce angelegt – freilich einstweilen noch ohne die entscheidende Dimension des ‚cœur'. Auch das kann als Beleg dafür gelten, dass erst die im Mémorial verbriefte Einsicht zu einem Weltbild führt, dessen zentrale Kategorien der ‚charité' und des ‚cœur' forthin alle anderen Erkenntnisse durchfluten, auch wenn er seine wissenschaftlichen Beweise nach wie vor more geometrico erbrachte.[333] Schließlich folgt in dem Brief die zentrale Stelle, die daher auch im Original wiedergegeben werden soll: « Ce second empire me paraît même d'un *ordre* d'autant plus élevé, que les esprits sont d'un *ordre* plus élevé que les corps, et d'autant plus équitable, qu'il ne peut être départi et conservé que par le mérite, au lieu que l'autre peut l'être par la naissance ou par la fortune ».[334]

Wenn Pascal der Königin im Folgenden versichert, dass jedes Reich seine eigene Größe hat und auch die weltliche Macht unzureichend ohne die herausragenden Geiste des Geistes sei, so kann man das als allfällige Beschwichtigung und Rückkehr auf den gedanklichen Ausgangspunkt verstehen. Das Entscheidende liegt aber wohl in der zuletzt zitierten und durch das Vorangehende vorbereiteten Einsicht, dass die Geister einer höheren Ordnung als die Körper zugehören sowie in der flankierenden Überlegung, dass die irdische Macht ein Abbild der Macht des Geistes mit ihrer Überzeugungskraft ist. Abgesehen von der gewaltigen Suggestivkraft dieses Bildes ist die Ähnlichkeit zur Lehre der drei Ordnungen – jedenfalls im Rahmen ihrer Reichweite – augenfällig.[335]

---

sozialen Ordnung die Gültigkeit eines Naturrechts verneint hat, blieb ihm nur die exakte Methode der Naturwissenschaft, mit welcher er die Tatsächlichkeit der ‚coutumes' unerbittlich analysiert hat".

333 *Willy Hochkeppel*, Blaise Pascal, Vom geometrischen Geist, in: ZEIT-Bibliothek der 100 Sachbücher (Hg. Fritz J. Raddatz), 1984, S. 77: „Von der geometrischen Methode, das heißt vom Geist der Mathematik, der mit Descartes zum Zeitgeist avanciert war und im jungen Pascal einen der glänzendsten Exponenten gefunden hatte, war auch der in einer Nacht des Jahres 1654 mystisch-religiös bekehrte Pascal niemals abgerückt".

334 Übersetzungsvorschlag: Dieses zweite Reich scheint mir selbst von einer ebenso hohen Ordnung, wie die großen Geister von einer höheren Ordnung als die Körper sind, und um so mehr als billig, als es nur durch das Verdienst erhalten bleiben kann, während das andere durch Geburt oder Geschick bestehen kann.

335 Die Affinität des Briefes zum Fragment 793 ist übrigens schon früh gesehen worden. So verweist *Romano Guardini*, Christliches Bewußtsein: Versuche über Pascal, bereits 1935 (hier zitiert nach der 4. Auflage 1991, S. 34 Fußnote 9), anlässlich der Darstellung des besagten Fragments auf den Brief („Vgl. dazu den interessanten Brief des jungen Pascal an die Königin Christine von Schweden, der ihr die Rechenmaschine empfiehlt und die Analogie ausführlich entwickelt.") – Umgekehrt setzt *Léon Brunschvicg* (in: Pascal, Pensées et Opuscules, Opuscules, Deuxième Partie, X Anmerkung 1, S. 113) den Brief in Beziehung zum Fragment 793: « Ce passage n'est pas seulement remarquable en soi; il nous atteste encore d'une façon saisissante comment s'est développé l'esprit de Pascal. L'idée indiquée dans cette lettre qui porte la marque de la

2. Das Fehlen der dritten Ordnung und die Rückbesinnung auf das Mémorial

Eine Auffälligkeit kann bei aller Übereinstimmung des Briefs mit der Lehre von den drei Ordnungen nicht verborgen bleiben. Es bewendet in dem Brief bei den beiden ersten Ordnungen, ohne dass die entscheidende dritte Ordnung angesprochen wird. Der Grund für dieses Fehlen der dritten Ordnung kann mehrere Ursachen haben. Zum einen wäre denkbar, dass es Pascal als unziemlich erschienen wäre, gegenüber seiner hochgestellten Adressatin eine Ordnung der Barmherzigkeit zu verkünden. Dafür ließe sich immerhin ins Feld führen, dass Christine von Schweden die größten Geister ihrer Zeit an ihrem Hof versammeln wollte, wie sie es im Fall Descartes auch vermocht hatte;[336] es ist zumindest nicht ausgeschlossen, dass Pascal sich nicht dem Vorwurf aussetzen wollte, diesem gegenüber als Schwärmer zu gelten, der seine wissenschaftliche Genialität in fragwürdiger Weise überhöhen wollte.

Weitaus näher liegt aber eine andere Sicht der Dinge. Die dritte Ordnung ist Pascal wohl erst durch das im Mémorial beschriebene Erlebnis deutlich geworden. Das Mémorial markiert auch und gerade in dieser Hinsicht einen Einschnitt, der eine neue Dimension erst offenlegt, die vordem für ihn noch gar nicht ersichtlich war.[337] Erst vor diesem Hintergrund wird deutlich, dass es sich um eine neue existenzielle Ebene handelt, zu der es zuvor noch keine Entsprechung gab.[338] So konnte Pascal seinen brieflichen Gedanken mit Fug als abgeschlossen anse-

---

rhétorique hyperbolique du temps, se retrouvera également dans le fragment 793 des *Pensées*, qui traite de l'humilité de la naissance de Jésus et de la simplicité du style des Évangiles: seulement la superiorité intellectuelle, dont l'autorité politique n'est que l'image, sera elle-même la figure de la sainteté. Les deux ordres de grandeur que Pascal célèbre ici s'effacent devant la charité. L'unique nécessaire est en Jésus; et le souvenir de la reine de Suède n'est plus évoqué par Pascal que pour instruire le chrétien de la vanité des grandeurs du monde (...) ». – Diese hellsichtige Bemerkung kann freilich nicht darüber hinweg sehen lassen, dass die genaue Herleitung dieser Entwicklung des Pascal'schen Geistes und vor allem die Entwicklung seiner Lehre von den drei Ordnungen im Schrifttum, soweit ersichtlich, bisher noch nicht unternommen worden ist. Die im Text dargestellte Weise soll nur als erster Versuch begriffen werden.

336 Descartes sah sich übrigens noch aus einem anderen Grund als den bereits genannten Witterungsbedingungen enttäuscht: er, der dafür bekannt war, dass er immer erst sehr spät aufstand, musste mit Christine von Schweden jeden Morgen bereits um fünf Uhr philosophische Gespräche führen, weil sie es so wollte.

337 *Michael Stolleis*, Blaise Pascal – Gedanken zur Ungewissheit des Rechts, Festschrift für Jan Schröder, 2013, S. 787 f., spricht treffend von einer „existentielle(n), zweiten(n) Konversion".

338 Vgl. auch *Eduard Zwierlein*, Existenz und Vernunft. Studien zu Pascal, Descartes und Nietzsche, 2001.

hen.[339] Damit enthält der Brief ein Zeugnis der Entstehung der Lehre von den drei Ordnungen in der entscheidenden Zwischenphase vor dem Mémorial.[340]

III. Folgerungen

Was folgt aus dem Bedachten für den Zusammenhang zwischen Mémorial, Brief an die Königin und der Lehre von den drei Ordnungen?[341] Zunächst lohnt es sich zu sehen, wie Guardini – vom umgekehrten Ausgangspunkt der impliziten Behandlung der Lehre von den drei Ordnungen innerhalb der Erörterung des Mémorial – die Bedeutung des Mémorial für das Denken Pascals anhand des Fragments 793 exemplifiziert. Guardini hat klar gesehen, dass für Pascal – zu-

---

339 Allgemein dazu auch *Ewald Wasmuth*, Die Philosophie Pascals unter besonderer Berücksichtigung seiner Lehren vom Unendlichen und dem Nichts und den Ordnungen, 1949.
340 *Romano Guardini*, Christliches Bewußtsein: Versuche über Pascal, 1935, 4. Auflage 1991, S. 45, zitiert in diesem Zusammenhang Pascals Text ‚Sur la conversion du pêcheur', der wohl aus dem Jahre 1655, also der Zeit nach dem Mémorial-Erlebnis datiert, wie sich auch aus dem Inhalt unübersehbar ergibt: „Das Erste, was Gott der Seele eingibt, die er sich wirklich zu berühren würdigt, ist eine ganz außerordentliche Erkenntnis und Blickkraft (so übersetzt *Guardini*, aaO., hier ‚vue'), durch welche die Seele die Dinge und sich selbst in einer ganz neuen Weise betrachtet. Dieses neue Licht verursacht ihr Furcht und bringt ihr eine Unruhe, welche die Ruhe durchquert, die sie in den sie bisher erfreuenden Dingen fand. Sie kann die Dinge, die sie bisher entzückten, nicht mehr mit ruhigem Herzen genießen. Ein beständiger Skrupel streitet bei solchem Genuss gegen sie. (...) Aber sie findet noch mehr Bitternis in den Übungen der Frömmigkeit als in den Eitelkeiten der Welt. Einerseits macht die Gegenwart der sichtbaren Dinge mehr Eindruck auf sie als die Hoffnung auf die unsichtbaren; andererseits macht die Wesenhaftigkeit der unsichtbaren Dinge einen stärkeren Eindruck auf sie als die Vergänglichkeit der sichtbaren. So kämpfen die Gegenwart der einen und die Wesenhaftigkeit der anderen um ihre Neigung, und die Vergänglichkeit der einen und die Abwesenheit der anderen erregen (um die Wette) ihre Abneigung, so dass eine Unordnung und Verwirrung in ihr entstehen". – Man kann an diesem Selbstzeugnis ermessen, wie eindringlich und nachhaltig die durch das Mémorial-Erlebnis verursachte Kehrtwende auf Pascal gewirkt hat. Für unseren Zusammenhang ist der Text von Interesse, weil Guardini ebenda betont, dass „die Erfahrung der Daseins-Neuheit, der gewonnenen neuen Existenzordnung *im Sinne des Fragments 793* mit großer Kraft ausspricht". (Hervorhebung nur hier).
341 Zutreffend im Ausgangspunkt der Beantwortung dieser Frage die Prämisse von *Ewald Wasmuth*, Person und Ordnung bei Pascal, Philosophisches Jahrbuch 61 (1951), 80, 92: „Die Ordnungen Pascals entstammen dem Sein, der geschaffenen Natur des Menschen, und sie sind als ontologische Bestimmung unabhängig von der ständischen Ordnung seiner Zeit, womit sie nur äußerliche Ähnlichkeit haben. Da diese Ordnungen für Pascal mit der Natur des Menschen gegeben sind und derart, dass sie sich immer wieder herstellen werden, gibt es in der sozialen Welt, innerhalb der Herrschaft des Fleisches einen Missbrauch, auf den er mehrfach und ausdrücklich hingewiesen hat, das ist die Verwirrung der Ordnungen, die Tyrannis". – Das dürfte sich vor allem auf Fragment 298 beziehen.

mindest äußerlich – auch nach dem ihn erschütternden Erlebnis die bisherigen Ebenen bestehen bleiben: „Das Bisherige bleibt. Die Ebenen des Physikalischen und des Menschlich-Geistigen bestehen, und nach wie vor geht die Arbeit, die auf ihnen und an ihren Gegenständen mit den zugeordneten Methoden getan wird, ihren Gang."[342] Mag also die Ratiozentrik in Pascals religiöser Anschauung einer Christozentrik gewichen sein, so bedeutet das nicht, dass Pascal durch das mystische Erlebnis etwa von seiner vernunftmäßigen Durchdringung wissenschaftlicher und wissenschaftstheoretischer Probleme abgerückt wäre.[343]

1. Verwirklichung der Gerechtigkeit durch die charité

Die durch das Mémorial neugewonnene Einsicht vermittelt also keine Exklusivität in dem Sinne, dass alles Bisherige für Pascal forthin nicht mehr existieren würde. Pascal ist also zwar, mit Guardinis treffenden Worten, „eine neue Wirklichkeit aufgegangen, der Lebendige Gott", er hat aber „nicht aufgehört, Mathematiker, Physiker, Ingenieur, Psychologe und Philosoph zu sein."[344] Das gilt im Übrigen auch für seine Lehre von den drei Ordnungen.[345] So hat sich Pascal auch in der Zeit nach dem Mémorial intensiv und äußerst erfolgreich mit der Infinitesimalrechnung, der Zahlentheorie und der Wahrscheinlichkeitsrechnung befasst; von letzterer kündet eine Abhandlung über das Glücksspiel, welche an die Adresse der *Celeberrima Matheseos Academia Parisiensis* gerichtet war. Man sollte sich also Pascal nicht als jemanden vorstellen, der seine immensen Begabungen mit einem Mal ignorierte. Nach wie vor bestand die Gefahr, dass seine exorbitante Geistesschärfe, die mit einer schneidenden Polemik einhergehen konnte, verletzend

---

342 *Romano Guardini*, Christliches Bewußtsein: Versuche über Pascal, 1935, 4. Auflage 1991, S. 31.

343 *Willy Hochkeppel*, Blaise Pascal, Vom geometrischen Geist, in: ZEIT-Bibliothek der 100 Sachbücher (Hg. Fritz J. Raddatz), 1984, S. 77 f.

344 *Romano Guardini*, Christliches Bewußtsein: Versuche über Pascal, 1935, 4. Auflage 1991, S. 48.

345 Exemplarisch *Hugo Friedrich*, Pascal, in: Romanische Literaturen, Band 1 (Hg. Brigitte Schneider-Pachaly), 1973, S. 139, 148, wonach „Pascal dieses Bild der heterogenen Ordnungen (...) bei sich sebst vorbereitet hatte in früheren mathematisch-geometrischen Erörterungen über die Diskontinuität der drei räumlichen Elemente Punkt – Linie – Fläche. Wie nämlich durch kein noch so endloses Vervielfältigen der Punkte eine Linie, der Linien eine Fläche entsteht, *so entsteht durch kein noch so endloses Steigern der Macht der Geist*, und durch kein noch so endloses Steigern des Geistes die Liebe. Man kann an diesem Beispiel die für Pascal so charakteristische Nähe von mathematisch-logischer Methode und metaphysisch-religiösen Gegenständen mit Händen greifen". Hervorhebung zur Veranschaulichung des rechtsphilosophischen Hintergrundes nur hier.

wirkte. In diesem Zusammenhang verdient eine Beobachtung Emil Lerchs Erwähnung, der die menschliche Gerechtigkeit zur dritten Ordnung der charité in Beziehung gesetzt hat: „Die Betrachtungen über die menschliche Gerechtigkeit sind aber ohne Bezug auf die (...) übernatürliche Kardinaltugend auch in Pascals System nicht denkbar; für ihn war klar, dass auch die natürliche Gerechtigkeit nur in Verbindung mit der ‚charité' in die Tat umgesetzt werden könne".[346] Diese Erkenntnis hat wegweisenden Charakter für unsere Betrachtung. Denn sie schafft ein systematisches Bindeglied zwischen der Gerechtigkeit, und zwar nicht nur der göttlichen, sondern durchaus der menschlichen und der dritten Ordnung der charité.[347] Auch und gerade die menschliche Gerechtigkeit lässt sich demnach nur auf höchster Ebene, nämlich derjenigen der charité, verwirklichen.[348]

2. Die cartesische Rückübersetzung

Das bedeutet aber zugleich eine neue Weltsicht. Sie zeigt sich wiederum, wenn man das Bedachte in die cartesischen Kategorien übersetzt. Denn die beiden Ebenen sind nichts anderes als physikalische Außenwelt (= res extensa) und denkendes Ich (= res cogitans). Man kann insofern von einer cartesischen Rückübersetzung sprechen, als Pascal nach dem Erlebnis des Mémorial weiterhin ganz bewusst in cartesischen Kategorien denkt und damit seiner gebildeten, zu überzeugenden Mitwelt ganz bewusst entgegenkommt, auch wenn er selbst nunmehr um die höhere, alles übertreffende dritte Ordnung weiß. Aber das ändert nichts daran, dass er in der wissenschaftlichen Welt nach wie vor ausschließlich in ra-

---

346 *Emil Lerch*, Pascals „Gedanken" über Recht und Gerechtigkeit, Zeitschrift für schweizerisches Recht, Schweizerischer Juristenverein 61 (1942), 339, 345, unter Kontrastierung der von ihm in Anlehnung an Fragment 477 als „übernatürliche Gerechtigkeit" bezeichneten Gerechtigkeit. Zu den dahinter stehenden Problemen der Rechtfertigung aus moderner ökumenischer Sicht *Eberhard Jüngel*, Das Evangelium der Rechtfertigung des Gottlosen als Zentrum des christlichen Glaubens, 4. Auflage 2005.

347 Das entspricht mutatis mutandis – weil es dort weniger um die Gerechtigkeit als vielmehr die Ordnung geht – der insoweit wegweisenden Folgerung von *Karlheinz Stierle*, Pascals Reflexionen über den ‚ordre' der *Pensées*, Poetica 4 (1971), 167, 196: „Dass die Diskrepanz zwischen einer grundsätzlichen Unmöglichkeit des ordre und seiner praktischen Notwendigkeit Pascal nicht zum Kompromiss einer ‚brauchbaren Lösung' verführte, ist vielleicht nur dem Zufall des erzwungenen Abbruchs zu verdanken. Dieser gibt uns die *Pensées* in einem Moment, wo sie mit den weitreichendsten Einsichten Pascals in die Problematik des ordre und der Möglichkeiten der Konsistenzbildung in natürlicher Sprache zusammentreffen". – In der Tat darf, auch wenn die Fragmente auf die Verwirklichung einer bestimmten Gerechtigkeitsvorstellung hingeordnet sind, die Kontingenz ihrer auf uns gekommenen Fassung nicht unberücksichtigt bleiben.

348 Das wird am Ende der Untersuchung noch am Beispiel von Fragment 460 erläutert.

tionalen Kategorien denkt.[349] Zugleich ermöglicht die Einbeziehung des Briefs an die schwedische Königin als Ausdruck des politischen Denkens Pascals eine Verortung des Rechts und der Politik innerhalb der Lehre von den drei Ordnungen. Während die Religion der höchsten Ordnung zugehört, ist der Platz des Politischen und damit auch des weltlichen Rechts denkbar bescheiden: Es regelt gleichsam nur die Körper im Raum.[350]

Allenfalls könnte man daran denken, dass zumindest die philosophische Durchdringung des Rechts, also die Rechtsphilosophie, es bis auf die Stufe der zweiten Ordnung bringen kann, doch ist auch diese Spekulation schon durchaus gewagt. Denn Pascal würde ihr wohl entgegenhalten, dass das einzig Sichtbare des Rechts eben die zu verzeichnenden Machtverhältnisse seien, die so augenscheinlich sind, dass das Recht a limine gar kein würdiger Gegenstand der philosophischen Betrachtung sein könne. In diesem Punkt mag sogar eine gewisse Übereinstimmung mit Descartes bestehen, der keine eigene Rechtsphilosophie begründete, obwohl er von Haus aus studierter Jurist war.[351]

3. Zwischenfeststellung

Im Mémorial erkennt Pascal eine dritte, höherwertige Ordnung, welche die ersten beiden Ordnungen nicht gegenstandslos macht, weil sie das irdische Dasein zwangsläufig prägen, ihm aber erst seinen eigentlichen Sinn geben. Diese höchstpersönliche Erfahrung kann er nur weitergeben, indem er sie in allgemeingültige Feststellungen übersetzt und dem geistigen Stand seiner Zeit angemessen entwickelt.[352] Dazu gehört aber der cartesische Dualismus, den es zu überwinden gilt.

349 *Willy Hochkeppel*, Blaise Pascal, Vom geometrischen Geist, in: ZEIT-Bibliothek der 100 Sachbücher (Hg. Fritz J. Raddatz), 1984, S. 77, 79: „Die Welt des Glaubens mag die Welt der Vernunft transzendieren – innerhalb ihrer Grenzen herrscht die Vernunft unumschränkt“.

350 *Wolfgang Welsch*, Unsere postmoderne Moderne, 2008, S. 285.

351 *Reinhard Brandt*, Rechtsphilosophie der Aufklärung (Hg. Ders.), 1981, S. 2.

352 Es handelt sich bei den Pensées, wie *Romano Guardini*, Christliches Bewußtsein: Versuche über Pascal, 1935, 4. Auflage 1991, S. 12, herausgearbeitet hat, gerade nicht um „Maximen und Reflexionen“; dessen ungeachtet kann man, wie weiter oben im Text, hier von einer Selbstreflexion sprechen.

IV. Pascals Discours sur la condition des grands

Außer dem Brief an die schwedische Königin gibt es noch eine weitere politische Schrift Pascals, die ebenfalls seine Soziallehre wiedergibt.[353] Es handelt sich um die Trois discours sur la condition des grands. In einer geradezu revolutionären Weise wird in diesem an einen gerade einmal zehnjährigen Adeligen,[354] den kleinen Prinzen von Luynes, gerichteten ersten Discours die Gleichheit der Menschen zugrunde gelegt.[355] Auch in den Pensées hat Pascal daran erinnert, dass die Begierden der Menschen gleich sind, weil die Könige ebenso wie die gewöhnlichen Menschen Gefallen daran finden, einem Ball zu folgen oder einem Hasen hinterher zu jagen,[356] und dass sie ebenso unglücklich wie diese sind, wenn sie keine Zerstreuung finden.[357]

1. Rechtsphilosophischer Gehalt der imaginären Gespräche

Der Verfasser der Gespräche erinnert den hochwohlgeborenen Zögling daran, dass er im Vergleich zu einem Minderprivilegierten alle seine Privilegien einer Kette von Zufällen zu verdanken habe, den Zufällen der Heirat seiner vermögenden Eltern, seiner Geburt, nicht aber einem Recht, das ihm aus eigenem Verdienst oder aus sich heraus oder von seiner eigenen Natur her zukommt: « Vous n'y avez aucun droit de vous-même et par votre nature, non plus que lui: et non seulement vous ne vous trouvez fils d'un duc, mais vous ne vous trouvez au monde; que par une infinité de hasards. Votre naissance dépend d'un mariage, ou plutôt de tous les mariages de ceux dont vous descendez ».[358] Er gibt seinem privilegierten Adres-

---

353 Zum politischen Denken Pascals auch *Rudolf Behrens*, Zur anthropologischen Fundierung von Politik und Rhetorik in den „Pensées" Blaise Pascals, Rhetorik 10 (1991), 16 Fußnote 14 unter Verweis auf *Gérard Ferreyrolles*, Pascal et la raison politique, 1984; *Dolf Sternberger*, Über einige politische Bemerkungen in Pascals Pensées, Festschrift für Wilhelm Hennis, 1988, S. 45; *Roland Mortier*, Les Idées politiques de Pascal, Revue d'Histoire littéraire de la France 58 (1958), 289; *Luc Dariosecq*, La Pensée politique de Pascal, PMLA 76/1 (1961), 54; *Roland Maspétiol*, Pascal et le pouvoir, Revue des Deux Mondes, 1962, S. 161.

354 *Ewald Wasmuth*, Person und Ordnung bei Pascal, Philosophisches Jahrbuch 61 (1951), 80, 90.

355 *Ewald Wasmuth*, Die Philosophie Pascals unter besonderer Berücksichtigung seiner Lehren von dem Unendlichen und dem Nichts und den Ordnungen, 1949, S. 251, macht darauf aufmerksam, dass der Prinz noch ein Kind war, so dass sich Pascal „dessen Begriffsvermögen anpassen musste".

356 *Blaise Pascal*, Pensées, Fragment 141.

357 *Blaise Pascal*, Pensées, Fragment 142.

358 *Blaise Pascal*, Pensées et Opuscules (Édition Léon Brunschvicg), Premier discours, S. 234.

saten zu bedenken, dass all dies keinem natürlichen Recht folge, sondern nur Ausdruck einer Ordnung sei, die der Gesetzgeber aus möglicherweise guten Gründen für richtig gehalten habe, die jedoch nicht naturnotwendig zwingend sei:[359] « Cet ordre n'est fondé que sur la seule volonté des législateurs qui ont pu avoir de bonnes raisons, mais dont aucune n'est prise d'un droit naturel que vous ayez sur ces choses ».[360]

Es sind also letztlich menschliche Einrichtungen, denen der Bessergestellte seine Privilegien verdankt.[361] Gott habe aber den Gesellschaften immerhin erlaubt, die Güter gesetzlich so aufzuteilen, so dass es auch nicht recht sei, diese Gesetze zu verletzen, wenn sie einmal in diesem Sinne verabschiedet seien: « Car Dieu, qui en est le maître, a permis aux sociétés de faire des lois pour les partager; et quand ces lois sont uns fois établies, il est injuste de les violer ».[362] Nach der Errichtung der menschlichen Institutionen und Besitzverhältnisse sind sie für Pascal gerechtfertigt und dürfen nicht gewaltsam umgestürzt werden, wie Pascal im zweiten Gespräch voraussetzt: « après l'établissement elle devient juste, parce qu'il est injuste de la troubler ».[363] In diesem zweiten Gespräch entwickelt er zugleich seine Vorstellung des ‚honnête homme',[364] die nicht notwendigerweise mit dem geburtsmäßigen Adel einhergeht,[365] sondern eher eine Vornehmheit der Gesinnung

---

359 *Emil Lerch*, Pascals „Gedanken" über Recht und Gerechtigkeit, Zeitschrift für schweizerisches Recht, Schweizerischer Juristenverein 61 (1942), 339, 356: „Ihre tatsächliche soziale Ungleichheit ist einzig ein Produkt der bestehenden Rechtsordnung, welche ihrerseits auf Zufall beruht. Sie ist – wie sich Pascal exakt ausdrückt – kein droit naturel".

360 *Blaise Pascal*, Pensées et Opuscules (Édition Léon Brunschvicg), Premier discours, S. 234.

361 *Erich Auerbach*, Über Pascals politische Theorie, in: Vier Untersuchungen zur Geschichte der französischen Bildung, 1951, S. 51, 60: „Pascal beweist einem großen Herrn, dass sein Ansehen und seine Macht auf keinerlei natürliches oder echtes Recht gestützt sei, sondern auf den bloßen Willen der Gesetzgeber; ein anderer ‚tour d'imagination' bei diesen, und er wäre arm und machtlos".

362 *Blaise Pascal*, Pensées et Opuscules (Édition Léon Brunschvicg), Premier discours, S. 234. Vgl. auch *Emil Lerch*, Pascals „Gedanken" über Recht und Gerechtigkeit, Zeitschrift für schweizerisches Recht, Schweizerischer Juristenverein 61 (1942), 339, 358: „Er blickt hinüber in das ‚royaume de charité', das nur im Verlust der verdorbenen Natur erworben wird".

363 *Blaise Pascal*, Pensées et Opuscules (Édition Léon Brunschvicg), Second discours, S. 236.

364 Der ‚honnête homme' entspricht cum grano salis dem Gentleman im Sinne von *John Henry Newman*, The Idea of a University, 1873 (Die Idee der Universität, Übers. Edith Stein, 2004, S. 179f.: „Gerüchten und Verleumdungen schenkt er kein Gehör, er macht keine Unterstellungen, sondern legt alles zum Besten aus".). Näher *Martin Scherer*, Der Gentleman, 2. Auflage 2003, S. 52f. Siehe aber auch *Karl Löwith*, Der christliche Gentleman. Über die Schizophrenie eines gesellschaftlichen Ideals, in: Sämtliche Schriften, Band III, 1985, S. 163ff.

365 Treffend *Emil Lerch*, Pascals „Gedanken" über Recht und Gerechtigkeit, Zeitschrift für schweizerisches Recht, Schweizerischer Juristenverein 61 (1942), 339, 357, wonach Pascal in diesem zweiten Gespräch „die Größe des ‚duc' und die des ‚honnête homme' scharf gegenüber-

betrifft.[366] Das Ideal des honnête homme, das Pascal durch seinen Freund, den Chevalier de Méré kennengelernt hatte,[367] findet seinen Niederschlag auch wiederholt in den Pensées, wo es etwa heißt: « On n'apprend pas aux hommes à être honnêtes hommes et on leur apprend tout le reste ».[368] Rechtsphilosophisch betrachtet, verlangte der ungeschriebene Kodex des honnête homme allerdings die Konformität mit der Obrigkeit.[369]

Das dritte Gespräch schließlich handelt vom göttlichen Bereich, der göttlichen Güte und Gerechtigkeit, die von der Liebe umgeben ist:[370] « Dieu est environné de gens pleins de charité, qui lui demandent les biens de la charité qui sont en sa puissance: ainsi il est proprement le roi de la charité ».[371] Seinem adeligen Gesprächspartner vermittelt Pascal, dass er König der Begierden, ‚roi de concupiscence' sei, wohingegen es in Wahrheit um nichts Geringeres als das Königreich der Liebe, ‚royaume de charité' gehe: « Il faut mépriser la concupiscence et son royaume, et aspirer à ce royaume de charité où tous les sujets ne respirent que la charité, et ne désirent que les biens de la charité ».[372] Aber das Misstrauen gegenüber der Begehrlichkeit ist umso schwieriger, als diese dem Menschen zur zweiten Natur geworden ist: « La concupiscence nous est devenue naturelle, et a fait notre seconde nature ».[373]

---

stellt und ihrer Natur gemäß auch den Respekt unterscheidet, der ihnen gebührt: dem Rechtstitel den Respekt vor der Rechtsordnung, mit der Einschränkung versehen, dass dessen Träger keine wirkliche Qualität zuzukommen braucht".

366 Insofern kann man sie mit der Vornehmheit, die Nietzsche vorschwebte, vergleichen; näher *Jens Petersen*, Nietzsches Genialität der Gerechtigkeit, 2. Auflage 2015, S. 21 f. mit weiteren Nachweisen. *Ewald Wasmuth*, Die Philosophie Pascals unter besonderer Berücksichtigung seiner Lehren von dem Unendlichen und dem Nichts und den Ordnungen, 1949, S. 276, setzt sie zum „gebildeten Menschen im Sinne Goethes" in Beziehung.

367 *Chevalier de Méré*, De la vraie Honnêteté, in: Œuvres posthumes (Hg. Charles-H. Boudhors), 1930, S. 69. Siehe dazu *Margot Kruse*, Beiträge zur französischen Moralistik, 2003, S. 21 f.

368 *Blaise Pascal*, Pensées, Fragment 68.

369 *Erich Auerbach*, Über Pascals politische Theorie, in: Vier Untersuchungen zur Geschichte der französischen Bildung, 1951, S. 51, 63.

370 Mit geradezu ökonomischer Diktion *Erich Auerbach*, Über Pascals politische Theorie, in: Vier Untersuchungen zur Geschichte der französischen Bildung, 1951, S. 51, 60: „denn Gott, der die Güter der Liebe zu vergeben habe, sei der König der caritas; er aber, der die Güter der Welt verwalte und verteile, sei ein König der concupiscentia".

371 *Blaise Pascal*, Pensées et Opuscules (Édition Léon Brunschvicg), Troisième discours, S. 238.

372 *Blaise Pascal*, Pensées et Opuscules (Édition Léon Brunschvicg), Troisième discours, S. 238.

373 *Blaise Pascal*, Pensées, Fragment 660.

2. Abbildung der drei Ordnungen

Wenn man die drei Gespräche auf die Lehre von den drei Ordnungen bezieht, kann man sehen, dass sie genau die drei Ordnungen abbilden:[374] Im ersten Gespräch behandelt Pascal die Besitzverhältnisse und Privilegien, also gleichsam die Rechtsverhältnisse im Raum, ihrem Ursprung und ihrer Berechtigung nach. Es betrifft die Rechtsbeziehungen der Personen und Sachen zueinander. Sie sind nicht an und für sich gerecht, aber unumkehrbar, sofern die menschliche Gesellschaft kraft göttlicher Ermächtigung Gesetze geschaffen hat, welche die Rechtsverhältnisse ordnen.

Das zweite Gespräch entspricht der zweiten Ordnung, nämlich der des Geistes, indem den von Geburt erworbenen Privilegien das Ideal des honnête homme entgegengestellt wird, der die Dinge durchschaut, zu gewichten weiß und ohne ungebührlichen Eigennutz einen natürlichen Ausgleich der Interessenkonflikte anstrebt und Geschwätz oder Gerüchten misstraut.

Das dritte Gespräch schließlich führt den Zentralbegriff der charité ein und entspricht damit der dritten Ordnung. Die drei Gespräche sind damit die pragmatische Handlungsanweisung – nicht von ungefähr gerichtet an jemanden, der die praktische Handhabe und Möglichkeit ihrer Umsetzung hat und zur Eingrenzung seiner Machtbefugnisse im Interesse seiner Untergebenen aufgerufen ist – im Sinne der Lehre von den drei Ordnungen.[375]

---

374 *Ewald Wasmuth*, Die Philosophie Pascals unter besonderer Berücksichtigung seiner Lehren von dem Unendlichen und dem Nichts und den Ordnungen, 1949, S. 254: „So also wandte Pascal die Lehre von den Ordnungen und von (...) der Analogie an, um seinem jugendlichen Hörer seine Stellung in der Welt und die Aufgaben, die sie ihm stellt, klar zu machen". *Emil Lerch*, Pascals „Gedanken" über Recht und Gerechtigkeit, Zeitschrift für schweizerisches Recht, Schweizerischer Juristenverein 61 (1942), 339, 356, gibt zu bedenken, dass wir die ‚trois dicours' „ohne weiteres auch als genaues Spiegelbild von Pascals ständigen Urteilen verwenden dürfen". Klarer noch *Erich Auerbach*, Über Pascals politische Theorie, in: Vier Untersuchungen zur Geschichte der französischen Bildung, 1951, S. 51, 61: „Er erkennt tatsächlich noch ein Reich an, das zwischen der irdischen Ordnung der Macht und der göttlichen Liebe steht; das ist das Reich des menschlichen Gedankens, des irdischen Geistes, das er zuweilen, in dem *Discours sur la condition des grands* und den Fragmenten 332 und 793 (Édition Léon Bunschvicg), dem der Macht gegenüberstellt".

375 *Arthur Rich*, Pascals Gedanken über Recht und Macht, Theologische Zeitschrift der Universität Basel 3 (1952), 205, 223 Fußnote 60, stellt dementsprechend die rhetorische Frage: „Springt damit nicht in die Augen, dass es Pascal keineswegs um die Begründung einer eigenen politischen Theorie zu tun ist, sondern mehr um den Nachweis, dass das politische Problem von Recht und Macht außerhalb der Ordnung der Liebe Gottes die gerechte und wahre Lösung nie finden kann?".

§ 4 Die dritte Ordnung

Wir sind bei unserer Rekonstruktion der Lehre von den drei Ordnungen an einem entscheidenden Punkt angelangt, dem Schritt von der zweiten zur dritten Ordnung der charité. Bislang konnte offenbleiben, wie dasjenige genau zu bezeichnen ist, was nach Pascal Gegenstand der höchsten der drei Ordnungen ist. Diese Frage tritt nun umso stärker in den Vordergrund. Dabei steht man vor einer terminologischen Schwierigkeit, die geeignet ist, den Blick auf die Sache zu verdunkeln. Man muss sich also zunächst fragen, was genau gemeint ist, wenn Pascal von der charité spricht.[376] Sie ist offensichtlich das Schlüsselwort der Lehre von den drei Ordnungen und wohl auch der gesamten Philosophie Pascals.[377] Sowohl Guardini als auch Weischedel übersetzen charité mit Liebe, wobei Guardini durch einen Klammerzusatz präzisierend von der ‚(christlichen) Liebe' spricht und Weischedel durch eine Anmerkung klarstellt, dass es sich um Gottes- oder Nächstenliebe handelt.[378] Damit entspricht der Begriff beiläufig dem sogleich noch näher zu behandelnden Fragment Pascals über das Doppelgebot, das besser als alle politischen Gesetze geeignet wäre, ein Gemeinwesen zu lenken.[379]

---

376 Zum Vergleich mit anderen *Alain Vinson*, L'ordre de la charité chez Pascal, chez Péguy et chez Simone Weil, Cahiers Simone Weil XIV (1991), 234ff.

377 Weiterführend *Arthur Rich*, Pascals Gedanken über Recht und Macht, Theologische Zeitschrift der Universität Basel 3 (1952), 205, 214 am Beispiel von Fragment 430: „Der Mensch hat sich zum Mittelpunkt seiner selbst gemacht und ist jetzt sich selber überlassen. War er als wahrer Mensch der Ordnung der Gnade verhaftet und darum in seinem eigentlichen Wesen ‚charité', d. h. liebender Wille, der in Freiheit wollte, was Gott will, so ist der faktische oder wirkliche Mensch sich selbst verhaftet, eben Wille, der in autonomer Strebung will, was er will, also ‚amor sui' oder – wie Pascal ausdrückt – Konkupiszenz. Die Konkupiszenz als Inbegriff der ‚Selbstzugehörigkeit' bedeutet den schlechthinnigen Gegensatz zur ‚charité' als Inbegriff der ‚Gotteszugehörigkeit'. Durch seine Emanzipation vom ‚ordre de charité' hat der Mensch mit seiner Gottzugehörigkeit auch seine Gottebenbildlichkeit verloren".

378 Es ist für den vorliegenden Zusammenhang interessant zu sehen, wie *Søren Kierkegaard*, Leben und Walten der Liebe, 1847 (deutsche Übersetzung von Albert Dorner und Christoph Schrempf, 1924), im Vorwort gelöst hat: „Es sind ‚christliche Erwägungen'; sie handeln eben daher nicht von der ‚Liebe', sondern von dem ‚Leben und Walten der Liebe' ". – So unzweckmäßig diese Übersetzung für das Fragment auch wäre, kommt sie doch dem von Pascal Gemeinten sehr nahe, ist doch der genannte ‚mouvement de charité' nichts anderes als eine Form des Lebens und Waltens der Liebe.

379 *Blaise Pascal*, Pensées, Fragment 484.

I. Amour, charité und cœur

Klar ist im Ausgangspunkt, dass charité etwas anderes ist als amour.[380] Das dürfte die zentrale Aussage des Zusatzes ‚christlich' von Guardini sein. Er betont dies abstrahierend im Folgenden noch: „Besonders bedeutsam aber ist, dass auch der dritte so gewonnene *Wirklichkeitsbereich* keiner irrationalen Erfahrung, keiner *begriffsfeindlichen* Intuition überlassen wird, sondern auch er seine Rationalität und damit Wissenschaftsmöglichkeit besitzt. Wie die Natur ihre logische Struktur hat, die von den ‚sciences abstraites', Mathematik und Physik, herausgehoben wird; wie das Reich des Menschlichen sie hat, so dass es durch eine ‚étude de l'homme' rational erfasst werden kann, so hat auch der Bereich der aus der Offenbarung kommenden Weisheit und Liebe seine Logik."[381]

1. Rationalität der dritten Ordnung

Diese Beobachtung ist wichtig, weil sie dem Eindruck entgegenwirkt, die charité Pascals sei etwas, das sich rational nachvollziehbaren Kategorien von vornherein entzieht. Das Gemeinte wird noch deutlicher, wenn man sich eine fundamentale Unterscheidung vergegenwärtigt, die Kierkegaard eingeführt hat. Er differenziert zwischen der natürlichen Liebe und Freundschaft, die er Vorliebe nennt und der christlichen Liebe, die für ihn wesensmäßig Selbstverleugnung ist:[382] „Die natürliche Liebe und Freundschaft ist Vorliebe, leidenschaftliche Vorliebe; die christliche Liebe ist, als Liebe, die du haben sollst, Liebe der Selbstverleugnung. Die äußerste Konsequenz der Leidenschaft der Vorliebe ist: nur einen einzigen zu

---

380 *Blaise Pascal* soll freilich vor 1649 auch einen ‚Discours sur les passions de l'amour' verfasst haben, doch ist dessen Authentizität umstritten; mit guten Gründen dagegen *Ewald Wasmuth*, Die Philosophie Pascals unter besonderer Berücksichtigung seiner Lehren von dem Unendlichen und dem Nichts und den Ordnungen, 1949, S. 249 f.

381 *Romano Guardini*, Christliches Bewußtsein: Versuche über Pascal, 1935, 4. Auflage 1991, S. 34; Hervorhebungen nur hier. Siehe auch *Emil Lerch*, Pascals „Gedanken" über Recht und Gerechtigkeit, Zeitschrift für schweizerisches Recht 61 (1942), 339, 351: „Pascal sieht die Welt in ihrem sozialen Getriebe fast mit den Augen Descartes' als einen Mechanismus der Kräfte nämlich, der im Bezirk der physischen Natur zu laufen beginnt und hernach in den Seelen der Menschen eine ganz analoge Wirkweise hervorbringt".

382 Hellsichtig *Ewald Wasmuth*, Person und Ordnung bei Pascal, Philosophisches Jahrbuch 61 (1951), 80: „Dadurch wurde Pascal neben Kierkegaard der christliche Schriftsteller, den man auch dort schätzen konnte, wo man die christliche Religion für überwunden hielt und hält, und sein Wissen um die Seinslage (condition) des Menschen macht ihn mit Kierkegaard zu dem wichtigsten Vorläufer des philosophischen Existenzialismus".

lieben; die äußerste Konsequenz der selbstverleugnenden Hingebung ist: nicht einen einzigen auszuschließen."[383] Damit wird die Übersetzung Guardinis der charité als christlicher Liebe bestätigt und präzisiert.[384] Allerdings zeigt die Gegenüberstellung der Lehre Pascals mit den soeben zitierten Worten Kierkegaards auch, gleichsam kontrastierend, dass Pascals Verständnis der Ordnung der Liebe ungeachtet aller Äquivokationen rationaler ist als dasjenige Kierkegaards.[385] Das ist auch deswegen folgerichtig, weil der imaginäre Widersacher Pascals auch und gerade dort, wo er – nur scheinbar irrational[386] – das Herz (cœur) der Vernunft gegenüberstellt, kein anderer als Descartes ist.[387] Denn cœur im Sinne Pascals ist geradezu der Gegenbegriff zu Descartes' Evidenz.[388]

2. Jurisprudenz mit Herz und Verstand

In diesem Sinne ist wohl auch der oft gebrauchte Topos „Logik des Herzens" bei Pascal zu verstehen,[389] der im Zusammenhang mit den Pensées nicht selten gebraucht wird.[390] Ebenso gut kann man von einer Ordnung des Herzens

---

383 *Søren Kierkegaard*, Leben und Walten der Liebe, 1847 (deutsche Übersetzung von Albert Dorner und Christoph Schrempf, 1924), S. 56 f.

384 Vgl. *Søren Kierkegaard*, Leben und Walten der Liebe, 1847 (deutsche Übersetzung von Albert Dorner und Christoph Schrempf, 1924), S. 61: „Überall wo das Christliche ist, ist auch Selbstverleugnung; sie ist die wesentliche Form des Christentums".

385 Bemerkenswert die Ordnungsbestimmung und Ableitung von *Henri Petit*, Images. Descartes et Pascal, 5. Auflage 1930, S. 235 f.: « Pascal poursuit dans la charité un ordre d'abandon, d'oubli de soi-même et de toute frivolité, jusqu'à la perfection nue de l'être, jusqu'à l'assentiment complet de son cœur et de son esprit a cette verité essentielle qu'il sent vivre en lui. L'amour est le moyen de la charité et la charité est le lieu de la grâce. (...) L'ordre de la charité s'applique à l'intelligence. L'intelligence n'est pas distincte du cœur ».

386 *Karlheinz Stierle*, Pascals Reflexionen über den ‚ordre' der *Pensées*, Poetica 4 (1971), 167, 186, lokalisiert ‚cœur' treffend als „Ort der nicht hinterfragbaren Evidenzen".

387 *Hugo Friedrich*, Pascal, in: Romanische Literaturen, Band 1 (Hg. Brigitte Schneider-Pachaly), 1973, S. 139, 150: „Pascal schichtet mit seiner Philosophie des Herzens die geistige Struktur tiefgehend um, und wir sind weit entfernt von der logischen Evidenzlehre eines Descartes".

388 *Lothar Schäfer*, Pascal und Descartes als methodologische Antipoden, Philosophisches Jahrbuch 81 (1974), 314, 336.

389 Siehe etwa *Albert Raffelt*, Logik des Verstandes und Logik des Herzens bei Pascal, in: Geist und Psyche. Klassische Modelle von Platon bis Freud und Damasio (Hg. Edith Düsing/Hans-Dieter Klein), 2008, S. 117.

390 Vgl. auch den Titel der von *Fritz Paepcke* übersetzten, zweisprachigen dtv-Ausgabe der Pensées, die das auf Fragment 277 anspielende ‚Le Cœur et ses Raisons' mit ‚Logik des Herzens' gleichsetzt.

sprechen.[391] Zu erinnern ist ferner an das berühmte Nietzsche-Wort, der Pascal als den „bewunderungswürdigen Logiker des Christentums" bezeichnet.[392] Damit wird zugleich deutlich, dass neben der Vernunft auch und gerade das Herz (cœur) zu einem Wahrnehmungsorgan der Wahrheit, aber eben auch der charité wird:[393] « Nous connaissons la vérité, non seulement par la raison, mais encore par le cœur ».[394] Hierin liegt auch der Bezug zwischen dem Wahrnehmungsorgan des cœur und der Ordnungslehre.[395]

Es ist auch für das Verständnis der Lehre von den drei Ordnungen von entscheidender Wichtigkeit, dass damit keiner irrationalen Sentimentalität das Wort geredet wird,[396] wie ein berühmter Gedanke Pascals in seiner sprachlich unnachahmlichen und schwer übersetzbaren Doppeldeutigkeit bezeugt:[397] « Le cœur a ses raisons, que la raison ne connaît point ».[398] Wahrheit und Gerechtigkeit sind für ihn zwei so subtile Punkte, dass unsere Mittel der Wahrnehmung sie eben nicht exakt fassen und berühren können: « La justice et la vérité sont deux pointes si subtiles, que nos instruments sont trop mousses pour y toucher exactement ».[399] Auf das Recht bezogen kann sich cœur im Sinne Pascals durchaus auch im Ge-

---

391 *Fritz Schalk*, Französische Moralisten, 1949, Einleitung S. XIX: „Nicht ein ‚System', sondern die ständige Neuschöpfung eines vorherrschenden Prinzips in einer Sprache, die so sehr in der christlichen ‚Ordnung des Herzens' verwurzelt ist, dass sie nie ganz frei werden kann als selbständiges Ausdrucksmittel des menschlichen Geistes, Scharfsinns, Witzes, dessen Kräfte in sie nur als dienende eingehen, so dass sie den eigentlichen Sinn der Aphorismen: dem Leser den Gehalt des Christentums zuzuführen, verdecken, nie von ihm ablenken können".

392 *Friedrich Nietzsche*, Der Wille zur Macht, 1883–1888 (Kröner-Ausgabe), S. 144.

393 *Willy Hochkeppel*, Blaise Pascal, Vom geometrischen Geist, in: ZEIT-Bibliothek der 100 Sachbücher (Hg. Fritz J. Raddatz), 1984, S. 77: „Das Herz hat seine eigene Logik, seine eigene Ordnung, ist buchstäblich ein Erkenntnisorgan sui generis, Ort vornehmlich der (Gottes)Liebe (charité)".

394 *Blaise Pascal*, Pensées, Fragment 282. Siehe auch *Marvin Richard O'Connell*, Blaise Pascal: Reasons of the Heart, 1997.

395 Vgl. *Albert Béguin*, Pascal in Selbstzeugnissen und Bilddokumenten, 1959, S. 144: „Die eigentliche Instanz, der man sich überantworten soll, ist das ‹Herz›; als Organ der Glaubenseinsicht ermöglicht es uns, von der Ordnung des Geistes zur Ordnung der Liebe zu gelangen. Pascal weiß es, da er diesen Weg gegangen ist".

396 Eindrücklich Walter Jens/*Hans Küng*, Dichtung und Religion, 1985, S. 16: „Sentimentalität, Rührseligkeit, Gefühlsduselei? Nein, Herz bezeichnet nicht das Irrational-Emotionale im Gegensatz zum Rational-Logischen, sondern jene geistige Personmitte des Menschen, für die das körperliche Organ nur Symbol ist".

397 Auch *Hugo Friedrich*, Pascal, in: Romanische Literaturen, Band 1 (Hg. Brigitte Schneider-Pachaly), 1973, S. 139, 151, wendet sich dagegen, das folgende Zitat „im Sinne einer lässigen Gefühlstheorie zu missdeuten".

398 *Blaise Pascal*, Pensées, Fragment 277.

399 *Blaise Pascal*, Pensées, Fragment 82.

rechtigkeitsgefühl manifestieren,[400] und zwar insofern als auch der rational geschulte Jurist gleichsam als spontane Vorstufe einer exakten Subsumtion oder als nachträgliche Gerechtigkeitskontrolle mit Herz und Verstand wertend urteilen kann.[401]

II. Christozentrik der Rechtsphilosophie Pascals

Die naheliegendste Übersetzung des Wortes charité lautet daher Nächstenliebe. In konsequenter Fortführung seiner Unterscheidung heißt es bei Kierkegaard: „Den Nächsten zu lieben, ist dagegen Liebe der Selbstverleugnung, und die Selbstverleugnung treibt gerade alle Vorliebe aus, wie sie alle Selbstliebe austreibt / sonst würde ja auch die Selbstverleugnung einen Unterschied machen und Vorliebe für die Vorliebe hegen."[402]

1. « Deux lois suffisent »

Für die Übersetzung als christliche Liebe spricht die Christozentrik des Fragments 793. Christliche Liebe ist richtig verstandene Nächstenliebe[403] – und damit zugleich zentrales Gesetz, wie das bereits zitierte Fragment 484, das in Anspielung auf Mt 22,37 die Gottes- und Nächstenliebe zu den beiden bestimmenden Gesetzen macht: « Deux lois suffisent pour régler toute la République chrétienne, mieux que toutes les lois politiques ».[404] Die Übersetzung der charité kann man aber wo-

---

400 Vgl. auch *Jens Petersen*, Dante Alighieris Gerechtigkeitssinn, 2011, S. 52, dort auch zu Pascals Lehre von den drei Ordnungen.

401 Mutatis mutandis gilt auch insoweit die Ansicht von Walter Jens/*Hans Küng*, Dichtung und Religion, 1985, S. 16: „Herz meint zwar den menschlichen Geist, aber nicht insofern dieser rein theoretisch denkt und schlussfolgert, sondern insofern er spontan präsent ist, intuitiv erspürt, existentiell erkennt und ganzhaft wertet, ja insofern er im weitesten Sinne liebender (...) Geist ist".

402 *Søren Kierkegaard*, Leben und Walten der Liebe, 1847 (deutsche Übersetzung von Albert Dorner und Christoph Schrempf, 1924), S. 59f.; siehe dazu auch *Max Bense*, Pascal und Kierkegaard, Europäische Revue 18 (1942), 88.

403 Vgl. *Søren Kierkegaard*, Leben und Walten der Liebe, 1847 (deutsche Übersetzung von Albert Dorner und Christoph Schrempf, 1924), S. 65: „Auch ist der Nächste nicht der, der geringer ist als du; das heißt: soweit er geringer ist als du, ist er nicht der Nächste; den Geringeren zu lieben, weil er geringer ist als du, kann so leicht herablassende Vorliebe und insofern Selbstliebe sein".

404 Dazu *Arthur Rich*, Pascals Gedanken über Recht und Macht, Theologische Zeitschrift der Universität Basel 3 (1952), 205, 224: „Wenn auch die wahre Gerechtigkeit nicht in der freien Verfügbarkeit des Menschen steht, so ist sie doch die in Jesus Christus geoffenbarte Gerechtigkeit

möglich noch in einer auch Pascal gemäßen Weise schärfen, wenn man sie im Sinne von Karlheinz Stierles Übertragung der caritas im Sinne von Dantes Paradiso als „Nächstenliebe in der Gottesliebe" begreift.[405] Denn die so verstandene Liebe entspricht noch klarer jenem Doppelgebot der Gottes- und Nächstenliebe in Mt 22,37,[406] das – wenn es denn konsequent eingehalten würde – letztlich alle menschlichen Gesetze verzichtbar machen würde.[407]

Dieses Wort lässt sich erst jetzt, das heißt nach der Erörterung der politischen Sphäre, in seiner von Pascal mutmaßlich gemeinten Bedeutung und Tragweite ermessen: Die strikte Einhaltung der Nächstenliebe erübrigt alle anderen Rechtsnormen, weil es keine Zwistigkeiten, Konflikte oder gar Kriege geben könnte. Zugleich ist ihm angesichts der anthropologischen Konstante der concupiscence klar, wie utopisch eine nur auf diese beiden Gebote gegründete Ordnung ist, weil die innere Widersprüchlichkeit und Zerrissenheit des Menschen stets entgegensteht: « L'homme aime la malignité; mais ce n'est pas contre les borgnes ou les malheureux, mais contre les heureux superbes. On se trompe autrement. Car la concupiscence est la source de tous nos mouvements, et l'humanité ».[408] Der darin hervorschimmernde Grundgedanke, dass auch die negativen Affekte Gutes stiften können, wird uns noch in einem später zu behandelnden Fragment beschäftigen, da nicht zuletzt dies für Pascal die Größe des Menschen ausmacht.[409] Aber von der charité als Handlungsmotiv, wie es in dem Doppelgebot zum Ausdruck kommt, ist die Realität der menschlichen Natur eben denkbar weit entfernt. Das Wort Barmherzigkeit im weiter oben zitierten Gedanken ergänzt den Begriff der charité, weil es zugleich das deutsche Wort für cœur zum Ausdruck bringt.

Zugleich offenbart die Maßgeblichkeit des Doppelgebots das Ineinandergreifen der Rechtsphilosophie und Religionsphilosophie Pascals: Die Befolgung des göttlichen Gebots könnte das menschliche Zusammenleben entscheidend ordnen. Dass es dazu nicht kommt, verhindert die der menschlichen Natur angeborene Niedrigkeit und ererbte Sündhaftigkeit. Wenn es angesichts dieser Mangelhaftigkeit der Menschen und ihrer Boshaftigkeit untereinander zu einem

Gottes. (...) Und so münden die Gedanken Pascals über Recht und Macht ein in die unvergängliche Weisung des Evangeliums: Suchet vielmehr das Reich Gottes und seine Gerechtigkeit".

405 *Karlheinz Stierle*, Dante Alighieri. Dichter im Exil, Dichter der Welt, 2014, S. 140.

406 *Blaise Pascal*, Pensées, Fragment 665, betont, dass die Gottesliebe nicht nur im übertragenden Sinne gemeint ist.

407 *Blaise Pascal*, Pensées, Fragment 484.

408 *Blaise Pascal*, Pensées, Fragment 41.

409 *Blaise Pascal*, Pensées, Fragment 402; vgl. aber auch Fragment 418, wonach dem Menschen stets gleichermaßen seine Größe wie seine Niedrigkeit zu vergegenwärtigen ist.

halbwegs gedeihlichen Miteinander kommt, so ist dies der eigentliche Ausweis menschlicher Größe, die nur als Entfaltung göttlicher Gnade begreiflich ist. Da die Gesetze sonach keine Gerechtigkeit verbürgen, sollen die Rechtsunterworfenen zumindest daran glauben, um wenigstens die gröblichsten Ungerechtigkeiten, namentlich Bürgerkriege, zu verhindern.

2. „Unrecht der die Passion vollziehenden Staatsgewalt"

Wenn man sich fragt, welche Bedeutung diese vorderhand nur theologisch relevanten Bedeutungsverschiebungen für das Ordnungs- und Rechtsdenken Pascals haben, dann ist wiederum die eingangs festgestellte Christozentrik seiner Weltsicht der auch für die Rechtsphilosophie bestimmende Faktor. Denn die Reflexionen über die Höherrangigkeit einer einzigen Regung christlicher Nächstenliebe kontrastieren aufs Wirksamste mit der lieblosen Welt konfligierender Machtansprüche, wie sie Pascal in seinen Gedanken über das Recht ausgemalt hat. Worin nun genau die Herausforderung des Christen in einer solchen Welt besteht, hat Erich Auerbach mit Rücksicht auf die augustinisch geprägte Port-Royal-Theologie so eindrücklich geschildert, wie es sich Pascal vorgestellt haben mochte: „Es ist die Pflicht des Christen, diese Welt und ganz besonders das Unrecht in ihr zu erdulden, da Christi Opfer gerade in solch freiwilliger Erduldung des Unrechts bestand und ihm nachzufolgen die eigentliche Aufgabe des Christen ist. Das gilt ganz besonders auch von den staatlichen Gewalten, denn Christus selbst hat sich überhaupt und insbesondere in der Passion der Staatsgewalt unterworfen. Diese die Passion vollziehende Staatsgewalt ist, obgleich sie das höchste Unrecht begeht, doch insofern rechtmäßig, als sie nach der göttlichen Heilsordnung das Amt hatte, gemäß den Staatsgesetzen, also legal, das Opfer zu vollziehen, das auch vor Gott als Buße der Sünde Adams gerecht war."[410] Auch wenn uns dies heute als karikierende Überzeichnung erscheint, dürfte es passgenau der damaligen Theologie entsprechen und Rückschlüsse auf Pascals christozentrisches Rechtsdenken zulassen.

410 *Erich Auerbach*, Über Pascals politische Theorie, in: Vier Untersuchungen zur Geschichte der französischen Bildung, 1951, S. 51, 63.

III. Pascals „Gerechtigkeit der Gesinnung“ (Schopenhauer)

Geläutert durch die Erfahrung des Mémorial, verzichtet Pascal, der von Haus aus einen gewissen Komfort gewohnt war,[411] gegen Ende seines Lebens auf nahezu alle Bequemlichkeiten und vor allem, obwohl schon sterbenskrank, auf die Erleichterung seines Zustands durch Bedienstete und lebt weitgehend bedürfnislos.[412] Nicht von ungefähr erwähnt Schopenhauer diese Denkwürdigkeit im Zusammenhang mit der von ihm so genannten – freilich in keiner Weise christlich imprägnierten – Gerechtigkeit: „Der höchste Grad dieser Gerechtigkeit der Gesinnung, welcher aber immer schon mit der eigentlichen Güte, deren Charakter nicht mehr bloß negativ ist, gepaart ist, geht so weit, dass man seine Rechte auf ererbtes Eigentum in Zweifel zieht, den Leib nur durch die eigenen Kräfte, geistige oder körperliche, erhalten will, jede fremde Dienstleistung, jeden Luxus als einen Vorwurf empfindet und zuletzt zur freiwilligen Armut greift. So sehen wir den Pascal, als er die asketische Richtung nahm, keine Bedienung mehr leiden wollen, obgleich er Dienerschaft genug hatte: seiner beständigen Kränklichkeit ungeachtet, machte er sein Bett selbst, holte selbst sein Essen aus der Küche usw.“[413]

1. Verschränkung der Ordnungen

Wenn die Zeugnisse aus jener Zeit nicht zu sehr verklärt und idealisiert worden sind, dann war Pascal selbst bemüht, seine Umgebung ohne Ansehen ihres jeweiligen Ranges zu bedienen. Als er von den Beschwernissen der einfachen Leute im Pariser Straßenverkehr hörte, arbeitete er flugs ein Omnibussystem aus, das in Form einer Aktiengesellschaft – angeblich der ersten Europas[414] – verfasst war.

---

411 Zutreffend *Emil Lerch*, Pascals „Gedanken“ über Recht und Gerechtigkeit, Zeitschrift für schweizerisches Recht, Schweizerischer Juristenverein 61 (1942), 339, 353, 355: „Seine Theorien über das Recht nun auch auf die Ordnung der sozialen Stände anzuwenden, bot daher seine eigene soziale Zwischenstellung (sc.: zwischen Adel und gutsituiertem Bürgertum) genug Anlass und Gegebenheit“.

412 Zu naheliegenden aktuellen Bezügen *Andreas Englisch*, Franziskus. Zeichen der Hoffnung, 12. Auflage 2014.

413 *Arthur Schopenhauer*, Die Welt als Wille und Vorstellung, Band 1, 1818, § 66, unter Verweis auf ‚Vie de Pascal par sa sœur‘, S. 19. *Jacques Attali*, Blaise Pascal. Biographie eines Genies, 2. Auflage 2007, S. 15, spricht allerdings mit guten Gründen von Pascals „Zwangsvorstellungen von Armut, spirituellem Rückzug, Anonymität und Seelenheil“. – In der Tat tragen viele Vorstellungen und Handlungen gerade im jansenistischen Umkreis Pascals, die sich mitunter auf ihn übertrugen, Züge religiösen Zwanges.

414 *Irene Elisabeth Kummer*, Blaise Pascal – Das Heil im Widerspruch, 1978, S. 12.

Demnach wollte Pascal vor allem die Armen preiswert befördert sehen, eine Hoffnung, die sich durch einen königlichen Erlass zur Freude der gewinnorientierten Mitaktionäre zerschlug. Der immense Erfolg vervielfachte den Wert von Pascals Einlage, die er allerdings mit Hilfe der Mitgift seiner Schwester aufgebracht hatte, da er sein eigenes Vermögen zuvor an die Armen verschenkt hatte.[415] Beiläufig sieht man daran, wie pragmatisch Pascal nicht nur durch seinen schier unfassbaren Verstand, sondern auch mit den Mitteln von Ökonomie und Recht seine spirituellen und sozialen Ziele verfocht. Auch wenn die drei Ordnungen nach Pascal strikt voneinander geschieden sind,[416] bedeutet dies nicht, dass nicht mit den Mitteln der zweiten Ordnung, denen des Geistes, aber auch den daraus entspringenden Schöpfungen – und sei es des Geldes durch eine Aktiengesellschaft –, die Ziele der dritten Ordnung verwirklicht werden könnten. Hier erhält es sogar noch dadurch eine allegorische Note, dass mit Hilfe des gewaltigen Geistes Pascals, also der höchsten dem Archimedes ebenbürtigen Ausprägung der zweiten Ordnung, ein Problem der ersten Ordnung gelöst wird, nämlich die Bewältigung des Raums und seiner Entfernungen im damaligen Paris und darüber hinausgehenden Frankreich durch die Mittellosen, denen keine erschwinglichen öffentlichen Verkehrsmittel zur Verfügung standen.

2. Verzicht auf Privilegien

Dies alles ist umso bemerkenswerter, als man leider schwerlich sagen kann, dass er seinen Todeskampf in einer Umgebung der caritativen Fürsorge ausgefochten hätte. Mit dem Tod seiner Schwester Jacqueline im Jahre 1662 war es regelrecht einsam um ihn geworden. Vor allem aber umgab ihn von Seiten seiner jansenistischen Umgebung eine Atmosphäre emotionaler Kühle, um nicht zu sagen: nüchterner Lieblosigkeit. Herzenswärme – also nicht zuletzt das, was cœur und sentiment auch ausdrücken – wurde ihm offenbar nicht entgegengebracht.[417] Pascal hat sich in seinen letzten Tagen also, wie das unten wiedergegebene

---

415 *Jacques Attali*, Blaise Pascal. Biographie eines Genies, 2. Auflage 2007, S. 345 – 349, hat die Einzelheiten verzeichnet.

416 Siehe zum Ordnungsdenken Pascals im Überblick auch *Bernhard Großfeld*, Rechtsvergleichung, Vorträge der Nordrhein Westfälischen Akademie der Wissenschaften, 2001, S. 32.

417 Vgl. *Romano Guardini*, Christliches Bewußtsein: Versuche über Pascal, 1935, 4. Auflage 1991, S. 234: „Die Menschen um ihn machen einen seltsamen Eindruck. Sie sind ernst, charakterstark, sittenstreng, asketisch – alles; nur eines scheint ihnen zu fehlen: die erleuchtete, warme Kraft des Herzens, welche versteht und hilft".

wörtliche Zitat zeigt, um die ideale Verwirklichung seiner Ordnungslehre bemüht.[418]

Zugleich belegt sein Verzicht auf Dienerschaft und Bedienstete, wie er einen seiner rechtsphilosophisch geprägten Gedanken in die Tat umsetzte, der die äußerlichen Herrschaftsformen und das Verlangen nach Ehrerbietung aufs Korn nimmt: « Cela est admirable: on ne veut pas que j'honore un homme vêtu de brocatelle et suivi de sept ou huit laquais! Et quoi! il me fera donner les étrivières, si je ne le salue. Cet habit, c'est une force ».[419] Es ist die auf die formelle und formelhafte Äußerlichkeit gewendete Seite seines anthropologisch scharfsichtigen Rechts- und Machtdenkens, das er selbst aber im Sinne seiner Lehre zuletzt durch eine entgegengesetzte Tat der Aufgabe aller Attribute der Macht bewusst konterkariert.

Es entlarvt seine versteinerte und leibfeindliche Umgebung, dass es ihm als letzter Ausweg erschien, die praktizierte Gleichordnung mit einem „armen Kranken“ zu suchen – und doch nicht zu finden. Zu erwähnen ist in diesem Zusammenhang der aufschlussreiche Gedanke: « Pour faire que les membres soient heureux, il faut qu'ils aient une volonté, et qu'ils la conforment au corps ».[420] Dem Tode nah, versucht er noch alle Privilegien zurückzustellen, trifft – auch dies typisch – Vorsorge, dass der Kranke in gleicher Weise gepflegt werde wie er selbst. Eine in dogmatischer Erstarrung verblendete Umwelt erreicht er nicht mehr und stößt stattdessen auf einen Prinzipienfanatismus, an dem er vereinsamt. So lässt sich Pascals letzter Wunsch an seine Gefährten zugleich als an den Unzulänglichkeiten seiner engsten Umgebung fehlgeschlagener Versuch eines ‚mouvement de charité‘ im Sinne der dritten Ordnung begreifen. Es ist zugleich ein Ringen um ein Mindestmaß an sozialer Gerechtigkeit.[421] Denn gerade in einem übertriebenen Eigentumsverständnis, das den Menschen von Kindheit an vermittelt wird, liegt für Pascal die Quelle aller rechtlichen Streitigkeiten und Besitzanmaßungen:« ‹ Ce

---

418 *Helmut Bürklin*, Ein Gott für die Menschen. Entwurf einer christozentrischen Anthropologie nach Blaise Pascal, 1976, S. 102, sieht in dieser Ordnungslehre ein aufschlussreiches soziales Moment: „Nur durch vollständiges Umgreifen aller drei Ordnungen der endlichen Wirklichkeit findet der Mensch die Erfüllung seiner selbst, d. h.: nicht als einzelner, sondern indem er bewusst die wechselseitige Verbindung mit allen endlichen Subjekten sucht, sich mit seinen Mitmenschen weltweit ‚solidarisiert‘. Solche Solidarität ist an sich möglich, weil jeder Mensch personaler Liebe fähig ist, an denselben drei Ordnungen partizipiert und als geschichtliches Wesen existiert“.

419 *Blaise Pascal*, Pensées, Fragment 315.

420 *Blaise Pascal*, Pensées, Fragment 480.

421 Dazu *Jens Petersen*, Adam Smith als Rechtstheoretiker, 2012, S. 278 ff.; *ders.*, Freiheit unter dem Gesetz. Das Rechtsdenken Friedrich August von Hayek, 2014, S. 303 ff.

chien est à moi, disaient ces pauvres enfants; c'est là ma place au soleil ›. Voilà le commencement et l'image de l'ursurpation de toute la terre ».[422]

3. Ideal des honnête homme zwischen zweiter und dritter Ordnung

Allerdings dürfen derartige Interpretationsversuche, die sich auf die hagiographischen Schilderungen von Pascals Schwester stützen, keiner idealisierenden Überhöhung Pascals das Wort reden. Pascal war zugleich auch ein von der Schärfe seines Geistes zutiefst überzeugter Mensch, der seine Mitwelt die eigene geistige Überlegenheit fühlen ließ. Die Streitschriften geben Zeugnis davon, wie außerordentlich scharf und verletzend Pascal sein konnte. Dass Pascal seine Zeitgenossen intellektuell überragte, ließ er sie auch spüren. Selbstauferlegte Mäßigung war – zumindest in der Zeit relativer Gesundheit – seine Sache nicht.[423] Mit der Größe seines überragenden Intellekts ging also auch die Pascal durchaus bewusste Gefahr verletzender Ungerechtigkeiten einher. Er erfasste die Schwachstelle jedweder Argumentation seiner Gegner mit einem Blick, nahm sie aufs Korn und führte sie ad absurdum. Es konnte nicht ausbleiben, damit nicht nur die Sache, sondern auch die Person ihres jeweiligen Urhebers zu treffen und ihre geistigen Fähigkeiten zu diskreditieren.[424] Selbst dort, wo Pascal irren mochte, verließ er den geistigen Kampfplatz dank seiner überragenden, insbesondere auch rhetorisch-stilistischen Fähigkeiten, als offenkundiger, wenngleich nicht notwendigerweise moralischer Sieger.

Vor diesem Hintergrund erklärt sich auch ein Gedanke, den er nicht von ungefähr im zeitlichen Umfeld der Lettres Provinciales notierte und in dem er die

---

422 *Blaise Pascal*, Pensées, Fragment 295. Dazu *Ewald Wasmuth*, Die Philosophie Pascals unter besonderer Berücksichtigung seiner Lehren von dem Unendlichen und dem Nichts und den Ordnungen, 1949, S. 248.

423 *Romano Guardini*, Christliches Bewußtsein: Versuche über Pascal, 1935, 4. Auflage 1991, S. 194, erinnert in anderem Zusammenhang an eine sehr aufschlussreiche Polemik gegen einen theologischen Abweichler namens Saint-Ange, den der zwanzigjährige Pascal, unterstützt durch zwei noch Jüngere nicht nur widerlegte, sondern auch bei den kirchlichen Behörden denunzierte und so zum Widerruf zwang. Pascal dürfte also durchaus die reale Gefahr gesehen haben, dass er ohne die ständige Einübung in die dritte Ordnung als liebloser Fanatiker hätte enden können.

424 Ebenso überspitzt wie aphoristisch *Roberto Calasso*, Der Untergang von Kasch, 2002, S. 57: „Pascals *Pensées*, die man heute als Brevier einer jeglichen seelischen Unruhe liest, waren vom Autor als ein Arsenal von geschliffenen tödlichen Waffen gedacht, bestimmt zum Gebrauch in der Welt. Das vibrierend Dringliche der Aufzeichnungen will nicht die Schrift an die Regungen der Seele angleichen (wie unnütz wäre das!); es ist die Ungeduld dessen, der einen Augenblick früher zuschlagen will als der Gegner".

Vorstellung des honnête homme auf sich selbst angewandt wissen wollte:[425] « Il faut qu'on n'en puisse (dire)[426], ni: ‹ il est mathématicien ›, ni ‹ prédicateuer ›, ni ‹ éloquent ›,[427] mais ‹ il est honnête homme ›. Cette qualité universelle me plaît seule. Quand en voyant un homme on se souvient de son livre, c'est mauvais signe; je voudrais qu'on ne s'apercût d'aucune qualité que par la rencontre et l'occasion d'en user ».[428] Das entspricht dem weiter oben zur materialen Ethik des honnête homme Gesagten. Der honnête homme ist der Ethik der dritten Ordnung schon vergleichsweise nahe,[429] auch wenn dieses Ideal aufgrund seiner höfischen Provenienz wohl noch nicht etwa Dantes cortesia entspricht,[430] die man am ehesten mit „göttlicher Hochherzigkeit“ übersetzen kann, womit zugleich die Richtung auf die dritte Ordnung im Sinne Pascals gemeint wäre. So ist der honnête homme noch in der zweiten, weltlichen Ordnung verhaftet, in der auch die Eitelkeit ihren Platz hat.[431]

---

425 *Ewald Wasmuth*, Person und Ordnung bei Pascal, Philosophisches Jahrbuch 61 (1951), 80, spricht von einem „Bildungsideal“.

426 Klammerzusatz von *Léon Brunschvicg*, in: Pascal, Pensées et Opuscules, S. 334.

427 Zur richtig verstandenen l'éloquence *Blaise Pascal*, Pensées, Fragment 4, 15, 25 f.

428 *Blaise Pascal*, Pensées, Fragment 35; der Text lautet in der Übersetzung von *Wilhelm Schmidt-Biggemann*, Blaise Pascal, 1999, S. 68: „Man darf weder sagen können, er ist Mathematiker, noch Prediger, noch beredt, sondern ein honnête homme. Nur diese Eigenschaft gefällt mir. Erinnert man sich, wenn man einem Menschen begegnet, an sein Buch, so ist das ein schlechtes Zeichen; ich wünschte, man bemerkte keine Fähigkeiten als die, deren Anwendung der Zufall und die Gelegenheit erfordert“. – Das entspricht übrigens einem Brief Pascals vom August 1660 an den großen Mathematiker Pierre de Fermat. Dieser lautet in der Übersetzung von *Ewald Wasmuth*, Die Philosophie Pascals unter besonderer Berücksichtigung seiner Lehren von dem Unendlichen und dem Nichts und den Ordnungen, 1949, S. 55: „Obgleich ich Sie für den größten Mathematiker halte, würde es (sc.: ein Besuch Fermats in Toulouse, den er wegen seiner fortgeschrittenen Krankheit nicht machen könne) nicht in dieser Eigenschaft sein, die mich veranlasst hätte, Sie aufzusuchen, sondern der Reichtum an Geist und Bildung, den ich mir von Ihrer Unterhaltung verspreche, wäre der Anlass gewesen, Sie zu besuchen“.

429 Etwas pathetisch *Emil Lerch*, Pascals „Gedanken“ über Recht und Gerechtigkeit, Zeitschrift für schweizerisches Recht, Schweizerischer Juristenverein 61 (1942), 339, 357: „Sie (sc.: die honnêtes hommes) verkörpern die menschlichen Qualitäten, die er liebend und verliebt mit der christlichen ‚charité‘ zu krönen gewillt ist“. Treffender *Karlheinz Stierle*, Text als Handlung. Grundlegung einer systematischen Literaturwissenschaft. Neue, veränderte Auflage 2012, S. 352 Fußnote 19; honnête homme als „Versuch, die ursprüngliche Selbstverfallenheit des ‚moi‘ zu überwinden“.

430 *Margot Kruse*, Beiträge zur französischen Moralistik, 2003, S. 21 f., macht mit Recht darauf aufmerksam, dass die Gegner des Chevalier de Méré seit jeher den Unterschied zur charité betont haben.

431 *Karlheinz Stierle*, Dante Alighieri. Dichter im Exil, Dichter der Welt, 2014, S. 56.

IV. Die Herleitung und qualitative Beschreibung der dritten Ordnung

Nachdem anhand des Briefs an die Königin Christine gezeigt werden konnte, dass die weltlichen Äußerungen Pascals wenig über die Ordnung der charité verraten, weil diese bei deren Niederschrift für ihn noch nicht unbedingt den Stellenwert, d.h. den Absolutheitsanspruch, hatte wie nach dem Mémorial-Erlebnis, verbleiben für die Bestimmung der dritten Ordnung im Wesentlichen die Pensées. Gewiss ist es problematisch, eine in sich konsistente Argumentation aus diesen herleiten zu wollen, weil ihre Zerstreutheit schwerlich einen systematischen Zusammenhang erkennen lässt: « J'écrirai ici mes pensées sans ordre, et non pas peut-être dans une confusion sans dessein: c'est le véritable ordre, et qui marquera toujours mon objet par le désordre même. Je ferais trop d'honneur à mon sujet, si je le traitais avec ordre, puisque je veux montrer qu'il en est incapable ».[432] Aber auch wenn die Pensées kein geschlossenes System bilden, handelt es sich doch um mehr als die Summe der Einzelgedanken, weil alle Gedanken Pascals eine einheitliche innere Mitte aufweisen,[433] die es gestattet, aus ihr heraus Auffälligkeiten festzustellen und Folgerungen zu ziehen.[434] Diese innere Mitte ist für Pascal die Christozentrik seines Denkens.[435]

1. Das Verhältnis des Fragment 793 zum Fragment 283

Eine Schlüsselstellung bei der Entzifferung dessen, was Pascal über die dritte Ordnung im Sinne des Fragments 793 sagen möchte, nimmt das Fragment 283

432 *Blaise Pascal*, Pensées, Fragment 373. Dunkel dagegen *Rudolf Behrens*, Zur anthropologischen Fundierung von Politik und Rhetorik in den „Pensées" Blaise Pascals, Rhetorik 10 (1991), 16, 29: „Der eigene Text versteht sich als Vollzug einer verweisenden und insofern figürlichen Ordnung, die – sozusagen parallel zum Paradox des rhetorischen Staates – erst aus der Transzendierung der unmöglichen Ordnung erwächst".

433 *Blaise Pascal*, Pensées, Fragment 253, wonach das Wissen um Jesus Christus, diese Mitte sei, da die Menschen in ihm gleichermaßen ihr Elend wie Gott selbst finden können, zeigt dies besonders deutlich.

434 *Karl Löwith*, Nietzsches Philosophie der ewigen Wiederkehr des Gleichen, 1935, S. 11, spricht im Hinblick auf Nietzsche ungeachtet dessen Misstrauen gegenüber den Systematikern von einem „System aus Aphorismen". Dieser Gedanke ist auch in Ansehung Pascals anregend.

435 Dazu *Helmut Bürklin*, Ein Gott für die Menschen. Entwurf einer christozentrischen Anthropologie nach Blaise Pascal, 1976.

ein.[436] Es soll hier aufgrund seiner Zentralität ungekürzt wiedergegeben werden:[437] « *L'ordre. Contre l'objection que l'Écriture n'a pas d'ordre.* – Le cœur a son ordre; l'esprit a le sien, qui est par principe et démonstration, le cœur en a un autre. On ne prouve pas qu'on doit être aimé, en exposant d'ordre les causes de l'amour: cela serait ridicule. Jésus-Christ, saint Paul ont l'ordre de la charité, non de l'esprit; car ils voulaient échauffer, non instruire. Saint Augustin de même. Cet ordre consiste principalement à la digression sur chaque point qui a rapport à la fin, pour la montrer toujours ».[438]

a) „Amor ordinem nescit"

Die strukturelle Ähnlichkeit dieses Gedankens mit dem im Fragment 793 ausgedrückten liegt auf der Hand.[439] Beinahe mutet der vorliegende Gedanke wie eine Skizze des größeren von der Lehre der drei Ordnungen an. Hier wird einerseits Tradiertes variiert,[440] andererseits genuin Neues in einer Kühnheit formuliert, die ihresgleichen sucht. Am ehesten wäre an das Wort des Kirchenvaters Hieronymus „amor ordinem nescit" zu erinnern.[441] Trotz des scheinbaren Widerspruchs – die Liebe kennt einerseits keine Ordnung, soll aber andererseits eine dem Geist gegenüber eigentümliche haben –, dürfte dasselbe wie bei Pascal gemeint sein: Die christliche Liebe hat ihren eigenen Maßstab, der mit den Maßstäben der Vernunft nicht ermessen werden kann.[442] Ebenfalls auf dieser Linie liegt es, wenn

---

436 Dazu *Annemarie von der Groeben*, « Le cœur a son ordre, l'esprit le sien » – Eine Überlegung zum Begriff « ordre » bei Pascal, Festschrift für Hartmut von Hentig, 1985, S. 50.

437 In der präzisen Übersetzung von *Romano Guardini:* „Das Herz hat seine Ordnung; der Geist hat die seine, die sich in Grundsatz und Beweis vollzieht, das Herz hat eine andere. Man beweist nicht, dass man geliebt werden muss, indem man der Reihe nach die Ursachen der Liebe auseinandersetzt: das wäre lächerlich. Jesus Christus, der heilige Paulus, haben die Ordnung der Liebe, nicht des Geistes; denn sie wollten entzünden, nicht unterweisen; der heilige Augustinus desgleichen: diese Ordnung besteht hauptsächlich in der Abschweifung über jeden Punkt hinaus, den man auf das Ende bezieht, um es immer zu zeigen".

438 *Blaise Pascal*, Pensées, Fragment 283.

439 *Léon Brunschvicg*, in: Pascal, Pensées et Opuscules, S. 342 Fußnote 2 stellt darüber hinaus einen Zusammenhang her zu *Blaise Pascal*, Pensées, Fragment 61: « J'aurais bien pris ce discours d'ordre comme celui-ci: pour montrer la vanité de toutes sortes de conditions, montrer la vanité des vies communes, et puis la vanité des vies philosophiques pyrrhoniennes, stoïques ; mais l'ordre ne serait pas gardé ».

440 *Karlheinz Stierle*, Pascals Reflexionen über den ‚ordre' der *Pensées*, Poetica 4 (1971), 167, 186, verortet das Fragment treffend „im Umkreis jansenistischer Gedankengänge".

441 *Hieronymus*, Epistulae, 7. 6. 3.

442 Siehe zum Ganzen auch *Eduard Zwierlein*, Existenz und Vernunft. Studien zu Pascal, Descartes und Nietzsche, 2001.

Pascal seinerseits von cœur spricht. Wenn das Herz seine Ordnung hat, so ist dies nichts anderes als die Ordnung der charité im Sinne des Fragments 793.

b) Die (mangelnde) Beweisbarkeit

Die zentrale Aussage des Fragments 283 dürfte – neben dem sogleich zu besprechenden Schlusssatz – in der Frage nach der Beweisbarkeit liegen. Die rhetorische Kraft Pascals zeigt sich nicht zuletzt darin, dass er die Schlüssigkeit der dritten Ordnung auf eine dem rationalistischen Denken tendenziell zuwider laufende Weise zur Geltung bringt. Eben weil dieser Ordnung Beweise fremd sind, steht sie einem solchen Evidenzargument in besonderer Weise offen. Pascal greift hier naheliegend auf das unpersönliche ‚On' (Man) zurück, um die Konvention einerseits, die Selbstverständlichkeit andererseits zum Ausdruck zu bringen. Pascal verlässt also bewusst die naturwissenschaftlichen Kategorien.[443] Er veranschaulicht damit zugleich die begrenzte Geltungskraft dieser Kategorien. Das ist um so bemerkenswerter als dass dies in einem Zeitalter geschieht, in dem der Mensch gerade umgekehrt glaubt, sich auf der Grundlage naturwissenschaftlich-mathematischer Aussagen und Berechnungen von einem Autoritätsglauben zu emanzipieren, den er für überwunden hält. Die dahinter stehende höhere Ordnung holt ihn durch Pascals unorthodoxe Beweisführung wieder ein, die sich gerade dort nicht an diese Kategorien hält, wo sie keinen Platz haben.[444]

---

443 Vgl. auch die natur- und geistesgeschichtliche Einordnung von *Mark Lilla*, Der totgeglaubte Gott. Politik im Machtfeld der Religion, 2013, S. 62 f.: „Pascal sah den christlichen Glauben wie seine paulinischen Vorläufer, ständig von der griechischen Philosophie in all ihren Formen bedroht und in einen regelrechten Kampf um die Reinheit des Evangeliums verstrickt. Wie viele christliche Denker und Heilige – die frühen Kirchenväter in Alexandria, ja sogar der heilige Thomas von Aquin – waren der Versuchung erlegen, den Glauben zu rationalisieren! Sogar große Geister wie sie vergaßen schnell, dass der Pfad zu Gott in die Natur hinein, nicht durch sie hindurch führte. Pascal war ein wichtiger Denker, da er die Entdeckungen der modernen Naturwissenschaft nicht leugnete. Er blickte ihnen direkt ins Gesicht, ja trug sogar dazu bei. Und er war, was ihre Konsequenzen anging, aufrichtiger als seine rationalistischen Gegner".

444 Etwas gewunden zu Fragment 283 *Ewald Wasmuth*, Die Philosophie Pascals unter besonderer Berücksichtigung seiner Lehren von dem Unendlichen und dem Nichts und den Ordnungen, 1949, S. 155: „Die Beziehung des Menschen zur Wahrheit der Philosophie ist als Ordnung verschieden von der Beziehung zu dem, was wir in der Wissenschaft als richtig erkannten, unsere Beziehung zur Wahrheit und also auch zu ihrem Gegenschein, zur Irrheit, berührt das Herz, sie ist der Liebesbindung verwandt, mit der wir uns selbst oder das uns Verlockende lieben und Gott lieben sollen".

2. Die Funktion des Fragments 283 im Hinblick auf das Fragment 793

Auch wenn es angesichts des Fehlens einer durchstrukturierten Anordnung der Pensées problematisch ist, zwei Fragmente dergestalt zueinander in Beziehung zu setzen, dass eines dem Verständnis des anderen dienen soll, drängt sich doch bei diesen beiden Gedanken der Schluss auf, dass das Fragment 283 methodische Prämissen schafft, die im Fragment 793 ohne weiteres vorausgesetzt werden. Das vermeintliche Begründungsdefizit der aus sich selbst heraus maßgeblichen dritten Ordnung, welcher der Makel unzureichender Legitimation anzuhaften scheint, relativiert sich mit einem Mal, wenn man das Fragment 283 zu Rate zieht. Könnte man nach dem soeben Bedachten den Eindruck gewinnen, das Fragment 283 habe eine bloße Hilfsfunktion gegenüber dem Fragment 793, so lehrt der Schlusssatz des Fragement 283 das Gegenteil.

Dieser Satz gehört zum unergründlichsten, was Pascal überhaupt hinterlassen hat: « Cet ordre consiste principalement à la digression sur chaque point qui a rapport à la fin, pour la montrer toujours ». Die Ordnung der Liebe „besteht hauptsächlich in der Abschweifung über jeden Punkt hinaus, den man auf das Ende bezieht, um es immer zu zeigen", wie Guardini die nahezu unübertragbare Aussage, bestmöglich übersetzt.[445] Es handelt sich – um es bewusst mathematisch zu sagen, obwohl dies gerade die falsche Sprache ist[446] – um eine Gleichung mit mehreren Unbekannten. Von welcher Abschweifung (‚digression') ist die Rede, welches Ende ist gemeint und was ist ‚es', das immer gesagt werden muss? Dieses ‚es' bezieht sich sprachlich auf das Ende (‚la fin – pour *la* montrer'). Der finale Charakter des Konsekutivsatzes wird jedenfalls dann deutlicher, wenn man sich die eigentliche Botschaft vergegenwärtigt. Die Abschweifung wäre dann nichts anderes als die Beschreibung der buchstäblichen Maßlosigkeit dieser Ordnung.[447]

---

445 *Wilhelm Weischedel* übersetzt den Satz in der von ihm herausgegebenen Reclam-Ausgabe (1956, S. 28) ebenfalls einleuchtend: „diese Ordnung besteht hauptsächlich darin, daß man bei jedem Punkt ausführlich ist, der in Bezug zu dem Ziel steht, um immer daraur zu weisen". Hilfreich auch *Karlheinz Stierle*, Pascals Reflexionen über den ‚ordre' der *Pensées*, Poetica 4 (1971), 167, 189: „Das Ganze ist nicht mehr prozesshafter Verlauf, der mit dem Erreichen des Ziels zur Ruhe kommt, es entsteht als eine Folge von ‚Digressionen', die nicht Momente eines Argumentationszusammenhangs sind, sondern das intendierte Ganze in immer neuer Beleuchtung spiegeln".

446 Ähnlich *Eduard Zwierlein*, Blaise Pascal zur Einführung, 1996, S. 44 f.: „Wie aber auf dem Feld der ‚Ordnung der Körper' dies (sc.: die autoritätshörige Berufung auf die antiken Autoren) eine illegitime Autorität ist, so kommt auch umgekehrt die Anwendung der methodischen Instrumentarien aus den Naturwissenschaften auf dem Gebiet der ‚Ordnung des Geistes' und der ‚Ordnung des Glaubens' einer Metabasis und Kompetenzüberschreitung gleich".

447 Theologisch weiterführend *Joseph Ratzinger*, Vom Sinn des Christseins, 1965, S. 34, zum Fragement 793: „Aber wiederum darüber steht die Ordnung der Liebe. Auch sie ist zunächst in der

V. Augustinus und Pascal

Dass Pascal im Fragment 283 Augustinus ausdrücklich nennt, ist alles andere als Zufall, und gerade die Beiläufigkeit mit der dies geschieht, gibt zu denken. Klar ist im Ausgangspunkt, dass damit aus Sicht Pascals eine Linie von Jesus über Paulus zu Augustinus gezeichnet wird. Auffällig ist freilich auch hier der sprachliche Duktus. Während Jesus Christus und Paulus unmittelbar hintereinander als diejenigen genannt werden, welche die Ordnung der Liebe haben, wird Augustinus nachgeschoben, allerdings in einem eigenen Satz, dessen Verb freilich dasselbe ist wie bei den erstgenannten, so dass er gleichfalls in der Ordnung der Liebe steht, wie sich aus dem über den Doppelpunkt verbundenen Folgesatz ergibt.

1. Die Bedeutung des Augustinus für Pascal

Die durch die sprachliche Sperrung zum Ausdruck kommende Sonderstellung des Augustinus, die keine Nachrangigkeit ausdrückt, verdient noch in anderer Hinsicht Beachtung. Zum einen ist Augustinus aus jansenistischer Sicht die Zentralgestalt in der Überlieferung.[448] Insofern hat die Nennung gerade des Augustinus zugleich Bekenntnischarakter.

Ordnung des ‚Geistes', der wissenschaftlichen Intelligenz, wie Archimedes sie vertritt, ein reines Nichts, denn sie entzieht sich der wissenschaftlichen Belegbarkeit und trägt selbst dazu nichts bei. Und dennoch ist abermals eine einzige Regung der Liebe größer als die Ordnung des ‚Geistes', weil sie erst die wahrhaft schöpferische, lebengebende und rettende Macht darstellt. In dieses ‚Nichts' der Wahrheit und der Liebe, das dennoch in Wirklichkeit das wahre Ein und Alles ist, will uns das Inkognito Gottes hineinführen, der deshalb in dieser Welt der Verborgene ist und nicht anders als in der Verborgenheit gefunden werden kann".

448 *Jansenius* (Cornelius Jansen), Augustinus, sive doctrina Sti. Augustini de humanae naturae sanitate, aegritudine, medicina adversus pelagianos et massilienses, 3 Bände, 1640; dazu *Hans Flasche*, Die Erfahrung des Herzens bei Cornelius Jansenius und ihre Bedeutung für das Denken Pascals, Zeitschrift für Religions- und Geistesgeschichte 2 (1949/1950), 33. *Paolo Prodi*, Eine Geschichte der Gerechtigkeit. Vom Recht Gottes zum modernen Rechtsstaat, 2. Auflage 2005, S. 274, nimmt in hellsichtiger Würdigung der religions- und staatspolitischen Verhältnisse sowie der juristischen Konsequenzen mit Recht an, „dass mit Pascal der Anfangskonflikt zwischen dem Augustinus des Jansen und dem politischen Katholizismus oder der ‚Staatsräson' Richelieus überwunden wird und sich der Gallikanismus Ludwig des XIV. vorbereitet. Die moralische Ordnung löst sich endgültig von der juristischen, das Forum, in welchem über die Sünde gerichtet wird, löst sich endgültig vom Forum der Straftat. Hier herrscht möglicherweise Übereinstimmung zwischen dem Freidenkertum und dem Jansenismus, nicht nur wegen der neostoischen Einfärbung und dem allgemeinen anthropologischen Pessimismus, sondern auch auf der eigentlich politischen Ebene, aufgrund der Behauptung, dass man den Gesetzen nicht gehorchen soll, weil

a) Das Mailänder Gartenerlebnis als Parallele zum Mémorial

Bekenntnischarakter hat sie aber noch in einem viel tieferen Sinne, der dem Wortsinne nach damit freilich schon angedeutet ist.[449] Denn in den *Confessiones* schildert Augustinus ausführlich das ihn schlechthin prägende Erweckungserlebnis, das als Mailänder Gartenerlebnis in die Geschichte eingegangen ist.[450] Der Ort und die dargestellte Situation sollen dabei nicht überbewertet werden; manches spricht dafür, dass eine geographische und situative Ausschmückung im Spiel waren. Entscheidend daran ist vielmehr, dass es sich um einen ähnlich aufwühlenden Vorgang gehandelt haben dürfte, wie ihn Pascal im Mémorial-Erlebnis durchlebt hatte.[451] Augustinus schildert seinen Werdegang durchaus kulminierend, nämlich in jenem Erweckungserlebnis, das ihm, dem sündigen Menschen, dessen Lebenswandel – wenn auch nicht nach den Maßstäben seiner Zeit, so doch für ihn selbst in der Rückschau – zu wünschen übrig ließ, den Sinn seines Lebens vor Augen führte. Dieser innere Zusammenhang zwischen dem Bekehrungserlebnis des Augustinus und dem Mémorial Pascals ist auch im Schrifttum gesehen worden.[452]

b) Absolutes Entzünden und relatives Zeitgeschehen

Diese biographische Parallele muss mitberücksichtigt werden, wenn man die Sonderstellung, die gerade Augustinus für Pascal einnahm, angemessen würdigen soll.[453] Sie dürfte nicht minder schwer wiegen als die theologischen Streitigkeiten der Zeit, in denen Augustinus aus Sicht des Jansenismus eine maßgebliche Rolle spielte. Denn derartige Kontroversen waren auch zur Zeit des Augustinus im Gange. Sie dürften für Pascal selbst ebenso wie für sein Verständnis des Augus-

---

sie gerecht sind, sondern weil sie befohlen werden“. Das ist ersichtlich eine Anspielung auf Pascals weiter oben referierte, von Montaigne empfangene Einsicht.

449 Allgemein dazu *Philippe Sellier*, Pascal et Saint Augustin, 1995.

450 *Augustinus*, Confessiones, Achtes Buch VIII 19 – 21.

451 Die Parallele ist im Schrifttum schon lange gesehen worden; vgl. nur *Eduard Zwierlein*, Blaise Pascal zur Einführung, 1996, S. 4 f.

452 *Rainer Zaiser*, Die Epiphanie in der französischen Literatur: zur Entmystifizierung eines religiösen Erlebnismusters, 1995, S. 98.

453 *Karlheinz Stierle*, Pascals Reflexionen über den ‚ordre‘ der *Pensées*, Poetica 4 (1971), 167, 168, meint aus gutem Grund, dass Pascals Werk „sich (abzüglich des Moments der persönlichen Erweckung) mit dem Schema eines der großen apologetischen Bücher des christlichen Glaubens trifft, das in Port Royal in höchstem Ansehen stand, Augustins *Confessiones*“.

tinus nur eine relative Bedeutung gehabt haben, weil sie trotz und wegen aller Vereinnahmungsversuche in Abhängigkeit zu ihrer jeweiligen Zeit standen.[454]

Stellt man dies in Rechnung, so wird noch deutlicher, warum Pascal in dem entscheidenden Punkt seiner Argumentation zur dritten Ordnung bewusst davon absah, in den naturwissenschaftlichen Kategorien der Beweisbarkeit und experimentellen Nachprüfbarkeit zu argumentieren. Er konnte entsprechend seiner Abhandlung De l'art de persuader nur hoffen zu überzeugen, indem er – durchaus mit kalkulierten rhetorischen Mitteln – die Botschaft so evident machte, dass sie jedem über den esprit de finesse unmittelbar, d. h. nicht erst über eine more geometrico hergeleitete Beweisführung, einleuchtete.[455] Gerade die intuitive Sinnfälligkeit der dritten Ordnung bildet damit aber die Stärke und Schwäche dieser Lehre gleichermaßen. So kann auch diese im Einklang mit der Stringenz des mittelalterlichen Ordo-Denkens zumindest einen tauglichen oder wenigstens möglichen Bezugspunkt in großen Dichtungen, wie etwa der Commedia Dantes, erkennen,[456] in der sich die in der Person Beatrices verkörperte Liebe als Leitstern des Gerechtigkeitssinns des Dichters begreifen lässt.[457] Pascal bewegt sich damit –

---

454 Zur zeitgenössischen Einordnung wichtig *Fritz Schalk*, Französische Moralisten, 1949, Einleitung S. XVII: „Solche Aphorismen als glückliche Eingebungen des Augenblicks, Sentenzen als die Einfälle der Philosophen, Maximen als Lebensregeln sind in Frankreich erst entstanden, *als die Literatur sich von jener ständigen Verbindung mit der Bibel löste, deren gestaltende Wirkung man so oft an seinen ‚Gedanken' studieren kann.* Denn es macht den auszeichnenden Charakter der französischen Literatur seit dem 17. Jahrhundert aus, *dass die schwebenden, großen theologischen Fragen der Zeit der ausschließlichen Behandlung durch die Fachtheologen entzogen werden*". Hervorhebungen nur hier.

455 *Eduard Zwierlein*, Blaise Pascal zur Einführung, 1996, S. 38: „Als Kunst zu überzeugen kann sie nach Pascal auch auf das Feld der Lust und des Wollens übertragen werden. Wenn dort einmal Grundsätze anerkannt und zugegeben werden, setzt sich das Uhrwerk des Beweisens und Schließens gleichermaßen in Gang, betreffe es nun Grundsätze, die aus intellektueller Einsicht oder aus der Zustimmung des Herzens folgen. Hiervon trennt Pascal allerdings die Möglichkeit, statt einsichtig durch Beweise zu überzeugen, die Kunst der Überzeugung auf dem Weg des Gefallens über das Herz zu erreichen".

456 *Ewald Wasmuth*, Die Philosophie Pascals unter besonderer Berücksichtigung seiner Lehren von dem Unendlichen und dem Nichts und den Ordnungen, 1949, S. 235: „Dante schildert die Welt des Seins in den Ordnungen, wie sie Gottes Gerechtigkeit geschaffen hat, er schildert sie gestuft in die dreifache Wiederkehr des gleichen Ordnungsprinzips, in die in sich gestuften Reiche des Inferno, des Purgatoriums und des Paradieses, und derart, dass sich diese Stufen jeweils entsprechen und trotz aller Verschiedenheit immer wieder ähnlich, wenn auch wachsend unähnlich sind". Grundlegend *Hugo Friedrich*, Die Rechtsmetaphysik der Göttlichen Komödie, 1942; *Karlheinz Stierle*, Dante Alighieri. Dichter im Exil, Dichter der Welt, 2014.

457 *Jens Petersen*, Dante Alighieris Gerechtigkeitssinn, 2011, S. 52 mit Fußnote 348, unter Bezugnahme auf Pascals Lehre von den drei Ordnungen. Siehe vor allem auch *Vittorio Hösle*, Dantes Commedia und Goethes Faust, Ein Vergleich der beiden wichtigsten philosophischen Dichtungen

auch abgesehen von den theologischen Streitigkeiten seiner Zeit, in denen Augustinus eine herausragende Rolle spielte – in derselben philosophischen Traditionslinie wie Augustinus und wohl auch Dante, wenn man insbesondere an seine Monarchia denkt.[458]

2. Ordo amoris des Augustinus

Einen signifikanten Vorläufer dürfte Pascals dritte Ordnung dementsprechend in der ordo amoris bei Augustinus haben. Augustinus unterscheidet die Liebe (amor) in die amor dei, also die Liebe zu Gott und die Liebe zur Welt (amor mundi).[459] Erstere heißt caritas, letztere cupiditas. Der Weg zur Liebe Gottes führt über die Nächstenliebe. Die Liebe zu Gott fungiert als Ordnungsprinzip; in ihr stehen Selbstliebe und Nächstenliebe nebeneinander (virtus est ordo amoris). Die Nächstenliebe kann nur als caritas und nicht als cupiditas bestehen. Die Ähnlichkeiten zur Pascalschen Ordnungsvorstellung sind unübersehbar.[460] Wenn für Pascal kein anderer Weg zu Gott führt als der über Christus als Mittler, so entspricht das durchaus der augustinischen Einsicht, dass zur Gottesliebe nur gelangt, wer seinen Nächsten liebt. Auch die ordnende Funktion der als caritas

---

Europas, 2014, S. 74: „Doch eine neue mütterliche Figur wird Vergil ersetzen, Beatrice. Das Paradiso wird schließlich eine Fülle an idealen Formen von Intersubjektivität bieten (...)"; Hervorhebung nur hier.

458 Weiterführend, auch im Hinblick auf den Zusammenhang zwischen Macht und Geschichte, *Hugo Friedrich*, Pascal, in: Romanische Literaturen, Band 1 (Hg. Brigitte Schneider-Pachaly), 1973, S. 139, 149: „Pascal erneuert das alte platonisch-augustinische Aufstiegsschema des abendländischen Menschen, wie es, mehrere Zeitalter zuvor, in der Divina Commedia zum epischen Bild geworden ist. Und mit diesem nunmehr erneuerten Schema inneren Wesensaufstiegs verlässt der abendländische Geist das, was er eben begründet hat: die an Macht- und Wissenszuwachs geknüpfte Geschichtlichkeit des grenzenlosen Fortschritts".

459 Hier und im Folgenden *Karl Jaspers*, Plato – Augustin – Kant, Drei Gründer des Philosophierens, 1957, S. 148f.

460 Vgl. etwa *Karlheinz Stierle*, Pascals Reflexionen über den ‚ordre' der *Pensées*, Poetica 4 (1971), 167, 179: „*Ordre* heißt im Bereich der ‚Apologie' selbst zuerst die von Gott gesetzte, darum vollkommene Ordnung, der der Mensch sich unterwerfen, von der er sich aber auch sündhaft entfernen kann. (...) In einem besonderen Sinn heißt *ordre* bei Pascal die göttliche Seinsordnung als Folge aufsteigender Seinsdimensionen. (...) Dieser Gedanke findet seine eindrucksvolle Weiterführung in der Pensée Br. 793, wo das Sein in die drei qualitativ sich übersteigenden Ordnungen von corps, esprit und charité gegliedert wird. (...) Mit diesem Bruchstück über die Ordnung steht Pascal in der Tradition der ordo-Theologie, die in Augustins *De ordine* und *De civitate Dei* ihren Ausgang nahm (...)". Unter Verweis auf *Hermann Krings*, Ordo. Philosophie-historische Grundlegung einer abendländischen Idee, 1941.

begriffenen Liebe entspricht der Lehre Pascals. Innerhalb der Theologie des Augustinus besteht zwar in Ermangelung anderer Ordnungen keine explizite Rangfolge; es kann jedoch kein Zweifel darüber bestehen, dass der ordo caritatis zugleich die denkbar höchste Ordnung darstellt. Pascal selbst hat diesen Zusammenhang gerade unter Verweis auf die sogleich zu behandelnde Theologie des Apostels Paulus in einer – allerdings verklausulierten – Wendung auf Augustinus angewendet: « Saint Augustin de même. Cet ordre consiste principalement à la digression sur chaque point qui a rapport à la fin, pour la montrer toujours ».[461] Man beachte die geradezu geometrisch ausgerichtete, präzise Bezugnahme dieser Sentenz.

VI. Der paulinische Hymnus

Man darf über der behaupteten Sonderstellung des Augustinus nicht vergessen, dass Pascal ausdrücklich auch den Apostel Paulus genannt hat.[462] Dass damit keine Rangordnung bezeichnet wird, wurde schon gesagt. Man wird im Gegenteil in dem Zusatz ‚saint' eine Gleichordnung sehen; beide stehen damit – in der Sprache des Fragment 793 – in der Ordnung der Heiligkeit.[463] Man muss sich also fragen, warum gerade der Apostel Paulus ausdrücklich erwähnt wird. Hier hilft der innere Zusammenhang zwischen den Fragmenten 283 und 793: Wenn die Liebe nach dem Einleitungs- und Schlusswort des Fragments 793 übernatürlich (‚surnaturelle') ist, wenn sie einer unendlich erhabeneren Ordnung angehört und somit über allem steht, so liegt es nahe, an den sogenannten paulinischen Hymnus zu denken, dass am Ende Glaube, Hoffnung, Liebe seien, aber über allem die Liebe.[464] Betrachtet man diese Hypothese vor dem Hintergrund der modernen historischen Exegese, so stößt man auf eine interessante Auffälligkeit. Der paulinische Hymnus zeichnet sich nämlich dadurch aus, dass zunächst davon gesprochen wird, was die Liebe nicht tut.

---

461 *Blaise Pascal*, Pensées, Fragment 283.

462 Zu ihm *Eugen Biser*, Der unbekannte Paulus, 2003.

463 Näher zu diesem, hier nicht zu vertiefenden, Bereich aus theologischer Sicht *Ewald Wasmuth*, Die Philosophie Pascals unter besonderer Berücksichtigung seiner Lehren von dem Unendlichen und dem Nichts und den Ordnungen, 1949, S. 222, 224f., wonach Pascal „Beispiele gibt, durch die er in dem sozialen Gefüge der Menschen die Reiche der Herrschaft, die Ordnung der Fleischlichen, die ihren Untertanen befehlen können, von dem Reich der geistigen Menschen, der im Geiste um rechte Erkenntnis Bemühten, die die andern durch Gründe und Beweise zu überzeugen vermögen und diese schließlich von der Ordnung der Heiligen, der wahrhaft durch die Gnade Gottes Verwandelten, (...), unterscheidet".

464 1 Kor 13.

Daraus hat man gefolgert, dass viel dafür spricht, der Hymnus sei „vorpaulinisch".[465] Womöglich ist das Lehrgedicht über die Liebe also schon vorher von anderer Seite oder von Paulus vor seinem Damaskus-Erlebnis verfasst worden und dann von ihm in den Ersten Korintherbrief eingearbeitet worden.[466] Dafür spricht vor allem, dass es ganz und gar untypisch für das Wort des Apostels ist, dass der Name Jesus fehlt.[467] Diese Feinheiten können hier, auch wenn sie in ihrer an Wortlaut, Systematik und innerer Teleologie ausgerichteten Argumentation durchaus an das rechtsdogmatische Vorgehen erinnern und insofern auch Raum für eine transdisziplinäre Betrachtung geben, im Folgenden auf sich beruhen. Pascal konnte diese Ergebnisse historischer Bibel-Forschung ohnehin noch nicht kennen. Es ist jedoch bemerkenswert, dass er – unterstellt, die Nennung des Apostel Paulus schließt eine Inbezugnahme des paulinischen Hymnus mit ein – im Fragment 283 ebenso wie im Fragment 793 die Ordnung der Liebe nicht beschreiben kann, ohne den Namen Jesu zu verwenden. Das also, was die moderne Exegese als stärkstes Indiz gegen die Urheberschaft eines Textes von der Hand des Apostels ansieht, wäre Pascal selbst schwerlich unterlaufen. Dies zeigt zugleich, dass der gesamte Abschnitt zwischen Einleitungssatz und Conclusio innerhalb des Fragments 793 mit seiner immanenten Christozentrik unverzichtbar zum Ganzen gehört.[468]

VII. Pascal und Kierkegaard

Neben diesen Primärzeugnissen lohnt es sich, einen späteren Denker zu Wort kommen zu lassen, der wie kaum jemand danach dasjenige erfasst hat, was Pascal mit seiner dritten Ordnung gemeint hat, ohne unmittelbar auf sie Bezug zu neh-

---

465 *Ernst Hoffmann*, Pauli Hymnus auf die Liebe, in: Platonismus und christliche Philosophie (Erasmus Bibliothek. Gesammelte Abhandlungen und Vorträge zur Geschichte der Philosophie), 1960, S. 187–206.

466 Vgl. auch *Albrecht Oepke*, Probleme des vorchristlichen Paulus, in: Das Paulusbild in der neueren Forschung (Hg. Karl Heinrich Rengstorf), 1964, S. 410–446.

467 Siehe außer den bereits Genannten vor allem *Eugen Biser*, Paulus. Zeuge, Mystiker, Vordenker, 1992, S. 169–173; *ders.*, Joseph Bernhart, der Seher und Deuter, in: Josef Bernhart (1881–1969), ein bedeutender Repräsentant katholischen Geisteslebens im 20. Jahrhundert (Hg. Manfred Weitlauff/Bernd J. Claret/Eugen Biser), 2000, S. 96 Fußnote 1 („der für den Apostel unverzichtbare Name Jesu fehlt").

468 Allgemein dazu *Helmut Bürklin*, Ein Gott für die Menschen. Entwurf einer christozentrischen Anthropologie nach Blaise Pascal, 1976.

men.[469] Die Rede ist von Søren Kierkegaard und seinem Werk über das Leben und Walten der Liebe, in dem gerade diese Beschreibung der dritten Ordnung, von der bereits verschiedentlich die Rede war und die wir bei Pascal selbst nicht erschöpfend finden, unternommen worden ist[470] – freilich ohne, wie gesagt, Pascal direkt zu nennen.[471] Es ist sogar auffällig, dass Kierkegaard soweit ersichtlich nur ein einziges Mal innerhalb seines gewaltigen Werks Pascal zitiert und auch dort nur indirekt durch Feuerbach.[472] Gerade das macht es aber so reizvoll, Kierkegaards Gedanken im Hinblick auf die dritte Ordnung zu denen Pascals in Beziehung zu setzen. Søren Kierkegaard ist seit jeher von Interesse aus Sicht der Pascal-Forschung.[473]

1. Die mangelnde Beweisbarkeit der dritten Ordnung

Kierkegaard hebt eine Besonderheit der Liebe hervor, die auch in Bezug auf Pascal von großem Interesse ist, weil sie die Verborgenheit der Liebe an ihrer Irrationalität, nämlich der mangelnden Beweisbarkeit festmacht:[474] „Wie nämlich die

---

469 *Romano Guardini*, Christliches Bewußtsein: Versuche über Pascal, 1935, 4. Auflage 1991, S. 21 f., hat das Leben Pascals als ein Beispiel für die Lehre Søren Kierkegaards von den Stadien des Lebensweges angesehen, nach der sich das menschliche Dasein nach einer stufenmäßigen Ordnung vollzieht, wobei der Sprung von der einen zur höheren Ebene vom Menschen selbst entschieden und gewagt werden muss.

470 *Dieter Henrich*, Werke im Werden. Über die Genesis philosophischer Einsichten, 2011, S. 90, sieht wohl das Hauptwerk Kierkegaards nicht von ungefähr „dem erbaulichen religiösen Traktat angenähert". Das dürfte in erster Linie auf *Søren Kierkegaards*, Entweder-Oder, 1885, gemünzt sein, trifft aber umso mehr auf das hier in Rede stehende Werk zu, das in der hier zitierten Ausgabe von Diederichs (1924) als „Erbauliche Reden Band 3" figuriert.

471 *Karlheinz Stierle*, Pascals Reflexionen über den ‚ordre' der *Pensées*, Poetica 4 (1971), 167, 173 f., findet eine einleuchtende Begründung: „Pascal versteht sich noch nicht, wie Kierkegaard in der Alternative, seiner Spannung entweder heroisch standzuhalten, oder sich ihrer durch den Sprung in den Glauben entledigen zu müssen".

472 *Walter Jens/Hans Küng*, Dichtung und Religion, 1985, S. 208.

473 Siehe aus neuerer Zeit nur *Denzil G. Miller Patrick*, Pascal and Kierkegaard, A Study in the Strategy of Evangelism, 2002; *Luigi Pareyson*, Kierkegaard e Pascal, 1999 (speziell zur Lehre von den drei Ordnungen S. 203).

474 Das wird deutlich, wenn man die treffende Paraphrase dieser Lehre und ihres Zusammenspiels von Äußerlichkeit und Innerlichkeit bedenkt, wie sie entwickelt wurde von *Ewald Wasmuth*, Person und Ordnung bei Pascal, Philosophisches Jahrbuch 61 (1951), 80, 86: „Diese höchste Ordnung nannte Pascal in dem Fragment 793, in dem er die Lehre von den Ordnungen aphoristisch entworfen hat – nachdem er vorher die Ordnung des Fleisches, der fleischlichen, d. h. weltlich tätigen Menschen, wo man Siege erficht und Geschäfte treibt und Reichtümer erntet und wo man wegen der Siege und Reichtümer und ähnlicher Leistungen bewundert wird, von der

Liebe selbst nicht zu sehen ist und darum geglaubt werden muss, so ist sie auch nicht unbedingt und schlechtweg an einer ihrer Äußerungen als solcher zu erkennen. Es gibt kein Wort in der menschlichen Sprache, auch nicht ein einziges, nicht das heiligste, von dem wir sagen könnten: wenn ein Mensch dieses Wort gebraucht, so ist damit unbedingt bewiesen, dass Liebe in ihm ist."[475] Die Beweisführung, die Nachprüfbarkeit im Experiment, ist in der Tat eine überaus sinnfällige Kategorie und dürfte daher auch dem Naturwissenschaftler Pascal aus dem Herzen gesprochen sein. Umso mehr gilt dies aber für die Beobachtung Kierkegaards, die übereinstimmt mit Pascals Feststellung, dass das Herz seine eigene Ordnung hat. Eine noch augenfälligere Übereinstimmung verrät freilich der Nachsatz Pascals im gleichen Fragment von dem bereits die Rede war: „Man beweist nicht, dass man geliebt werden muss, indem man der Reihe nach die Ursachen der Liebe auseinandersetzt, das wäre lächerlich."[476]

2. Die Überzeugungskraft aus sich selbst heraus

Kierkegaards Folgerung würde wohl auch Pascal unterschrieben haben:[477] „Das letzte, das seligste, das unbedingt *überzeugende Kennzeichen* der Liebe bleibt darum: die Liebe selbst, die von der Liebe in einem andern erkannt und wieder erkannt wird. Das Gleiche wird nur von Gleichem erkannt: nur wer in der Liebe bleibt, kann sich von der Liebe des andern überzeugen; nur wer in der Liebe bleibt, kann den andern von seiner Liebe überzeugen."[478] Auch hier argumentiert Kierkegaard in Pascalschen Kategorien: die Überzeugungskraft ist etwas, das für Pascal größte Bedeutung hat, wie sich aus seinem Traktat De l'art de persuader

---

Ordnung des Geistes unterschieden hatte, deren Glanz und Ruhm für die Menschen, die zur Ordnung des Fleisches gehören, nicht vorhanden ist, unsichtbar ihren Augen bleibt –, diese höchste Ordnung nannte Pascal die Ordnung der Heiligkeit, der Heiligen".

475 *Søren Kierkegaard*, Leben und Walten der Liebe, (deutsche Übersetzung von Albert Dorner und Christoph Schrempf, 1924), S. 14 mit der konsequenten Fortführung: „Es gibt keine Tat, nicht eine einzige, nicht die beste, von der wir sagen dürfen: wer dies tut, beweist damit unbedingt Liebe. Es kommt darauf an, wie die Tat getan wird".

476 *Blaise Pascal*, Pensées, Fragment 283.

477 Zur Vermeidung von Missverständnissen sei gesagt, dass Kierkegaard Pascal offenbar nicht gründlicher gekannt hat (*Hans Küng*, Existiert Gott? Antwort auf die Gottesfrage der Neuzeit, 4. Auflage 1987, S. 95). Er zitiert ihn nur an einer Stelle mittelbar; vgl. *Søren Kierkegaard*, „Schuldig" – „Nicht schuldig?" Eine Leidensgeschichte. Psychologisches Experiment von Frater Taciturnus, Gesammelte Werke, 15. Abteilung: Stadien auf des Lebens Weg, 1845, S. 490.

478 *Søren Kierkegaard*, Leben und Walten der Liebe, 1847 (deutsche Übersetzung von Albert Dorner und Christoph Schrempf, 1924), S. 18.

ergibt.[479] Denn auch diese Kunst zu überzeugen hat für Pascal eine religiöse Komponente.[480] Sie liefert die methodologische Basis für seine Apologie.[481] Es liegt aber auf der Hand, dass es gerade die Überzeugung ist, die der zuletzt zitierten Textstelle Pascals zugrunde liegt; wo die christliche Überzeugung nicht vorhanden ist, gibt es keinen Eintritt in die dritte Ordnung.

Kierkegaard hat noch auf einen anderen Zusammenhang aufmerksam gemacht, der unsere Begrifflichkeit noch in einem größeren Maße zu schärfen geeignet ist, als dies im Rahmen der eingangs erwogenen Übersetzungsmöglichkeiten geschehen konnte.[482] Auf der Grundlage des Gleichnisses vom barmherzigen Samariter[483] entwickelt er ein Verständnis von der Barmherzigkeit, das demjenigen, welches Pascal in seiner Lehre von den drei Ordnungen zugrunde legt, weitestgehend entsprechen dürfte. Er versteht die Barmherzigkeit als eine Tat der Liebe,[484] und zwar auch dann, wenn sie nichts zu geben hat und nichts zu tun vermag.[485] Dieser pragmatische Gesichtspunkt der Tat der Liebe als praktizierter Barmherzigkeit ist auch für Pascals insoweit deckungsgleiches Verständnis die Bedingung jeglicher Einsicht in die göttliche Ordnung.[486] Da die Barmherzigkeit selbst nichts zu tun und zu geben hat,[487] ist bereits die Möglichkeit zur Barm-

---

479 *Blaise Pascal*, De l'esprit géométrique et de l'art de persuader, 1658, in: Pascal Œuvres complètes, Band II, Bibliothèque de la Pléiade, 1998, S. 154, 171; dazu im Hinblick auf Descartes weiterführend *Karlheinz Stierle*, Pascals Reflexionen über den ‚ordre' der *Pensées*, Poetica 4 (1971), 167, 191.

480 *Willy Hochkeppel*, Blaise Pascal, Vom geometrischen Geist, in: ZEIT-Bibliothek der 100 Sachbücher (Hg. Fritz J. Raddatz), 1984, S. 77 f.

481 *Nicole Schumacher*, Friedrich Heinrich Jacobi und Blaise Pascal. Einfluss – Wirkung – Weiterführung, 2003, S. 101.

482 *Vittorio Hösle*, Philosophiegeschichte und objektiver Idealismus, 1996, S. 216, würdigt ihn ebenso kritisch wie ausgewogen: „Jeder Kritiker muss zumindest zwei Leistungen dieses Philosophen anerkennen: die Verachtung für ein laues Christentum und eine außerordentliche Tiefe in den psychologischen Analysen". – Auch in soweit ähneln sich beide, wobei Pascals anthropologische Scharfsicht diejenige Kierkegaards übersteigen dürfte.

483 Lk 10, 36.

484 *Walter Kasper*, Barmherzigkeit. Grundbegriff des Evangeliums – Schlüssel christlichen Lebens, 2013, unter verschiedentlichem Rekurs auf Pascal.

485 *Søren Kierkegaard*, Leben und Walten der Liebe, 1847 (deutsche Übersetzung von Albert Dorner und Christoph Schrempf, 1924), S. 324 ff.

486 *Karlheinz Stierle*, Pascals Reflexionen über den ‚ordre' der *Pensées*, Poetica 4 (1971), 167, 193: „ihrer (sc.: der ‚verités divines') Erkenntnis muss das Handeln der ‚charité' vorausgehen".

487 *Søren Kierkegaard*, Leben und Walten der Liebe, 1847 (deutsche Übersetzung von Albert Dorner und Christoph Schrempf, 1924), S. 332. Für *Vittorio Hösle*, Philosophiegeschichte und objektiver Idealismus, 1996, S. 12, ist Kierkegaard „einer der klügsten und wirkungsmächtigsten Kritiker Hegels – in seiner Auflehnung gegen die Systemphilosophie der Neuzeit vergleichbar mit Pascal". In der Tat kann man wohl Pascals Invektiven gegen Descartes dem geistesgeschichtlichen

herzigkeit nach Kierkegaard „eine viel größere Vollkommenheit" als die Möglichkeit des bloßen Gebens.[488] Diese Vollkommenheit – selbst in Gestalt der verdächtigen Steigerung, die in Wirklichkeit eine Relativierung bedeutet – läuft geradewegs auf das zu, was Pascal in der Lehre von den drei Ordnungen entwickelt hat.[489]

VIII. Carl Friedrich von Weizsäckers Naturphilosophie und die Lehre von den drei Ordnungen

Eine auf den ersten Blick überraschende Parallele weist auf einen der großen zeitgenössischen Denker. Die Rede ist von Carl Friedrich von Weizsäcker, der bisher – soweit ersichtlich – noch nicht hinlänglich zu Pascal in Beziehung gesetzt worden ist. Umso mehr mag es verwundern, dass gerade bezüglich der Lehre von den drei Ordnungen Gemeinsamkeiten zu beobachten sind. Jedoch ist Weizsäckers Doppelbegabung als Philosoph und Physiker[490]– zumal mit einem deutlichen Schwerpunkt im Bereich der Religion[491] – nachgerade prädestiniert für eine gegenüberstellende und sich ergänzende Darstellung zu Pascal.

Rang und Stellenwert sowie seiner Zielrichtung nach Kierkegaards Hegel-Kritik an die Seite stellen.

488 *Søren Kierkegaard*, Leben und Walten der Liebe, 1847 (deutsche Übersetzung von Albert Dorner und Christoph Schrempf, 1924), S. 326.

489 Wichtig in diesem Zusammenhang die (seit *George Santayana*, Three Philosophical Poets. Lucretius, Dante, Goethe, 1910, bedeutsamste) Gegenüberstellung von *Vittorio Hösle*, Dantes *Commedia* und Goethes *Faust*. Ein Vergleich der beiden wichtigsten philosophischen Dichtungen Europas, 2014, die in das überzeugende Fazit mündet (S. 75 f.): „So sehr die zwei Helden und ihre Wertesysteme sich unterscheiden, die zwei größten enzyklopädischen Dichtungen der Menschheit haben ein gemeinsames erzeugendes Prinzip: die Liebe. Das ist ein Hinweis auf die Tatsache, dass es sich dabei um die zentrale Idee des Christentums handelt, die sich trotz all seiner Transformationen durchgehalten hat". Dieses gerechtigkeitsstiftende Prinzip der Liebe kann man in der Weltliteratur von Dante über Pascal und Goethe bis hin zu Kierkegaard verfolgen.

490 *Carl Friedrich von Weizsäcker*, Große Physiker, 1999, S. 122 ff., behandelt interessanterweise nur Descartes, nicht aber Pascal, der es wohl gleichfalls verdient hätte, den großen Physikern zugerechnet zu werden.

491 Vgl. nur *Carl Friedrich von Weizsäcker*, Zeit und Wissen, 1992, Kapitel 10 (Erfahrung der Religion), S. 447–519, 556, 1029 ff.

1. Der Aufbau des Ganzen

In seinem Vorlesungszyklus über die Geschichte der Natur stellt von Weizsäcker zunächst die räumliche und zeitliche Struktur des Kosmos dar.[492] Auf dieser Grundlage beschreibt er die Sterne und Sternensysteme. Dazwischen widmet er sich einem Leitthema Pascals,[493] nämlich der Unendlichkeit des Raumes.[494] Die weiteren Teile des Zyklus widmen sich dem Leben, der Seele und schließlich dem Menschen, gleichfalls genuin Pascalsche Themen. Gewiss kann dieser naturphilosophische und naturgeschichtliche Abriss nicht pauschal für eine bestimmte Lehre vereinnahmt werden.[495] Aber es ist ebenso unabweisbar, dass man ihn dahingehend systematisieren kann, dass der Ordnung des unermesslichen Raums eine durch das Hinzutreten des Menschen bedingte und somit höherstehende des Geistes folgt.

Pascal selbst wird übrigens an einer aufschlussreichen Stelle erwähnt: „Mir scheint, dass es drei in sich klare Haltungen gibt, die vielleicht durch die Namen Kepler, Pascal und Laplace bezeichnet werden können. Kepler vermochte im mathematischen Naturgesetz Gott zu erleben. Pascal vermochte es nicht; da es ihm aber um Gott ging, opferte er die Beschäftigung mit der mathematischen Wissenschaft dem auf, was wichtiger war, und suchte Gott dort, wo er zu finden war.“[496] Es ist höchst aufschlussreich, dass Weizsäcker unmittelbar im Anschluss an diese treffende Skizzierung Pascals auf die Liebe zu sprechen kommt und dabei folgende Rangordnung begründet:[497] „Wenn uns die Erkenntnis an der Liebe hindert, so müssen wir die Erkenntnis preisgeben.“[498]

---

492 *Carl Friedrich von Weizsäcker*, Die Geschichte der Natur, 1948, S. 24 ff., 31 ff.

493 *Blaise Pascal*, Pensées, Fragment 72.

494 *Carl Friedrich von Weizsäcker*, Die Geschichte der Natur, 1948, S. 43 ff., 48.

495 Dazu *Walter Strolz*, Die naturphilosophische Fragestellung Carl Friedrich von Weizsäckers, Orient 36 (1972), 144.

496 *Carl Friedrich von* Weizsäcker, Die Geschichte der Natur, S. 86.

497 *Annemarie von der Groeben*, « Le cœur a son ordre, l’esprit le sien » – Eine Überlegung zum Begriff « ordre » bei Pascal, Festschrift für Hartmut von Hentig, 1985, S. 50, 53 f. folgert durchaus in diesem Sinne: „Pascals Lehre von den drei Ordnungen, verstanden als apologetisches Gedankengebäude mit mathematischem Hintergrund (...) klingt (...) wie eine einfache Wahrheit: Alles, was die Mächtigen und die Wissenschaftler zusammen geleistet haben, hat nicht vermocht, die lebensbedrohenden Übel der Menschheit zu überwinden. Die Menschen müssten, um die Welt lebhaft zu machen, zu einer qualitativ anderen Ordnung finden, die auf Menschenliebe gegründet ist. Pascal war überzeugt, dass sie das aus eigener Kraft nicht können, und vieles spricht dafür, dass er recht behalten wird“.

498 *Carl Friedrich von Weizsäcker*, Die Geschichte der Natur, 1948, S. 86 f.

2. Entsprechung der Lehre Pascals

Noch bemerkenswerter – und zugleich interessanter für unseren Zusammenhang – ist der Schluss des genannten Vorlesungszyklus',[499] der nicht von ungefähr von der Liebe handelt und damit an das zuletzt Gesagte anknüpft. Ausgehend von der Liebe zwischen Mann und Frau und all jenen Formen, die Kierkegaard als „Vorliebe" bezeichnet, wendet er sich der eigentlichen, der christlichen Liebe zu: „Die christliche Liebe ist sehend. Sie ist mit der Erkenntnis verbunden, und sie ist die Haltung, in der allein Erkenntnis gut ist. Sie ist zunächst kein Erlebnis, sondern ein Verhalten."[500] Die Nähe zu Kierkegaard – und damit auch zum Grundgedanken Pascals – ist bereits hier augenscheinlich; sie wird es noch mehr, wenn man bedenkt, dass Weizsäcker als Beleg das Gleichnis vom barmherzigen Samariter erwähnt. Die Schlussfolgerung entspricht exakt dem, was Pascal unter cœur und charité versteht, insbesondere dem Herzen als Erkenntnisorgan: „Alles liegt in diesem Sehen. Denn nachdem er einmal die Lage des anderen in seinem Herzen gesehen hat, versteht sich die Hilfe fast von selbst.[501] (...) Liebe ist eine Haltung der Seele, die sehend den Kampf ums Dasein aufhebt. (...) Wir wissen dann, dass wir ohne diese Liebe das Entscheidende versäumen. Sie selbst kommt von der objektiven Möglichkeit, von Gott her, und wir erfahren sie, wenn sie kommt, als Gnade.[502] Dass sie uns gegeben werden kann, ist der ganze Inhalt der christlichen Lehre von der Erlösung. Sie wird uns selten gegeben, ehe wir in der Verzweiflung über uns selbst darum gebeten haben."[503] Mit diesen Zitaten, die für sich selbst sprechen, zumal sie das bisher von anderer Seite über die christliche Liebe Gesagte aus anderem Blickwinkel, aber mit derselben Zielrichtung wiedergeben, soll keine schematische Übertragung auf Pascals Lehre unternommen werden. Es ist aber kein Zufall, dass eine Darstellung über die Geschichte der Natur just in diese Einsicht mündet.[504] Durch diese systematisch herausgehobene Stellung wird die christliche Botschaft gleichsam in den Mittelpunkt gerückt und gewinnt so jene Zentralität und Höhe, die auch Pascals Lehre von den drei Ordnungen und insbesondere die dritte Ordnung hat.

---

499 Im Kapitel XII; unter der Überschrift „Der Mensch. Innere Geschichte".

500 *Carl Friedrich von Weizsäcker*, Die Geschichte der Natur, 1948, S. 124.

501 Eine augenfällige Verbindungslinie zwischen diesem Dictum und Pascal verläuft auch zu dem berühmten Wort von *Antoine de Saint-Exupéry*, Le Petit Prince, 1943: « On ne voit bien qu'avec le cœur, l'essentiel est invisible pour les yeux ».

502 *Blaise Pascal*, Pensées, Fragment 523 f., entsprechen dem cum grano salis.

503 *Carl Friedrich von Weizsäcker*, Die Geschichte der Natur, 1948, S. 125.

504 Das beweist der Schlusssatz von *Carl Friedrich von Weizsäckers* Buch Wohin gehen wir?, 1997, S. 109: „Lasst uns verantwortliche Nächstenliebe lernen".

3. Phänotypische Ähnlichkeit mit Nietzsches Gerechtigkeitsbezeichnung

Weizsäckers Kennzeichnung der christlichen Liebe als ‚sehend' erinnert äußerlich an ein Zarathustra-Wort Nietzsches, in dem die Frage gestellt wird: „Sagt, wo findet sich Gerechtigkeit, welche Liebe mit sehenden Augen ist?"[505] Diese nur scheinbare Entsprechung markiert indes nur eine phänotypische Ähnlichkeit, deren genotypischer Unterschied kaum größer sein könnte, wenn man ihn auf Pascal bezieht:[506] In Wahrheit ist es der akkurate Gegenstandpunkt zur spezifisch christlichen Liebe und göttlichen Gerechtigkeit bei Pascal.[507] Und doch ist diese äußere Ähnlichkeit ein wichtiger Fingerzeig: Nietzsche, der Pascal als das „lehrreichste Opfer des Christentums" ansah,[508] ihn aber im Übrigen verehrte,[509] hat Pascal so geschätzt,[510] dass man gerade in seinen rechtsphilosophischen Gedanken Spuren Pascals erkennen kann.[511] Durch den Verzicht auf jede eschatologische Perspektive entfernt er sich freilich vom Grundanliegen Pascals und begibt sich in größtmögliche Distanz zu ihm und im Übrigen auch zur Haltung Weizsäckers. Ungeachtet der phänotypischen Gemeinsamkeiten zwischen Nietzsche einerseits und Pascal andererseits könnte das dahinter stehende Gerechtigkeitsverständnis nicht unterschiedlicher sein. Wie groß dessen ungeachtet die Bewunderung Nietzsches für Pascal war, veranschaulicht ein bezeichnendes Wort aus den nachgelassenen Bemerkungen:[512] „Die tiefsten und unerschöpflichsten

---

505 *Friedrich Nietzsche*, Also sprach Zarathustra, Zweiter Teil, Vom Biss der Natter, 1885.

506 Gerade die in seinem engeren Umfeld unter dem Einfluss geistlicher Führer ausgetragenen Kontroversen um die Verweigerung der Kommunion gegenüber dem sterbenden Pascal tragen für den Außenstehenden mitunter Züge religiösen Wahns. Nicht zuletzt dies könnte Nietzsche im Sinn gehabt haben, als er schrieb: „Man soll es dem Christentum nie vergeben, dass es solche Menschen wie Pascal zugrunde gerichtet hat" (*Friedrich Nietzsche*, Der Wille zur Macht, 1883 – 1888 (Kröner-Ausgabe), Fragment 252). Zum Ganzen auch *Eugen Biser*, „Gott ist tot". Nietzsches Destruktion des christlichen Bewusstseins, 1962.

507 Näher dazu, auch im Hinblick auf Pascals Fragment 793, *Jens Petersen*, Nietzsches Genialität der Gerechtigkeit, 2. Auflage 2015, S. 39 f.

508 *Friedrich Nietzsche*, Ecce homo, Warum ich so klug bin, 1908, Fragment 3; siehe dazu auch *Hermann Platz*, Nietzsche und Pascal, Hochland 37 (1939/40), 264; *Charles M. Natoli*, Nietzsche and Pascal on Christianity, American University Studies, Series V, Philosophy, Vol. 3, 1985.

509 *Friedrich Nietzsche*, Menschliches, Allzumenschliches II 1, 1878 – 1880, Fragment 408; *ders.*, Der Wille zur Macht, 1883 – 1888 (Kröner-Ausgabe), Fragment 388 („bewunderungswürdiger Logiker des Christentums").

510 Pointiert *Dolf Sternberger*, Nietzsche liebte Pascal, Merkur. Deutsche Zeitschrift für europäisches Denken 42 (1988), 720.

511 *Jens Petersen*, Nietzsches Genialität der Gerechtigkeit, 2. Auflage 2015 S. 32, 40 f., 45.

512 Zu ihm *Karlheinz Stierle*, Was heißt Moralistik?, in: Moralistik. Explorationen und Perspektiven (Hg. Rudolf Behrens/Maria Moog-Grünewald), 2010, S. 1, 9.

Bücher werden wohl immer etwas von dem aphoristischen und plötzlichen Charakter von Pascals Pensées haben."[513]

IX. Pascal inmitten der religiösen Kämpfe seiner Zeit

Man muss sich gerade zur Erklärung des zitierten Nietzsche-Wortes vom „lehrreichste(n) Opfer des Christentums",[514] vergegenwärtigen, welches der große religionsgeschichtliche Kampf war, in den sich Pascal verwickelte. Dann wird sich erweisen, wie er zumindest auf seine Weise zur von ihm propagierten dritten Ordnung finden konnte. Zu nennen sind in diesem Zusammenhang Saint-Cyran und Jansenius, die den Primat der Gnade betonten.[515] Er berief sich auf Augustinus und verfocht dezidiert dessen Prädestinationslehre.[516] Der daraus hervorgehende Jansenismus trug trotz aller selbst betonten Abgrenzungen stark calvinistische Züge.[517] Pascal selbst tendierte ausweislich seiner « Lettre écrite à un Provincial par un de ses amis, sur le sujet des disputes presentés de la Sorbonne » durchaus zum Jansenismus. Ausgangspunkt war der Streit zwischen Jansenisten und Jesuiten über die Willensfreiheit,[518] die Autorität der Kirche, vor allem aber Gnade, Sünde und Rechtfertigung. Die überaus komplexen Einzelheiten können hier nicht wiedergegeben werden.[519]

---

513 *Friedrich Nietzsche*, Nachgelassene Fragmente, August-September 1885, 40 (65), Kritische Studien-Ausgabe (Hg. Giorgio Colli/Mazzino Montinari), Band XI, S. 522.

514 *Friedrich Nietzsche*, Ecce homo, Warum ich so klug bin, 1908, Fragment 3.

515 Zum Einfluss auf Pascal *Hans Flasche*, Die Erfahrung des Herzens bei Cornelius Jansenius und ihre Bedeutung für das Denken Pascals, Zeitschrift für Religions- und Geistesgeschichte 2 (1949/50), 33 ff.

516 Auch von Augustinus war bei der Behandlung des Fragments 283 bereits die Rede. Dort wurde allerdings betont, dass seine ausdrückliche Nennung nicht ohne weiteres als Bekenntnis zum Jansenismus gedeutet werden darf, sondern dass dabei biographische Parallelen in Gestalt der jeweils einschneidenden Bekehrungs- bzw. Umdenkungserlebnisse eine größere Rolle spielen.

517 Aufschlussreich insoweit *Hans Flasche*, Die Erfahrung des Herzens bei Calvin und Pascal, Orbis Litterarum 6 (1948), 273.

518 Zu ihr im Hinblick auf Descartes *Johannes Haag*, Descartes über Willen und Willensfreiheit, Zeitschrift für philosophische Forschung 60 (2006), 483.

519 Bemerkenswert vor diesem Hintergrund die geistesgeschichtliche Einordnung von *Vittorio Hösle*, Die Philosophie und die Wissenschaften, 1999, S. 204 f.: „die Fülle der philosophischen Positionen, die etwa im 17. Jahrhundert innerhalb des französischen Katholizismus Platz hatten (man denke etwa an die traditionelle Scholastik, an den Atomisten Gassendi, an den intellektuellen Revolutionär Descartes, an den antiinteraktionistischen Cartesianer Malebranche, an den Jansenisten Arnauld und an den Kritiker des Rationalismus Pascal), sind ein Zeichen seiner geistigen Vitalität gewesen".

Von Interesse für den vorliegenden Zusammenhang ist vielmehr, dass der Streit selbst mit deutlicher Schärfe ausgetragen wurde, die sich auch und gerade in Pascals eigenen Äußerungen niedergeschlagen hat.[520] Seine geschliffenen Stellungnahmen in den Lettres Provinciales gehören nicht nur zum Höhepunkt rhetorischer Polemik, sondern machten auch auf die Beteiligten und den enormen Leserkreis – unter den wohl mehr als Zehntausenden angeblich auch Ludwig XIV.[521] – den entsprechenden Eindruck.[522] Es ist im Schrifttum erwogen worden, dass das abrupte Abbrechen der Lettres nach dem 18. Brief dadurch bedingt sein könnte,[523] dass Pascal selbst sah, dass er angesichts der Schärfe seiner Worte in der Auseinandersetzung in zunehmende Entfernung von der durch ihn selbst propagierten dritten Ordnung geriet.[524]

---

520 *Hugo Friedrich*, Pascal, in: Romanische Literaturen, Band 1 (Hg. Brigitte Schneider-Pachaly), 1973, S. 139 f., bemerkt, dass selbst die Angehörigen von Port-Royal „in einiger Scheu allerdings vor der Heftigkeit, mit der er in kirchenpolitische Dinge ihre Grundsätze auf die Spitze getrieben und mehr, als ihnen lieb war, sie in Konflikt mit der päpstlichen Autorität gebracht hatte".

521 *Ewald Wasmuth*, Die Philosophie Pascals unter besonderer Berücksichtigung seiner Lehren von dem Unendlichen und dem Nichts und den Ordnungen, 1949, S. 26.

522 *Jacques Attali*, Blaise Pascal. Biographie eines Genies, 2. Auflage 2007, S. 16: „Selbst die Provinzbriefe werden erst recht verständlich, wenn man erkennt, wie die Argumentation jedes einzelnen Briefes gleich einem Theorem aufgebaut ist".

523 Angeblich war die Apologie spätestens nach dem unversehens abbrechenden 18. Lettre à un Provincial konkret ins Auge gefasst worden. Es wird freilich auch mit gutem Grund vertreten, dass der Anfang der Apologie bereits im Mémorial begründet ist; vgl. *Eugen Biser*, Die Entdeckung des Christentums, 2000, S. 345.

524 Eine interessante Spekulation stellt *Michael Stolleis*, Blaise Pascal – Gedanken zur Ungewissheit des Rechts, Festschrift für Jan Schröder, 2013, S. 787, 797, an, indem er Pascals Glaubenseifer mit seinem auch auf der Sichtbarkeit von Machtverhältnissen gründenden Rechtsphilosophie in Verbindung bringt: „Da er auch der ‚Gewalt' als Stabilisator in einem Meer von Nichtwissen einen Nutzen zuspricht, ist man nicht ganz sicher, ob er nicht vielleicht doch ihren Einsatz gebilligt hätte, um die Liebe Gottes zu erzwingen. Wäre diese Frage in seinem kurzen Leben jemals aufgetaucht, könnten wir aber wohl doch annehmen, dass sein luzider Geist diese Versuchung als eine des Teufels erkannt und zurückgewiesen hätte". – Man könnte hinzufügen: Ungeachtet seiner Zweifel bezüglich bestimmter Einzelheiten ihrer jeweiligen Lehre hätte er dies als Leser Epiktets und Montaignes ganz gewiss getan und jeglicher Gewalt eine kategorische Absage erteilt. Aufschlussreich insoweit *Emil Lerch*, Pascals „Gedanken" über Recht und Gerechtigkeit, Zeitschrift für schweizerisches Recht, Schweizerischer Juristenverein 61 (1942), 339, 363: „Jenes Wort Epiktets: ‚Verlange nicht, dass alles so geschieht, wie Du es wünschest, sondern sei zufrieden, dass es so geschieht, wie es geschieht, und Du wirst in Ruhe leben', ließe sich – seiner übrigen Kämpfernatur merkwürdig zuwider – als Motto über die Fragmente setzen, die sich mit den Fragen des Rechts abgeben".

1. Schweigen als selbstauferlegte Mäßigung im Sinne der Gerechtigkeit?

Über Pascals Schweigen in den letzten Monaten seines Lebens ist viel geschrieben worden. Guardini hat die Frage aufgeworfen, ob darin eine selbstauferlegte Mäßigung als Ausprägung der Gerechtigkeit gelegen habe.[525] Damit geht es letztlich um die innere Mitte des Menschen.

a) Die Anthropologie Pascals am Beispiel des Fragment 72

Der Frage nach der Natur des Menschen, die Pascal in einer genuin unterschiedlichen Weise im Verhältnis zu Descartes beantwortet,[526] geht eines der berühmtesten Fragmente nach, das in dem hier – das heißt im Hinblick auf die Ordnungslehre – interessierenden Teil auszugsweise lautet: « Car enfin qu'est-ce que l'homme dans la nature? Un néant à l'égard de l'infini, un tout à l'égard du néant, un milieu entre rien et tout. Infiniment éloigné de comprendre les extrêmes, la fin des choses et leur principe sont pour lui invinciblement cachés dans un secret impénétrable, également incapable de voir le néant d'où il est tiré, et l'infini où il est englouti ».[527]

Es ist alles andere als zufällig, dass dieser Gedanke einen ähnlichen Ausgangspunkt aufweist wie das Fragment 793.[528] Es wird nämlich jeweils ein Abstand hergestellt, freilich kein realer, sondern ein spekulativer, der jedoch gerade durch seine Fixierung eine besondere Wirkung auf den Leser entfaltet.[529] Die mittige Verordnung des Menschen in dem einen und des Geistes im anderen Fragment hat durchaus eine innere Logik. Denn der Weg zum Unendlichen, zu Gott, steht ihm

---

525 *Romano Guardini*, Christliches Bewußtsein: Versuche über Pascal, 1935, 4. Auflage 1991, S. 242, 244: „In seinem Leben kehren die Äußerungen eines harten Rechthabens, eines unerbittlichen Durchkämpfens und Siegenwollens immer wieder".

526 Zur theoretischen Fundierung wichtig *Karlheinz Stierle*, Die Modernität der französischen Klassik. Negative Anthropologie und funktionaler Stil, in: Französische Klassik (Hg. Fritz Nies/Ders.), 1985, S. 81, 85: „Pascals Pensées, die Fragmente seines nicht zum Abschluss gekommenen großen Werks zur Verteidigung des christlichen Glaubens, sind das erste Zeugnis einer ‚klassischen' Neubesinnung auf die Natur des Menschen, die im Zeichen einer negativen Anthropologie steht und die sich damit insbesondere von jener positiven Anthropologie absetzt, wie sie in Descartes' Traktat ‚Les passions de l'âme' entworfen worden ist".

527 *Blaise Pascal*, Pensées, Fragment 72; es ist das längste Fragment überhaupt.

528 Eine ähnliche Grundausrichtung enthält das Fragment 553.

529 Auf den Punkt bringt es *Hugo Friedrich*, Pascal, in: Romanische Literaturen, Band 1 (Hg. Brigitte Schneider-Pachaly), 1973, S. 139, 149 f.: „Das Bedeutsame dieses Fragments liegt im Umschlagen aus der naturwissenschaftlichen Raumanalyse in eine seelische Erregung, in etwas also, was wissenschaftlichen Interessen so fern, so subjektiv, so unzuständig vorkommt".

offen durch eine, sei es auch nur geringe, Regung der Barmherzigkeit.[530] Ob diese aber aus Pascals Sicht auch in einem Unterlassen in Gestalt des selbstauferlegten Schweigens bestehen kann, ist zweifelhaft. Diese Deutung würde aber eine mystische Grundausrichtung voraussetzen, wie sie in dem zuletzt zitierten Fragment 72 durchaus gesehen worden ist.[531]

b) Pascal und Wittgenstein

In diesem Zusammenhang lohnt sich die Besinnung auf einen der großen Denker des 20. Jahrunderts, der auf den ersten Blick wenig mit Pascal gemein zu haben scheint. Die Rede ist von Ludwig Wittgenstein, über dessen Verhältnis zu Pascal Georg Henrik von Wright in seinem Wittgenstein-Buch urteilt: „Auch zwischen Wittgenstein und Pascal gibt es eindringliche Parallelen, die eine eingehendere Untersuchung verdienen."[532] Diese Untersuchung ist, soweit ersichtlich, bis auf den heutigen Tag noch nicht vorgenommen worden und kann auch hier nicht unternommen werden.[533] Man kann freilich nicht übersehen, dass beiden viele äußerliche Gemeinsamkeiten zu eigen sind:[534] Nicht nur dass beide ihre jeweiligen Hauptwerke unvollendet hinterließen – das allein wäre ein äußerlicher und formaler Gesichtspunkt[535] –, sondern vielmehr die vernunftkritische und von einer gewissen spirituellen Grundhaltung getragene Sicht des Spätwerks ist beiden Denkern gemein.[536]

Des Weiteren nimmt Wittgenstein in für ihn auffallend vielen Stellen ausdrücklich Bezug auf Pascal. So habe Wittgenstein Pascal gelesen und an seinem

---

530 *Blaise Pascal*, Pensées, Fragment 793: « Un moindre mouvement de charité ».
531 *Eugen Biser*, Hat der Glaube eine Zukunft?, 3. Auflage 1997, S. 25: „hellsichtige Ausleuchtung der conditio humana".
532 *Georg Henrik von Wright*, Wittgenstein, 1990, S. 44.
533 Siehe aber *Philibert Secretan*, Pascal – Wittgenstein – Ein Vergleich, in: Glaube und Vernunft – Theologie und Philosophie. Aspekte ihrer Wechselwirkung in Geschichte und Gegenwart (Hg. Mariano Delgado), 2003, S. 135.
534 *William Wood*, Blaise Pascal on Duplicity, Sin, and the Fall: The Secret Instinct, 2013, S. 216f.
535 *Kai Buchholz*, Ludwig Wittgenstein, 2006, S. 16: „Bücher wie der *Tractatus logico-philosophicus* und die *Philosophischen Untersuchungen* sind – ähnlich den *Pensées* von Blaise Pascal – Zusammenfassungen aus solchen Notizen".
536 *Chris Lawn*, Wittgenstein and Gadamer Towards a Post-Analytic Philosophy of Language, 2004, S. 134: "There are remarkable parallels between Wittgenstein and Pascal. There is the move away from a general commitment to the rational-deductive method to suspicion of its aims, resulting in the adoption of a more personal, spiritual, even confessional wrestling with faith, certainty and scepticism".

berühmten Wort über das denkende Schilfrohr[537] – « L'homme n'est qu'un roseau, le plus faible de la nature; mais c'est un roseau pensant »[538] – Anstoß genommen, weil es zu sehr an Descartes res cogitans erinnere.[539] Wittgenstein wäre damit noch strenger gegenüber dem cartesischen Rationalismus verfahren als Pascal, wovon im nächsten Abschnitt noch ausführlich die Rede sein wird. Auch ein anderer Aspekt drängt sich auf, wiewohl er nicht unproblematisch ist. Gedacht ist an den vielzitierten Topos, dass Wittgenstein zugleich Logiker und Mystiker gewesen sei,[540] was auch auf Pascal zuzutreffen scheint.[541] Sei dem, wie ihm wolle: Man sollte in Pascals Verstummen am Ende seines Lebens nicht zu viel hineindeuten; allein sein schlechter Gesundheitszustand wäre schon Erklärung genug.

2. Pascals Bestätigung einer Ordnungslehre

Auch wenn dies also letztlich nicht erweislich ist, dürfte Pascal jedoch klar gewesen sein, dass seine Lehre von den drei Ordnungen auch für sein Werk galt: Die geringste Regung der Nächstenliebe ist sub specie aeternitatis höherwertig als seine gesamten Pensées. Umgekehrt bedeutet dies, dass jede kränkende oder verletzende Äußerung in seinen Lettres Provinciales nicht nur eines honnête homme unwürdig sei, sondern ihn in demselben Maße, wie er in der Ordnung des Geistes brillierte, von der Ordnung der charité entfernte. Unwillkürlich bestätigte er damit die eigene Lehre von den drei Ordnungen, weil ihm nur zu bewusst sein musste, dass auch dort, wo es vermeintlich allein um die theologische Wahrheit ging, nur die Ordnung des – sei es auch in seinem Falle noch so brillanten – Geistes berührt ist, der aber eine höhere gegenübersteht, deren Gebot dahin gehen kann, in der konkreten Auseinandersetzung Schonung zu gewähren, nicht alle Trümpfe auszuspielen und den Gegner nicht unwillkürlich zu erniedrigen.[542] Man darf auch bei Pascals theologischen Gedanken nie vergessen, dass er zugleich Wegbereiter

---

537 Zu ihm *Karlheinz Stierle*, Die Modernität der französischen Klassik. Negative Anthropologie und funktionaler Stil, in: Französische Klassik (Hg. Fritz Nies/Ders.), 1985, S. 81, 86.

538 *Blaise Pascal*, Pensées, Fragment 347.

539 *Fergus Kerr*, La théologie après Wittgenstein, 1991, S. 256.

540 *Leo Adler*, Ludwig Wittgenstein. Eine existenzielle Deutung, 1976, S. 65.

541 *Georg Henrik von Wright*, Wittgenstein, 1990, S. 44.

542 *Romano Guardini*, Christliches Bewußtsein: Versuche über Pascal, 1935, 4. Auflage 1991, S. 194, erinnert in anderem Zusammenhang an eine sehr aufschlussreiche Polemik gegen einen theologischen Abweichler namens Saint-Ange, den der zwanzigjährige Pascal, unterstützt durch zwei noch Jüngere, nicht nur widerlegte, sondern auch bei den kirchlichen Behörden denunzierte und so zum Widerruf zwang. Pascal dürfte also durchaus die reale Gefahr gesehen haben, dass er ohne die ständige Einübung in die dritte Ordnung als liebloser Fanatiker hätte enden können.

der französischen Moralistik war[543] und als solcher nur zu gut wusste, dass der forcierte Wille zur Gerechtigkeit über die unvermeidliche Selbstgerechtigkeit zur Ungerechtigkeit führt.[544]

X. Rechtsphilosophie aus dem Geist von Port-Royal?

Schließlich muss noch eine religionsphilosophische Verbindungslinie zu Pascals politischem Denken verfolgt werden, die Port Royal betrifft.[545] Port Royal des Champs ist eine 1204 gegründete Zisterzienserabtei, die zum religiösen Zentrum im Streit um den Jansenismus wurde. Pascals Schwester Jacqueline tritt – zunächst gegen den Widerstand des Vaters, dann den ihres Bruders – dem Orden bei; die wirtschaftlichen Begleitumstände werfen kein günstiges Licht auf Pascal; so grundsätzlich und vielschichtig die im Port-Royal diskutierten Fragen waren, so unvereinbar sich die Gegensätze zwischen Jansenisten und Jesuiten auftaten, so kann doch wenig übersehen werden, dass dies interreligiöse Kontroversen waren, die allerdings mittelbar immer auch in die Sphären von Recht und Politik hinüberwirkten,[546] zumal da bestimmte Fragen durchaus auch das Verhältnis von Macht und Recht berührten.[547]

---

543 *Fritz Schalk*, Französische Moralisten, 1949, Einleitung S. XVIII.

544 Dieser Gedanke wird später auch für Nietzsche prägend; siehe *Jens Petersen*, Nietzsches Genialität der Gerechtigkeit, 2. Auflage 2015, passim.

545 Näher *Romano Guardini*, Christliches Bewußtsein: Versuche über Pascal, 1935, 4. Auflage 1991, S. 196.

546 Bedenkenswert *Emil Lerch*, Pascals „Gedanken" über Recht und Gerechtigkeit, Zeitschrift für schweizerisches Recht, Schweizerischer Juristenverein 61 (1942), 339, 364: „Glaubte er inmitten einer sich geschmeidig verfliessenden Anpassung des christlichen Glaubens in einer von einem neuen Weltgefühl durchfluteten Zeit die Aufgabe zu besitzen, den supranaturalen Kern der Religion intakt und feurig zu erhalten (...), so entglitt ihm dabei, wie es nicht anders möglich war, ein Teil der Welt, dessen sich die Jesuiten – zu ihrem Lobe sei es gesagt – mit vorausschauender Klugheit auf der ganzen Linie annahmen. In diesen Teil der verlorenen Welt gehört auch *das Politische, das* – wie Pascal Beweis genug ist – *seinen eigenen Gesetzen überlassen bleibt.* Ja es scheint sogar, dass die jansenistischen wie die calvinistischen Theologen mit ihrem besonderen Begriff der Vorsehung Gottes das spezifisch kausale Denken mit in die Wege leiteten. Pascal hat denn auch den Mechanismus der sozialen Funktionen unter dieser Kategorie analysiert, mag er seinerzeit auch – und mit Recht – in der ‚Préface sur un traité du vide' *die Jurisprudenz als reine Autoritätenwissenschaft* charakterisieren", Hervorhebungen nur hier.

547 *Wilhelm Schmidt-Biggemann*, Blaise Pascal, 1999, S. 74 fasst die grelle Überzeichnung der Briefe 7 und 8 prägnant zusammen: „Die Stellung der Jesuiten zur Gewalt und zum weltlichen Recht ist das nächste Thema: Unter der Vorstellung, die Absicht sei der Maßstab einer guten und bösen Tat, versteckte sich anscheinend die Erlaubnis zu Bestechung und Diebstahl, Racheakten, Duellen, Zeugen- und Richtermord, zu Raubmord und Gewalt um des Geldes willen, natürlich zum

1. Auerbachs „politische Theorie" Pascals

Das ist vor allem von Erich Auerbach näher ausgearbeitet worden. Demnach hat sich die Theologie von Port-Royal von der Niedrigkeit des Menschen auch auf Pascals Gedanken über das Recht ausgewirkt.[548] Diese Auffassung argumentiert zunächst entstehungsgeschichtlich, weil die Gedanken über das Recht in die Zeit seiner Nähe zum Port-Royal fielen und die dortige Theologie auf das Recht bezögen: „Das Unrecht dieser Welt ist also die eigentliche Gerechtigkeit Gottes, die wir freudig zu erdulden haben; wo Gott zulässt, dass wahres Recht siegt, handelt er nicht aus Gerechtigkeit (iustitia), sondern aus Barmherzigkeit (misericordia)".[549]

Die politische Theorie besteht nach dieser tiefgründigen Ansicht darin, dass aus der misanthropen Natur Pascals „seine Entlarvung des bestehenden Rechts als eines bloß gesetzten und bösen" resultiere und „seine Anerkennung dieses bösen Rechts als des einzigen zu Recht bestehenden" bewirke.[550] Die niedrige Menschennatur könne logischerweise nur ein niedriges Recht generieren. Von Menschen gesetztes Recht führe erfahrungsgemäß zu niederträchtiger Politik: „Weder Vernunft noch Gerechtigkeit herrschen, sondern Zufall und Gewalt."[551]

2. Bedenken kraft der Existenz der Ordnung des Geistes

Bedenklich an dieser Theorie stimmt, wie skeptisch Auerbach die zweite Ordnung des Geistes sieht und wie wenig er sie buchstäblich einordnen kann: „Im Rahmen seiner politischen Gedanken stellt das Reich des irdischen Geistes vollends eine Verlegenheit dar." Aber diese sich Auerbachs politischer Theorie Pascals widersetzende Ordnung des Geistes könnte ebenso gut den Gedanken nahelegen, dass Auerbach Pascals politisches und rechtliches Denken vor dem Hintergrund der augustinischen Theologie in Port-Royal insgesamt zu pessimistisch beurteilt. Wenn man die an mehreren Stellen des Ge-

---

Mord der Jesuiten an den Jansenisten. Manchmal ist nicht ganz deutlich, ob die Polemik noch glaubwürdig erscheinen soll oder ob die grotesken Konsequenzen, die Pascal aus den angeführten Zitaten zieht, nicht den eigentlichen Reiz der Polemik ausmachten".

548 *Erich Auerbach*, Über Pascals politische Theorie, in: Vier Untersuchungen zur Geschichte der französischen Bildung, 1951, S. 51, 55, der diese Auffassung begründet hat, nennt es „eine zweite Schicht von Gedanken".

549 *Erich Auerbach*, ebenda, S. 56.

550 *Erich Auerbach*, ebenda, S. 57.

551 *Erich Auerbach*, ebenda, S. 59.

samtwerks in unterschiedlicher Ausprägung begegnende Ordnung des Geistes für einen Fremdkörper hält, dann ist das so erklärungsbedürftig, dass man wohl auch die übrigen Basisannahmen seiner – Auerbachs – Theorie in Frage stellen muss.[552]

552 Weiterführend, insbesondere im Hinblick auf den gegenläufigen rational-juristischen Standpunkt, die zeitgeschichtliche Einordnung von *Mark Lilla*, Der totgeglaubte Gott. Politik im Machtfeld der Religion, 2013, S. 63: „Aus der Rückschau gesehen haben die rationalistischen und proto-existenzialistischen Bestrebungen im Denken des 17. Jahrhunderts den grundlegenden Widerspruch innerhalb der christlichen Offenbarung noch verschärft. Der Widerspruch zwischen einem immanenten Gott, der sich in seinen Werken zeigt, und einem fast vollständig abwesenden, der ‚aus den unendlichen Räumen' Pascals heraus direkt mit der Seele in Verbindung tritt. Es gelang ihnen jedenfalls nicht, diesen Widerspruch aufzulösen. Aber sie machten jeweils auf ihre Art ihren Frieden mit den Erkenntnissen der modernen Naturwissenschaft. Das jedenfalls war ein Novum. Die Rationaltheologen fanden darüber hinaus einen Weg, rationale politische Gesetze und Institutionen als *imitatio* einer rationalen göttlichen Schöpfung zu fassen. Doch Blaise Pascal ließ keinen Zweifel daran, dass das Christentum immer noch weg vom öffentlichen Leben und hinein in die innere Frömmigkeit der Seele strebe. Was der heilige Paulus und der Kirchenvater Augustinus gelehrt hatten, fand in Pascal seinen modernen Widerhall".

§ 5 Die Überwindung des cartesischen Dualismus

I. Gottesbeweis versus Wette auf die göttliche Gerechtigkeit

Der eigentliche geistige Gegner stand aus Pascals Sicht anderswo, nämlich in den Reihen der Rationalisten.[553] Als deren größter ist zu seinen Lebzeiten kein anderer als Descartes zu nennen.[554] Auch wenn Pascals Verhältnis zu Descartes vielschichtig[555] und auch von seiten des Älteren nicht frei von Eifersucht auf Pascals mathematische Genialität war,[556] konnte jeder Versuch einer Verteidigung des Christentums nur wirksam erfolgen, wenn sie nicht nur naturwissenschaftlich, sondern auch philosophisch auf der Höhe der Zeit war.[557]

1. Descartes Bedeutung für Pascal

Als Pascals älterer Zeitgenosse ragte René Descartes einsam hervor.[558] Sein bohrender Zweifel im Anschluss an Montaigne hat die philosophische Sicht forthin bestimmt.[559] Aus der Gewissheit des eigenen Denkens und dem Zweifel[560] über alles andere – einschließlich Gott[561] –, das Täuschung sein könnte, folgte die unüberbrückbare Trennung in res cogitans und res extensa.

---

553 *Régis Jolivet*, L'anticartésianisme de Pascal, Archive de Philosophie I (1923), III, 54.

554 *Lothar Schäfer*, Pascal und Descartes als methodologische Antipoden, Philosophisches Jahrbuch 81 (1974), 314; *Henri Petit*, Images. Descartes et Pascal, 5. Auflage 1930; *Ferdinand Brunetière*, Études critiques sur l'histoire de la littérature française, 4. Série, 1880 – 1907, S. 144 ff.

555 *Blaise Pascal*, Pensées, Fragment 52.

556 *Ewald Wasmuth*, Die Philosophie Pascals unter besonderer Berücksichtigung seiner Lehren von dem Unendlichen und dem Nichts und den Ordnungen, 1949, S. 16.

557 Nicht von ungefähr hat *Georg Wilhelm Friedrich Hegel* in seinen Vorlesungen zur Geschichte der Philosophie (in: Sämtliche Werke, Jubiläumsausgabe, Band 19 (Hg. Hermann Glockner), 1928, S. 99) bei Descartes angekommen, geschrieben, er könne nun „wie der Schiffer (...) ‚Land' rufen".

558 Nicht umsonst weist ihn seine Grabinschrift in St. Germain des Près als „reconditor doctrinae", also Wiederbegründer der Wissenschaft aus.

559 *Léon Brunschvicg*, Descartes et Pascal, lecteurs de Montaigne, 2. Auflage 1945.

560 Der Zweifel hat nach *Eberhard Jüngel*, Gott als Geheimnis der Welt, 5. Auflage 1986, S. 148 bei Descartes die Funktion eines hermeneutischen Prinzips; zur Motivation Descartes für den Zweifelsversuch näher *Hans Blumenberg*, Die Legitimität der Neuzeit, 1966, S. 121.

561 Zumindest fingiert Descartes die Möglichkeit, dass Gott ein Betrüger sein könnte: „examinare debeo an sit Deus, et si sit, an possit esse deceptor; hac enim re ignorata, non videor de ulla alia plane certus esse unquam posse". (Meditationes de prima philosophia, 1641, III 4; sowie bereits aaO., I 12).

a) Cartesischer Dualismus

Dieser cartesische Dualismus bildet sich in den beiden ersten Ordnungen ab.[562] Die Körper und ihre Ausdehnung entsprechend der res extensa, die Ordnung des Geistes entsprechend der res cogitans. Gemeinsam ist bis hierhin Pascals und Descartes Konzeption, dass beide Ordnungen unübersteigbar voneinander getrennt sind. Den Dualismus Descartes' hat Pascal aber bereits in eine Höherwertigkeit der zweiten Ordnung des Geistes umformuliert. Mit dem Postulat einer dritten Ordnung, der aus cartesischem Denken unbegreiflichen, weil irrationalen und inkommensurablen Entität der christlichen Liebe, distanziert sich Pascal nicht nur von Descartes, sondern er bringt eine völlig neue Dimension ein, von der her alles andere bestimmend gesehen werden muss.[563]

Mit alledem ist aber noch nicht die Frage beantwortet, warum gerade Descartes zum Skandalon für Pascal geworden sein sollte, zumal da auch er, ob er es wollte und sich eingestand oder nicht, auf den Schultern des Riesen Descartes stand, mit dessen Philosophie er wohl schon vergleichsweise früh in Berührung gekommen sein dürfte.[564] Welche Textstelle in Pascals Werk gibt der Vermutung Nahrung, dass just Descartes Stein des Anstoßes ist? Hier kommen vor allem vier Fragmente in Betracht, die daher zunächst erörtert werden sollen. Im Hintergrund steht aber das, was Guardini als die „Kampfansage gegen die cartesische Gottesvorstellung" bezeichnet hat.[565]

---

562 Siehe zur späteren Entwicklung auch *Gerhard Ebeling*, Gewißheit und Zweifel, Die Situation des Glaubens im Zeitalter nach Luther und Descartes, Wort und Glaube II. Beiträge zur Fundamentaltheologie und zur Lehre von Gott, 1969, S. 138 – 183.

563 Treffend der Parallelismus in der Entgegensetzung beider Denker im Hinblick auf das jeweilige Ordnungsverständnis von *Karlheinz Stierle*, Pascals Reflexionen über den ‚ordre' der *Pensées*, Poetica 4 (1971), 167, 195: „Hatte Descartes nur einen ordre für die Erkundung alles Wissbaren, hatte Pascals Gegenschrift diesen rigoros auf den Bereich der Geometrie beschränkt (...)".

564 Siehe etwa das Bekenntnis von *Ewald Wasmuth*, Die Philosophie Pascals unter besonderer Berücksichtigung seiner Lehren von dem Unendlichen und dem Nichts und den Ordnungen, 1949, S. 35: „Doch obgleich ich die Grundsätze der Pascalschen Philosophie so verschieden von jener Descartes' empfinde, dass ich meine, dass Pascal das Denken unserer Zeit aus dem Banne der Nachfolge Descartes' zu befreien vermöge, so ist doch ebenso sicher, dass wir in den Pensées genug Sätzen begegnen, die ohne Descartes nicht denkbar sind".

565 *Romano Guardini*, Christliches Bewußtsein: Versuche über Pascal, 1935, 4. Auflage 1991, S. 44 Fußnote 18.

b) Stellenwert Gottes in Religion und Recht

Das zuletzt Bedachte mündet in die Behandlung des cartesischen Gottesbeweises. Erst von daher kann die Kritik Pascals verstanden werden. Dann erscheint die bewusst beweislose Postulierung einer Ordnung der Liebe als noch viel größeres Skandalon im Sinne der Apologie. Die unmittelbaren und verbrieften Äußerungen Pascals über Descartes sind rar. Umso ernster müssen diejenigen Gedanken genommen werden, die ihn direkt ins Visier nehmen. Allerdings gehören gerade diese Fragmente zu den eingangs angesprochenen stichwortartigen Äußerungen, die nur wenig erahnen lassen, außer dem Umstand, dass sie wahrscheinlich zu denjenigen gehören, die einer späteren Ausarbeitung vorbehalten waren.

Rechtsphilosophisch aufschlussreich ist in diesem Zusammenhang die folgende Briefstelle von Descartes an Prinzessin Elisabeth von der Pfalz vom September 1646: „Denn die Gerechtigkeit unter den Herrschern hat andere Grenzen als unter den Privatleuten, und es scheint, dass Gott bei diesen Gelegenheiten denen das Recht gibt, denen er die Macht verleiht. Die gerechtesten Handlungen aber werden zu ungerechten, wenn diejenigen, die sie begehen, sie für solche halten.“[566] Auch Descartes hat sich also brieflich – ebenso wie Pascal an die Königin von Schweden – seinerseits mit rechtsphilosophischen Analogien an Prinzessin Elisabeth von der Pfalz gewandt. Doch ist insbesondere der Stellenwert Gottes in den jeweiligen Auszügen bzw. Fragmenten ein denkbar unterschiedlicher. Die Unterschiede wurzeln also nicht nur in erkenntnistheoretischen und methodologischen,[567] sondern auch in theologischen Weichenstellungen.[568]

---

566 *René Descartes*, Briefe (1629–1650), (Übersetzung Fritz Baumgart; Hg. Max Bense), 1949, S. 347. Zu dem zuerst zitierten Satz zutreffend *Paolo Prodi*, Eine Geschichte der Gerechtigkeit. Vom Recht Gottes zum modernen Rechtsstaat, 2. Auflage 2005, S. 289, wonach „dieser Satz die Anstrengungen der Juristen und politischen Denker in den nachfolgenden Jahrzehnten zusammenfasst: Es geht darum, die Prinzipien des Rechts in das Machtsystem des souveränen Staats einzufügen. Von hier stammt auch die Reflexion über die Notwendigkeit der ‚Ruhe‘ und des öffentlichen ‚Friedens‘ (...)“. – Davon abgesehen, zeigt die Briefstelle, dass Descartes und Pascal im Hinblick auf das Zusammenspiel von Recht und Macht weniger weit auseinander waren, als man angesichts der nachfolgend zitierten Stellen im Text meinen könnte.

567 *Lothar Schäfer*, Pascal und Descartes als methodologische Antipoden, Philosophisches Jahrbuch 81 (1974), 314, 323, spricht einprägsam von einer „an der Forschungspraxis orientierte (n) Gegenmethodologie zur cartesischen“.

568 Zur erkenntnistheoretischen Divergenz *William Walter Goodhue*, Pascal's Theory of Knowledge: A Reaction to the Analytical Method of Descartes, The Modern Schoolman XLVII (1969/70), 15.

2. Die Descartes betreffenden Gedanken

Descartes kommt in vier aufeinander folgenden Fragmenten (76 bis 79) vor, die angesichts ihrer Kürze und Bedeutsamkeit hier wörtlich wiedergegeben werden: Das Fragment 76 lautet lapidar: « Écrire contre ceux qui approfondissent trop les sciences Descartes ». Es dürfte sich um nicht mehr als einen Merkposten handeln: gegen diejenigen schreiben, welche dem rationalistischen Konstruktivismus zuneigen, für den Descartes steht. Gewiss darf man das Verhältnis Pascals zu Descartes nicht im Sinne einer schematischen Ablehnung vereinfachen, doch sprechen die Descartes betreffenden Gedanken eine vergleichsweise deutliche Sprache.[569]

a) « Je ne puis pardonner à Descartes »

Noch deutlicher und viel subjektiver beginnt das folgende Fragment 77: « Je ne puis pardonner à Descartes ; il aurait bien voulu, dans toute sa philosophie, se pouvoir passer de Dieu ; mais il n'a pu s'empêcher de lui faire donner une chiquenaude, pour mettre le monde en mouvement ; après cela, il n'a plus que faire de Dieu ».[570] Dieses Wort ist besonders aufschlussreich für den vorliegenden Zusammenhang. Denn hier bekennt Pascal auf eine erkennbar in (un)christlichen Kategorien sprechende Weise, Descartes nicht verzeihen zu können. Das wäre wohl in der geplanten Apologie nicht minder vehement vorgetragen worden.[571] Betrachten wir zunächst das, was er Descartes nicht verzeihen konnte: Ihm wäre es am liebsten gewesen, schreibt Pascal über Descartes sinngemäß, Gott in seinem

569 Anders in der Akzentsetzung *Eduard Zwierlein*, Blaise Pascal zur Einführung, 1996, S. 33 f.: „Dort, wo er sich explizit auf Descartes bezieht (...), schreibt er kritisch-ablehnend über die philosophische Position Descartes'. Aber auch hier sollte man nicht vorschnell vermuten, Pascal sei Anticartesianer. Denn er definiert seine philosophisch-wissenschaftliche Leistung keineswegs dadurch, dass er sie kontinuierlich oder im Großen und Ganzen zu den Eckpunkten des Cartesianischen Systems in Beziehung setzt. (...) So kann Pascal bei Cartesianischen Gedanken einsetzen und anknüpfen, ohne das, was er denkt, als Gegenentwurf zu dem zu entfalten, was er bei Descartes findet". Bezüglich der Lehre von den drei Ordnungen ist aber gerade dies der Fall.
570 *Blaise Pascal*, Pensées, Fragment 77.
571 In diese Richtung weist auch ein zeitgenössischer Bericht, abgedruckt bei *Léon Brunschvicg*, in: Pascal, Pensées et Opuscules, 1897, S. 361, Fußnote 1: « M. Pascal », dit Marguerite Périer, « parlait peu de sciences; cependant, quand l'occasion s'en présentait, il disait son sentiment sur les choses dont on lui parlait. Par exemple, sur la philosophie de M. Descartes, il disait assez ce qu'il pensait. Il était de son sentiment sur l'automate, et n'était point sur la matière subtile, dont il se moquait fort. Mais il ne pouvait souffrir sa manière d'expliquer la formation de toutes choses, et il disait très souvent : Je ne puis pas, etc. ».

philosophischen Denken vollends außer Betracht zu lassen, wenn er ihn nicht – lediglich – für einen ersten Impulsgeber des Weltenlaufs benötigt. Es ist also die auf eine Initiationshandlung begrenzte Instrumentalisierung Gottes, die Pascal empört.[572] Wir werden noch sehen, inwieweit Descartes Gott konstruktiv benötigt; nämlich nur, um eine Verbindung von der res cogitans zur res extensa zu begründen.

b) « Descartes inutile et incertain »

Dieses kurze Fragment 77 enthält im Kern also schon den zentralen Vorwurf Pascals, den er Descartes gegenüber erhoben hat, und den er – daran besteht angesichts der schneidig vorgebrachten Polemik in den Lettres à un Provincial kein Zweifel – mit äußerster Schärfe ausgearbeitet hätte. Darauf deutet im Übrigen auch das nachfolgende Fragment 78 hin, das sich in den Wortfetzen: « Descartes inutile et incertain » erschöpft.[573] Diese werden im darauf folgenden Fragment 79 aufgenommen und durch das nicht weniger schmeichelhafte « pénible » ergänzt.[574] Für ungewiss hält er sie, weil sie auf a priori statuierten Prinzipien aufbaut, die nach Pascal nicht mehr als Hypothesen sind.[575] Der Anstoß, den Pascal nimmt, gilt – wie Brunschvicg[576] zutreffend gesagt hat[577] – nicht dem Wissenschaftler Descartes, sondern dem Philosophen, dessen Philosophie Pascal für nicht einmal einer Stunde der Beschäftigung würdig erachtet.[578] Enigmatisch ist zudem das Fragment 59, das zu dem Descartes ablehnenden Fragment in Beziehung steht, wie ebenfalls Brunschvicg herausgearbeitet hat:[579]

---

572 Prägnant *Karlheinz Stierle*, Pascals Reflexionen über den ‚ordre' der *Pensées*, Poetica 4 (1971),167, 192: „Descartes' deus benignus ist eine bloße Hilfskonstruktion".

573 Dazu *Henri Petit*, Descartes et Pascal, 1930, S. 210: « Descartes n'est inutile que pour l'homme qui ne se satisferait de rien d'incomplet ». Siehe zu dieser Stelle auch ebenda, S. 166 f.

574 *Blaise Pascal*, Pensées, Fragment 79: « *Descartes*. – Il faut dire en gros : ‹ Cela se fait par figure et mouvement ›, car cela est vrai. Mais de dire quels, et composer la maschine, cela est ridicule. Car cela est inutile, et incertain et pénible ».

575 *Léon Brunschvicg*, in : Pascal, Pensées et Opuscules, 1897, S. 361 Anm. 2, der zu dem Ergebnis kommt : « Le Pascal cartésien (...) est une légende ».

576 *Léon Brunschvicg* ist im Übrigen ausweislich seines Buches Descartes et Pascale, lecteurs de Montaigne, 2. Auflage 1945, einer der profundesten Kenner des Verhältnisses beider Denker zueinander. Er war übrigens am Lycée Condorcet Mitschüler von Marcel Proust, worauf dieser durchaus stolz war; vgl. *Céleste Albaret*, Monsieur Proust (aufgezeichnet von Georges Belmont), 1974, S. 147.

577 *Léon Brunschvicg*, in: Pascal, Pensées et Opuscules, 1897, S. 361 Fußnote 2.

578 Vgl. *Blaise Pascal*, Pensées, Fragment 79: « Et quand cela serait vrai, nous n'estimons pas que toute la philosophie vaille une heure de peine ».

579 *Léon Brunschvicg*, in: Pascal, Pensées et Opuscules, 1897, S. 339 f. Fußnote 3.

« Nul ne dit cartésien que ceux qui ne le sont pas ; pendant, qu'un pédant ; provincial, qu'un provincial, et je gagerais que c'est l'imprimeur qui l'a mis au titre des Lettres au Provincial ».[580]

3. „Gott der Philosophen"

Wir müssen in diesem Zusammenhang noch einmal auf das Mémorial zurückkommen. Darin hebt Pascal den Gott Abraham, Isaaks und Jakobs hervor und betont: nicht der Gott der Philosophen. Damit wurde im Ringen der Theologie und Philosophie um den Gottesbegriff eine negative Festlegung getroffen, welche die Geistesgeschichte forthin maßgeblich bestimmte.[581] Nicht zuletzt Søren Kierkegaard hat sich dabei auf die Seite Pascals geschlagen. Bis heute kreist die theologische und philosophische Diskussion um diese Frage.[582] In diesem Rahmen kann und soll nicht beantwortet werden, ob diese Unterscheidung noch angezeigt ist.[583] Für den vorliegenden Zusammenhang ist wichtiger, auf wen genau die Abkehr vom Gott der Philosophen gemünzt ist. Zunächst helfen uns hier einige Fragmente, welche auf die Philosophen im Allgemeinen ausgerichtet sind.[584] Ihnen hält er ein Wort des Johannes-Evangelisten (Joh 14,6) entgegen.[585]

Das klingt, als habe es keinerlei denkbaren Bezug zur Rechtsphilosophie Pascals. Doch hat schon Emil Lerch beides – durchaus im Sinne der hier vertretenen Tendenz – sinnvoll und widerspruchsfrei zusammengeführt, wenn er feststellt: „Das Denken in Gegensätzen usque ad extremum in Kombination mit einer unüberprüfbaren Hierarchie der Ordnung bildet seinen fundamentalen Denkstil, der die Pensées wie durch ein Fegefeuer hindurch auf die Wahrheit des einen Christus – ego sum veritas – hinführt. Das Recht ist also nicht das, wofür es das

---

580 *Blaise Pascal*, Pensées, Fragment 52.

581 *Klaus Harms*, Vor Gott ohne Gott. Freiheit, Verantwortung und Widerstand im Kontext der Religionskritik bei Dietrich Bonhoeffer und Jean Paul Sartre. Ein Beitrag zur politischen Ethik, 2008, S. 30.

582 Siehe etwa *Walter Kasper*, Abschied vom Gott der Philosophen, EvKomm 10, 1977, S. 622.

583 Dezidiert *Eberhard Jüngel*, Gott als Geheimnis der Welt, 5. Auflage 1986, S. 270: „Die Verabschiedung dieser Alternative ist an der Zeit".

584 *Blaise Pascal*, Pensées, Fragment 464: « *Philosophes*. – (...) Et ainsi les philosophes ont beau dire: ‹ Rentrez en vous-mêmes, vous y trouverez votre bien; › on ne les croit pas, et ceux qui les croient sont les plus vides et les plus sots ».

585 *Blaise Pascal*, Pensées, Fragment 466 gegen Epiktet; Pascal hat im Übrigen vor 1654 einen « Entretien avec M. de Saci sur Epictète et Montaigne » verfasst; dazu *Jens Petersen*, Montaignes Erschließung der Grundlagen des Rechts, 2014, in der Einleitung.

Volk hält, ist nicht gerechtes Recht. Die Gebildeten dagegen wissen, dass das Recht nur positives Recht sein kann, obwohl die Positivität auf Geschichte, Zufall und Willkür beruht."[586] Die etwas unvermittelt wirkende Folgerung dieses Gedankens stellt ihrerseits ein Paradoxon dar: Warum soll und wie kann Pascals Christozentrik ausgerechnet zum Zufallsprodukt des positiven Rechts und nicht zu einem dem Menschen von Gott eingestifteten Naturrecht führen?

4. Rechtsordnung als Friedensordnung

Und doch lässt sich dieses Paradoxon im Sinne des Pascalschen Welt- und Gottesbildes sinnvoll auflösen: « Il y a sans doute des lois naturelles; mais cette belle raison corrompue a tout corrompu ».[587] Das positive Recht ist ungeachtet seiner Kontingenz immer noch besser als ein vorgebliches Naturrecht,[588] das in Wahrheit durch die kritische Vernunft kontaminiert und dadurch verdorben ist.

a) Das Proprium der Gerechtigkeit

Das positive Recht dagegen wird aus Pascals durchaus überheblicher Sicht wenigstens vom einfachen Volk für bare Münze gehalten. Ja, er geht sogar so weit, die Gefahr zu beschwören, welche es birgt, wenn man dem gutgläubigen Volk sagt, dass die Gesetze ungerecht seien:[589] « Il est dangereux de dire au peuple, que les

---

586 *Emil Lerch*, Pascals „Gedanken" über Recht und Gerechtigkeit, Zeitschrift für schweizerisches Recht, Schweizerischer Juristenverein 61 (1942), 339, 353.

587 *Blaise Pascal*, Pensées, Fragment 294. Hierzu bereits eingehend oben § 1.

588 Eindrücklich *Emil Lerch*, Pascals „Gedanken" über Recht und Gerechtigkeit, Zeitschrift für schweizerisches Recht, Schweizerischer Juristenverein 61 (1942), 339, 351: „Kein Zweifel also, dass es im Grunde kein ‚wahres' Recht, kein moralisch determiniertes Naturrecht, sondern nur ein positives, gesetztes Recht gibt, das freilich (...) im gedanklichen Gefüge Pascals seinen genauen, wenn auch unserer menschlichen Einsicht nicht genau bekannten Platz in der Ordnung der Provenienz und Güte Gottes einnimmt. Das würde Pascal sub poena excommunicationis allen modernen, gewissermaßen obdachlosen Positivisten mit vollem Recht einzuschärfen suchen".

589 Wichtig im Hinblick auf die Ordnungsvorstellung Pascals einerseits und die immanente Rastlosigkeit nach dessen Einsicht in die conditio humana andererseits *Karlheinz Stierle*, Pascals Reflexionen über den ‚ordre' der *Pensées*, Poetica 4 (1971), 167, 190: „Nur die naive Einsicht des Volks sieht von dem Gesichtspunkt ab, unter dem sie gewonnen wurde und setzt sich absolut. Ist aber einmal die perspektivische Bedingtheit durchschaut, dann kommt die Einsicht nicht mehr zur Ruhe. Sie oszilliert im Blickfeld einer unendlichen Vielfalt von Gesichtspunkten. Man muss Pascals Überlegungen zum ordre unter dieser Voraussetzung betrachten, wenn man ein adäquates Verständnis für sie gewinnen will".

lois ne sont pas justes, car il n'y obéit qu'à cause qu'il les croit justes ».[590] Daher müsse man dem Volk zugleich sagen, dass es den Gesetzen zu gehorchen habe, eben weil es Gesetze seien, so wie man Höhergestellten zu gehorchen habe: « C'est pourquoi il lui faut dire en même temps qu'il y faut obéir parce qu'elles sont lois, comme il faut obéir aux supérieurs, non parce qu'ils sont justes, mais parce qu'ils sont supérieurs ».[591] Die Geringschätzung der Intelligenz des Volkes ist mit Händen zu greifen und wird durch einen anderen Gedanken bestätigt, in dem die vorgebliche Dummheit des Volkes in erstaunlicher Freimütigkeit zum Ausdruck kommt, weil maßgeblich darauf – und weniger auf der Vernunft oder dem Recht[592] – die Macht der Könige beruhe: « La puissance des rois est fondée sur la raison et sur la folie du peuple, et bien plus sur la folie ».[593]

Dieser aus heutiger Sicht befremdliche Gehorsamsglaube, der durchaus auch eine theologische Konnotation aufweist,[594] nach Maßgabe derer man Ordensoberen zu gehorchen habe, ist für Pascal im Sinne der Gerechtigkeit bzw. der Vermeidung von Ungerechtigkeit unabweislich: « Par là, voilà toute sédition prévenue si on peut faire entendre cela et (ce) que (c'est) proprement que la définition de la justice ».[595] Diese eigentümliche Gerechtigkeitsdefinition Pascals trägt auffallend theologische Züge und vermittelt in seinem Welt- und Gottesbild zwischen den drei Ordnungen.

b) Ablehnung rationaler Gesetzeszwecke

Aber auch wer tiefer blickt als das von Pascal geringgeschätzte Volk (peuple), tut gut daran, die Gesetze nicht auf ihren Sinn zurückzuführen oder ihnen gar deswegen zu gehorchen, weil sie etwa gerecht wären. Denn das führt Pascal zufolge in die Irre, weil die Gesetze als solche trügerisch und unzulänglich sind. Wer ihnen um ihrer vermeintlichen Gerechtigkeit willen folgt, gehorcht letztlich nur seiner eigenen unzulänglichen Vorstellung von der Gerechtigkeit: « Rien n'est si fautif que ces lois qui redressent les fautes; qui leur obéit parce qu'elles sont justes, obéit

---

590 *Blaise Pascal*, Pensées, Fragment 326.

591 *Blaise Pascal*, Pensées, Fragment 326.

592 Zur Doppeldeutigkeit des Begriffs ‚raison' in ähnlichem, zeitgenössischen Zusammenhang *Jens Petersen*, Recht und Macht in den Fabeln La Fontaines, Festschrift für Otmar Seul, 2014, S. 384.

593 *Blaise Pascal*, Pensées, Fragment 330.

594 In zeitgemäßer theologischer Übertragung würde dem wohl die von *Eugen Biser*, Hat der Glaube eine Zukunft?, 3. Auflage 1997, und öfter postulierte Abwendung von einem Gehorsamsglauben und Hinwendung zu einem Verstehensglauben entsprechen.

595 *Blaise Pascal*, Pensées, Fragment 326; Zusätze von *Léon Brunschvicg*.

à la justice, qu'il imagine, mais non pas à l'essence de la loi ».[596] Erneut ist also für Pascal die sezierende Vernunft der Gebildeten das Problem: Sie gebiert eingebildete Gesetzeszwecke, formuliert Ausnahmen, erodiert die Kraft der Gesetze und schafft letztlich Raum für Uneinigkeit und Zwietracht. Wer die Gesetze dagegen ohne Weiteres befolgt, macht aus Pascals Sicht nichts falsch, selbst, weil damit zumindest der Rechtsfrieden befördert wird. Mehr aber – und hier kommt Pascals Ordnungslehre wieder zur Geltung – ist auf der untersten Ebene, der ersten Ordnung der Körper im Raum, nicht zu erwarten und zu erhoffen. Vollkommene Gerechtigkeit wird sich hier nicht einstellen lassen, sie ist einer höheren Ordnung vorbehalten.[597]

c) Gerechtigkeit der Friedensstifter

Pascal war allerdings realistisch genug, dass sich eine Friedensordnung nicht über eine schematisch gleiche Verteilung der Besitzgüter erreichen lasse, auch wenn diese für sich betrachtet gerecht wäre. Allein die Verbindung von Recht und Macht erschien ihm auf Erden das probate Mittel, eine äußere Friedensordnung insoweit herzustellen, als sie hienieden ansatzweise verwirklicht werden könnte: « Sans doute, l'égalité des biens est juste; mais, ne pouvant faire qu'il soit force d'obéir à la justice, on a fait qu'il soit juste d'obéir à la force; ne pouvant fortifier la justice, on a fortifier la force, afin que le juste et le fort fussent ensemble, *et que la paix fût, qui est le souverain bien* ».[598]

Die friedenstiftende Funktion der Gesetze bedeutete gerade in einer von inneren Krisen und Bürgerkriegen gebeutelten Zeit schon einen so großen Zugewinn an Gerechtigkeit im Sinne der dritten Ordnung, dass diese damit auf Erden wenigstens annäherungsweise erstrebt werden kann – wenn auch zunächst nur in einem status negativus, indem möglichst wenige evidente Ungerechtigkeiten

---

596 *Blaise Pascal*, Pensées, Fragment 294.

597 *Emil Lerch*, Pascals „Gedanken" über Recht und Gerechtigkeit, Zeitschrift für schweizerisches Recht, Schweizerischer Juristenverein 61 (1942), 339, 360: „Wie also die Skala der politischen Werte unten von den negativsten der Anarchie und bürgerlichen Wirren begrenzt wird, so schwingt sie sich andererseits *zu den lichten Höhen der göttlichen Gerechtigkeit* auf, ohne deren wirkliches wenn auch geheimnisvolles Walten Pascals Betrachtungen über die ‚justice humaine' im Leeren hängen würden. Was an Zufall, Willkür und historischer Ungerechtigkeit durch die tatsächliche Geltung des positiven Rechts seine Sanktion erhält, ist von hoch genug her betrachtet *durch die uns freilich undurchsichtige ‚justice divine' irgendwie auch gerechtfertigt*". Hervorhebungen nur hier.

598 *Blaise Pascal*, Pensées, Fragment 299; Hervorhebung nur hier.

gegenüber Anderen nach dem Gebot des neminem laedere begangen werden.[599] Schlichter Positivismus kann aus Pascals Sicht wirksamer Frieden stiften, als es ein vorgebliches Naturrecht vermöchte, dessen unsicherer Bestand durch schwer definierbare Einflüsse der Vernunft getrübt ist.[600] Letztlich ist es die mit der Gotteskindschaft einhergehende Seligpreisung der Friedensstifter (Mt 5,10), welche die theologische Grundlage dieses rechtsphilosophischen Konzepts bildet und dann zugleich auch ein Verbindungsglied zur dritten Ordnung der charité schafft.

5. Der ontologische Gottesbeweis

Aber damit ist die Frage noch nicht beantwortet, welcher Gott der Philosophen im Mémorial vornehmlich gemeint ist.[601] Dabei richtet sich der Blick nämlich wiederum auf René Descartes, dessen Gottesbeweis die Problematik mit aller Schärfe zum Spruch bringt.[602] Paradoxerweise war die größte Provokation Descartes für Pascal dessen Gottesbeweis.[603] Angesichts des Anbruchs eines rationalen Zeitalters hätte man das Gegenteil vermuten können, hatte doch Gott offenbar ungeachtet aller Rationalität und Betonung experimenteller Nachprüfbarkeit noch einen Platz im Universum. Pascal jedoch musste sich vor allem von der Peripherie abgestoßen fühlen, in die Gott durch die cartesische Methode geraten war, zumal er für sein Denken mitnichten mehr konstitutiv, sondern allenfalls deklaratorisch und damit zu einer Formel ohne Inhalt und Absolutheitsanspruch geworden ist.

599 Die eigentümliche Widersprüchlichkeit richtig zusammenfassend *Stig Strömholm*, Montaigne und Pascal: Zwei Einsprüche gegen den vernunftrechtlichen Optimismus, Nachrichten der Akademie der Wissenschaften in Göttingen, Philologisch-historische Klasse 5 (1972), 261, 269: „Was Pascal von einem ‚Rechte' verlangt, dessen einzige Legitimation in der Macht liegt, und das so mehr an Augustins Teufelsstaat gemahnt als an die christliche Gemeinschaft: das ist, dass es den Frieden aufrechterhält".

600 *Arthur Rich*, Pascals Gedanken über Recht und Macht, Theologische Zeitschrift der Universität Basel 3 (1952), 205, 219 f.: „Deshalb kommt der auf dem Recht der Macht gegründeten Gesellschaft nicht jener sichere Frieden zu, den man sich von ihm erhoffen möchte".

601 Zur Bedeutung näher *Romano Guardini*, Christliches Bewußtsein: Versuche über Pascal, 1935, 4. Auflage 1991, S. 40 ff.

602 *Eberhard Jüngel*, Gottes Sein ist im Werden, 3. Auflage 1976, S. 126 f., meint dagegen, die Unterscheidung sei mittlerweile steril geworden.

603 *Emil Lerch*, Pascals „Gedanken" über Recht und Gerechtigkeit, Zeitschrift für schweizerisches Recht, Schweizerischer Juristenverein 61 (1942), 339, 359: „Mit welch merkwürdiger Geringschätzung behandelt er (sc.: Pascal) die metaphysischen Gottesbeweise (...)!".

Die Herleitung der Existenz Gottes durch Descartes ist seit Immanuel Kant[604] als der „ontologische Gottesbeweis“[605] in die Philosophiegeschichte eingegangen.[606] Es sind nicht von ungefähr insbesondere die ontologischen Grundbegriffe – und nicht nur die Methodologie Descartes –, gegen die sich Pascal gewandt hat.[607] Descartes hat u. a.[608] in seinem Discours de la Méthode folgendermaßen die Existenz Gottes zu beweisen versucht: „Ich sah wohl, dass, ein Dreieck angenommen, seine drei Winkel zwei Rechten gleich sein müssten; aber ich sah darum noch keinen Beweis, dass es in der Welt ein Dreieck gebe – während ich bei der Idee eines vollkommensten Wesens (...) fand, dass in dieser Idee die Existenz ganz ebenso liegt wie die Idee eines Dreiecks, dass seine drei Winkel gleich zwei Rechten sind, oder sogar noch zwingender. Folglich ist der Satz, dass Gott, als dieses so vollkommene Wesen, ist oder existiert, mindestens ebenso gewiss wie ein geometrischer Beweis es nur irgend sein kann.“[609] Dagegen hat Kant eingewandt, dass wir durchaus wüssten, was ein Dreieck ist, während wir nicht wissen, was Gott ist.[610]

---

604 *Immanuel Kant*, AA, Band III, S. 397.

605 Dazu *Georg Runze*, Der ontologische Gottesbeweis, 1882; *Dieter Henrich*, Der ontologische Gottesbeweis, 1960.

606 Zum Teil wird – noch weiter zurückgehend – in Anlehnung an Anselm von Canterbury vom „anselmschen Argument“ gesprochen; näher *Josef Pieper*, Scholastik, 3. Auflage 1991, S. 89. Allerdings hat das anselmsche Argument letztlich eine andere Richtung; näher *Karl Barth*, Fides querens intellectum, 1931, S. 199, wonach das Argument des Anselm „durch das was Kant gegen diese Lehren (sc. die von Leibniz und Descartes) vorgebracht hat“, nicht einmal „von ferne mitbetroffen wird“. Siehe zum Unterschied des anselmschen Gottesbeweises und dem cartesischen *Dieter Henrich*, Der ontologische Gottesbeweis, 1960, S. 3 f., 10 ff.; sowie *Eberhard Jüngel*, Gott als Geheimnis der Welt, 5. Auflage 1986, S. 147 Fußnote 1.

607 *Lothar Schäfer*, Pascal und Descartes als methodologische Antipoden, Philosophisches Jahrbuch 81 (1974), 314, 323 Fußnote 20 mit weiteren Nachweisen.

608 Des Weiteren in den Meditationes de Prima Philosophia, Anhang zu den zweiten Erwiderungen, Satz I – Principia Philosophiae I, § 14.

609 *René Descartes*, Discours de la Méthode, 1637, Meditation 5.

610 Vgl. *Immanuel Kant*, AA, Band III, S. 398: „und so redete man von einem Gegenstand, der ganz außerhalb der Sphäre unseres Verstandes liegt, als ob man ganz wohl verstände, was man mit dem Begriffe von ihm sagen wollte“. Siehe im Übrigen *Michael Stolleis*, Blaise Pascal – Gedanken zur Ungewissheit des Rechts, Festschrift für Jan Schröder, 2013, S. 787, 796: „Seine erkenntnistheoretischen Zweifel (...) führen letztlich über Hume und Kant hinaus in die prinzipielle Unerkennbarkeit der Welt, weil weder Sinnesorgane noch die Vernunft den Pfad der Menschheit hinreichend erfassen können“.

6. Pascals Wette

Pascal kennt keinen solchen Gottesbeweis.[611] Als Beweis für Christus gelten ihm allerdings die Prophezeihungen.[612] Bei Pascal tritt an die Stelle des cartesischen Gottesbeweises das Gedankenexperiment einer Wette,[613] von der eines seiner berühmtesten Fragmente handelt:[614] « Examinons donc ce point, et disons: ‹ Dieu est, ou il n'est pas. › Mais de quel côté pencherons-nous? La raison n'y peut rien déterminer: il y a un chaos infini qui nous sépare. Il se joue un jeu, à l'extrémité de cette distance infinie, où il arrivera croix ou pile. Que gagerez-vous? Par raison, vous ne pouvez faire ni l'un ni l'autre ; par raison, vous ne pouvez défaire nul des deux. (...) – Oui ; mais *il faut parier* ; cela n'est pas volontaire, vous êtes embarqué ».[615] Die ökonomisch bilanzierende Abwägung nach Gewinn und Verlust (« Pesons le gain et la perte, en prenant croix que Dieu est ») befremdet in diesem Zusammenhang zunächst.[616] Die theologische Plausibilität dieses Gedankenexperiments braucht hier jedoch nicht untersucht werden.[617]

---

611 *Blaise Pascal*, Pensées, Fragment 706.

612 *Blaise Pascal*, Pensées, Fragment 233; Hervorhebung nur hier.

613 *Eduard Zwierlein*, Blaise Pascal zur Einführung, 1996, S. 35. Siehe dazu auch *Hugo Friedrich*, Pascals Paradox. Das Sprachbild einer Denkform, Zeitschrift für Romanische Philologie 56 (1936), 322, 325: „Oder man nehme das große Fragment über die Wette (233), wo die mathematische Beweisführung in aller Strenge durchgeführt ist, aber immer so, dass das Bewiesene eine alle Mathematik hinter sich lassende Transzendenz ist". Zur Wette im Hinblick auf Friedrichs Deutung auch *Karlheinz Stierle*, Pascals Reflexionen über den ‚ordre' der *Pensées*, Poetica 4 (1971), 167, 172.

614 *Georges Brunet*, Le Pari de Pascal, 1956; *Paul Saka*, Pascal's Wager and the Many Gods Objection, Religious Studies 37 (2001), 312; *Albert Raffelt*, Fragmente zu einem Fragment. Die Wette Pascals, Festschrift für Karl Lehmann, 2001, S. 207; *Patricia Saporiti*, Pascals Wette. Ein Spiel um das ewige Leben, 2000.

615 *Blaise Pascal*, Pensées, Fragment 233; Hervorhebung nur hier.

616 Dieser „scheinbar frivole Gedankengang Pascals" (*Eugen Biser*, Hat der Glauben eine Zukunft?, 3. Auflage 1997, S. 113 Fußnote 17) könnte sich nach einer im theologischen Schrifttum vertretenen Auffassung gerade auf die Risikobereitschaft des Betenden beziehen; vgl. *Eugen Biser*, Der schwere Weg der Gottesfrage, 1982, S. 69 f. m.w.N.

617 *Michael Cuntz*, Der göttliche Autor: Apologie, Prophetie und Simulation in Texten Pascals, 2004, S. 187, hält die Logik für „absolut stichhaltig".

a) Irdische und göttliche Gerechtigkeit

Wichtiger für unseren Zusammenhang ist die Gerechtigkeitsproblematik, die von den meisten Autoren unberücksichtigt gelassen wird,[618] obwohl sie dieses Fragment einleitet: Es geht nämlich darin um das Verhältnis des Unendlichen zum Nichts, woraus sich im Übrigen überhaupt erst die im Zitat vorausgesetzte ‚distance infinie' erklärt. Pascal geht davon aus, dass das Endliche in der Gegenwart des Unendlichen zum reinen Nichts gerät und zieht daraus eine für den vorliegenden Zusammenhang aufschlussreiche Analogie: « *ainsi notre justice devant la justice divine* ». Unsere irdische Gerechtigkeit ist also nichts im Verhältnis zur göttlichen Gerechtigkeit. Dann allerdings grenzt Pascal den Abstand in einer für ihn typischen Weise ein, die etwas Unvorhergesehenes hat, weil sie die Differenz zwischen irdischer und göttlicher Gerechtigkeit zu relativieren scheint:[619] « Il n'y a pas si grande disproportion entre notre justice et celle de Dieu, qu'entre l'unité et l'infini ».

Wenn es sich dabei um eine Relativierung handelt, dann ist es wohl eine solche im Wortsinne, das heißt Gott und Mensch treten in eine Gerechtigkeitsbeziehung zueinander, wofür auch der folgende Satz spricht: « Il faut que la justice de Dieu soit énorme comme sa miséricorde ».[620] Aber auch diese an sich sinnfällige Aussage wird wiederum eingegrenzt in einer uns heute fremdartigen, wahrscheinlich an der zeitgenössischen jansenistisch-augustinischen Theologie geschulten Weise. Denn das göttliche Erbarmen soll sich nur auf bestimmte Seelen beziehen. Endete der letzte Satz mit dem scheinbar allumfassenden Wort miséricorde, so wird nun ausgerechnet diese begrenzt, indem gerade diesem

---

618 Anders aber *Emil Lerch*, Pascals „Gedanken" über Recht und Gerechtigkeit, Zeitschrift für schweizerisches Recht, Schweizerischer Juristenverein 61 (1942), 339, 361 f., der auf eine interessante Parallele zu Pascals Schrift ‚Potestatum Numeraricum Summa' (1654) aufmerksam macht und unter Verweis auf Fragment 460 mit Recht feststellt: „Dieses (sc.: in der Abhandlung entwickelte) mathematische Prinzip wird nun unbedenklich auch auf den unüberbrückbaren Abstand zwischen der ‚justice humaine' und der ‚justice divine' transportiert. So entfällt, wenn man sie von der Stufe der Unendlichkeit her betrachtet, die sogenannte menschliche Gerechtigkeit ins belanglose Nichts. (...) So wohl auch in den Augen Pascals die bloß menschliche Gerechtigkeit oder Ungerechtigkeit vor dem Urteil der göttlichen, welche in der Ordnungsfolge Fleisch, Geist und Liebe nur von den Gerechten im Sinne des Evangeliums erkannt wird". – Auch an dieser Bezugnahme auf Fragment 460 lässt sich ersehen, dass dasselbe aus Fragment 793 mit seiner Lehre von den drei Ordnungen folgt.

619 Zu einem ähnlichen Distanzgedanken zwischen menschlicher und göttlicher Gerechtigkeit in Dantes Commedia *Jens Petersen*, Dante Alighieris Gerechtigkeitssinn, 2011, S. 95 f.

620 *Blaise Pascal*, Pensées, Fragment 233; dazu auch *Ewald Wasmuth*, Die Philosophie Pascals unter besonderer Berücksichtigung seiner Lehren von dem Unendlichen und dem Nichts und den Ordnungen, 1949, S. 281.

Begriff eine exklusive Richtung gegeben wird: « Or, la justice envers les réprouvés est moins énorme et doit moins choquer que la miséricorde envers les élues ».

b) Prädestination und Gerechtigkeit

Wenn demnach die Gerechtigkeit gegenüber den Verdammten weniger groß ist und dementsprechend weniger erschütternd ist als das Erbarmen mit den Erwählten,[621] dann scheint die augustinische Prädestinationslehre auf, der auch Bischof Cornelius Jansen anhing,[622] wonach den von Gott im Vorhinein Auserwählten die massa damnata gegenübersteht.[623] Diese Lesart lässt Pascal durchaus zu.[624] Aber man kann ihn auch so verstehen, dass die Kategorien der Verdammnis und Erwählung nicht schon durch göttliche Vorherbestimmung determiniert sind, sondern sich erst infolge des Handelns der jeweiligen Menschen ergeben.[625] Dass sich Pascals Standpunkt einer eindeutigen Festlegung in diesem Punkt bewusst widersetzt und mehrere Auslegungen ermöglicht,[626] veranschaulicht auch der jeweilige begriffliche Bezug: Selbst die Verdammten dürfen wenigstens Gerechtigkeit, gleichsam als Mindestbedingung, erhoffen, während die Auserwählten, die als solche schon gerecht sind, göttliches Erbarmen erwartet.

---

621 Treffend – auch im Hinblick auf das Recht – *Michael Stolleis*, Blaise Pascal – Gedanken zur Ungewissheit des Rechts, Festschrift für Jan Schröder, 2013, S. 787, 796 f.: „Die Bedauernswerten, welche diese Stimme Gottes nicht vernehmen, sind also doppelt geschlagen. Die irdischen Wahrheiten über den Bau der Welt, die Wahrheiten der Vernunft, der Geschichte, des Rechts sind prinzipiell unerreichbar, und die in Gottes Stimme zu hörende Wahrheit entgeht ihnen ebenfalls, sei es weil sie sie nie gehört haben, sei es weil sie ihr nicht zuhören wollen. Der in den Naturwissenschaften so unerhört offene und neugierige Pascal erweist sich im Glauben, in dem er seinen Rettungsanker findet, als besonders enger Dogmatiker der eigenen Konfession“.

622 *Hermann Reuchlin*, Geschichte von Port-Royal. Geschichte des reformierten und des jesuitischen Katholizismus unter Louis XIII und XIV, 1839, S. 787; *Wilhelm David Fuhrmann*, Handwörterbuch der christlichen Religions- und Kirchengeschichte, Band II, 1828, S. 397; *Manfred Heim*, Kirchengeschichte in Daten, 2006, S. 115.

623 *Aurelius Augustinus*, De gratia et libero arbitrio; *ders.*, De correptione et gratia.

624 *Blaise Pascal*, Pensées, Fragment 566.

625 In diese Richtung wohl auch die heutige Lehre; vgl. dazu auch *Georg Ludwig Müller*, Katholische Dogmatik, 6. Auflage 2005, S. 219 ff.

626 Aufschlussreich *Mark Lilla*, Der totgeglaubte Gott. Politik im Machtfeld der Religion, 2013, S. 62: „Sogar Blaise Pascal, der zweifellos größte Mathematiker seiner Zeit, betrachtete den Gott der Rationaltheologen als Götzen, als Fetisch der Rechenknechte. Er – und seine Jansenistenbrüder sowie die protestantischen Theologen – suchten vielmehr Unterstützung in den Schriften des heiligen Augustinus, und Pascal tat dies, ohne die Erkenntnisse der modernen Naturwissenschaft zurückzuweisen. Ganz im Gegenteil, Pascal sah die wissenschaftliche Revolution als Befreiung Gottes aus den Ketten der Naturtheologie“.

c) Folgerung

Sonach ist die dritte Ordnung auch in dem berühmten Fragment über die Wette gegenwärtig. Wenn man es von Anbeginn liest, also noch vor dem zuletzt Bedachten und entsprechend weit vor den eigentlichen Ausführungen über die Wette, dann sieht man, dass das Fragment nicht von ungefähr anhebt mit einem impliziten Bezug auf die erste und zweite Ordnung: « Notre âme est jetée dans le corps, où elle trouve nombre, temps, dimensions. Elle raisonne les dessus, et appelle cela nature, nécesssité, et ne peut croire autre chose ».[627] Die Geworfenheit der Seele in den Körper als Ausdruck der ersten Ordnung wird zugleich einer höheren Ordnung anvertraut, indem der Seele Urteilskraft (‚elle raisonne') zugesprochen wird. Daraus lässt sich ersehen, dass Pascals in Fragment 793 entworfene Ordnungslehre darüber hinaus in all seinen Gedanken unausgesprochen gegenwärtig ist.[628] Zudem ist die Lehre von den drei Ordnungen auf diese Weise mit der Gerechtigkeitsproblematik zuinnerst verschränkt.

II. Pascals beweislose Behauptung der dritten Ordnung

Bereits am Beispiel des Fragment 283 haben wir gesehen, wie Pascal die Beweisbarkeit der Barmherzigkeit ad absurdum führt und damit dem aufkommenden Rationalismus Grenzen zieht.[629] Dabei konnte man feststellen, dass die Evidenz hier eine wesentliche Rolle spielt. Vor allem aber ließ sich beobachten, dass damit zentrale Vorfragen für das Verständnis des Fragment 793 geklärt wurden.

1. Die Evidenz der dritten Ordnung

Betrachten wir nun den Duktus des Fragment 793, das an den entscheidenden Stellen auf einer Evidenz aufbaut, also der unmittelbaren Einsicht in die Wahrheit des Urteils, die gerade aus zeitgenössischer Sicht von größtem Interesse ist. Be-

---

627 *Blaise Pascal*, Pensées, Fragment 233; Hervorhebung nur hier.

628 Skeptisch insoweit *Karlheinz Stierle*, Pascals Reflexionen über den ‚ordre' der *Pensées*, Poetica 4 (1971), 167, 177: „So wird sich an den Reflexionen zum ordre verdeutlichen lassen, dass die ‚Unordnung' der *Pensées* nicht einfach Folge einer zufälligen Vorläufigkeit ist, die durch den Abbruch fixiert wurde, sondern dass sie ihren tieferen Grund hat in einer Überanstrengung des Begriffs des ordre selbst, einer Überreflexion dessen, was ordre im Bereich der geplanten ‚Apologie' sinnvoll bedeuten kann. Suchte man in Pascals Reflexionen zum ordre Auskunft über den verborgenen Zusammenhang, der die Fragmente zur Einheit zusammenfügen könnte, so müsste man sich enttäuscht sehen".

629 Vgl. aber auch *Tamás Pavlovits*, Le rationalisme de Pascal, 2007.

sonders klar zeigt sich dies an der Beweisführung Pascals. Die maßgebliche Stelle lautet in ihrem wiederum maßgeblichen Teil:[630] „Alle Körper zusammen und alle Geister zusammen und alle ihre Hervorbringung wiegen nicht die geringste Bewegung der (christlichen) Liebe auf."[631] Die Höherwertigkeit wird mit dem kategorialen Unterschied begründet: „Diese gehört einer unendlich höheren Ordnung an." Dies wird seinerseits mit dem möglichen bzw. unmöglichen Resultat erläutert: „Aus allen Körpern zusammen könnte man nicht (auch nur) einen kleinen Gedanken hervorgehen lassen; geht nicht (weil der Gedanke) einer anderen Ordnung angehört." Es handelt sich also wiederum um einen Begründungsversuch mit der unüberschreitbaren Zugehörigkeit zu einer bestimmten Kategorie: „Aus allen Körpern und Geistern könnte man nicht eine (einzige) Bewegung echter (christlicher) Liebe herausholen, das geht nicht, (weil die Liebe) einer anderen, übernatürlichen Ordnung angehört."

Man wird einräumen müssen, dass die Beweisführung zumindest für denjenigen nicht eben hieb- und stichfest ist, der zwar die Botschaft hört, dem aber der Glaube fehlt. Selbst an den zeitgemäßen – und das bedeutet nicht zuletzt den cartesischen – Standards gemessen, würde die Herleitung nicht unbedingt als more geometrico durchgehen.[632] Ebenso wenig wird man freilich im Gegenzug zugestehen müssen, dass nicht zuletzt in diesen vermeintlichen Unzulänglichkeiten die Großartigkeit dieses Entwurfs begründet ist. Er appelliert an die unmittelbare Einsicht in einer Weise, wie es etwa die Bergpredigt tut, die in ihren Seligpreisungen mitunter vermeintliche oder offene Paradoxien enthält, die aber

---

630 Im Folgenden zitiert nach der Übersetzung von *Romano Guardini*, Christliches Bewußtsein: Versuche über Pascal, 1935, 4. Auflage 1991, S. 33.

631 Siehe auch *Albert Raffelt*, Logik des Verstandes und Logik des Herzens bei Pascal, in: Geist und Psyche. Klassische Modelle von Platon bis Freud und Damasio (Hg. Edith Düsing/Hans-Dieter Klein), 2008, S. 117, 118: „Das lässt sich etwa an der für Pascal grundlegenden Lehre von den drei Ordnungen zeigen, die zwar auf den ersten beiden Stufen mit der Ontologie Descartes' parallelisiert werden können, in der dritten Stufe diese aber überschreiten und so aber auch ein anderes Verhältnis der Stufen zueinander bedingen".

632 *Karlheinz Stierle*, Die Modernität der französischen Klassik. Negative Anthropologie und funktionaler Stil, in: Französische Klassik (Hg. Fritz Nies/Ders.), 1985, S. 81, 87, bringt die Ambivalenz im Verhältnis zu Descartes und insbesondere die Zentralität der Ordnung der charité besonders deutlich zum Ausdruck: „Hierin ist Pascals Argumentation der Radikalisierungsstrategie von Descartes vergleichbar, der in seinem *Discours de la méthode* durch die Verschärfung des Montaigneschen Zweifelns den Punkt einer unbezweifelbaren Gewissheit zu finden hoffte, von dem aus eine neue Gewissheit des philosophischen und wissenschaftlichen Diskurses sich aufbauen ließ. Dagegen ist Pascals Übertritt von der negativen Anthropologie in die Dimension des christlichen Glaubens nicht mehr allein kognitiver, sondern praktischer Natur. Diese Einsicht muss erst in der Praxis der charité wie der Religionsausübung verankert werden, wenn sie über eine punktuelle Erfahrung hinaus zur neuen Wirklichkeit werden will".

die eigentliche Botschaft um so klarer hervortreten lassen.[633] Die Darlegung Pascals führt so zu einer Evidenz, die von vornherein denjenigen anspricht, der ihre Prämissen verinnerlicht hat. Diese wiederum hat Pascal, wie wir im Rahmen unserer anfänglichen Betrachtungen des Aufbaus gesehen haben, in der Inversion, d.h. zwischen dem gewaltigen Einleitungssatz, der die eigentliche conclusio enthält und der oben zitierten Stelle, eingeflochten. Die vordergründige Schlichtheit darf dabei, wie wir ebenfalls gesehen haben, über die Kunstfertigkeit des Aufbaus nicht hinwegtäuschen.

2. Das Skandalon Pascals gegenüber dem cartesischen Denken

Diese Kunstfertigkeit und Großartigkeit der Rhetorik, dieses Meisterwerk der von Pascal beherrschten l'art de persuader,[634] kann jedoch nicht darüber hinweg sehen lassen, dass die eigentliche Beweisführung für den cartesisch geschulten Leser ein Skandalon sondergleichen ist.[635]

a) Descartes' clare et distincte versus Pascals surnaturel

Descartes war erklärtermaßen nur bereit, diejenigen Einsichten widerspruchslos hinzunehmen, die er clare et distincte, also klar und deutlich – wobei die deutsche Übersetzung das Hendiadyoin nur annäherungsweise erschließen kann –, nachvollziehen und erkennen konnte.[636] An diesem Postulat gemessen hätte die Pascalsche Herleitung schwerlich bestehen können.[637] Denn die bewusst sparsam gehaltene Begründung des Entscheidenden, nämlich der dritten Ordnung, führt

---

633 Näher *Carl Friedrich von Weizsäcker*, Zeit und Wissen, 1992, S. 513 ff.

634 Dazu *Willy Hochkeppel*, Blaise Pascal, Vom geometrischen Geist, in: ZEIT-Bibliothek der 100 Sachbücher (Hg. Fritz J. Raddatz), 1984, S. 77, 80.

635 Auch insoweit gilt die Beobachtung von *Fritz Schalk*, Französische Moralisten, 1949, Einleitung S. XIX: „Die Aphorismen haben noch ihren Ursprung in einer biblischen Hermeneutik, in der die biblische Sprache die eigentliche ist, die Sprache schlechthin, der eine wunderbare beschwörende Kraft innewohnt; und so mussten Pascals Aphorismen, im Gegenteil zu allen Prinzipien scholastischer Theologie, in Anlehnung an die Bibel, leben von dem doppelten Sinn der Worte, die auf eine geheime, hinter ihnen liegende Bedeutung verweisen, als Sprache gleichsam über die Sprache hinausdringen".

636 Vgl. *René Descartes*, Discours de la Méthode, 1637, Meditation IV 3: „ac proinde jam videor pro regula generali posse statuere, illud omne esse verum quod valde *clare et distincte percipio*".

637 Allgemein dazu *John Hearsey McMillan Salmon*, Descartes and Pascal, History Today 21 (1971), 482; *Gregor Sebba*, Descartes et Pascal: A Retrospect, Modern Language Notes 87 (1972), 96.

zu einer ungeheuren Provokation des cartesisch geprägten Lesers. Dieser erwartet eine Beweisführung, die unbezweifelbar, unmissverständlich und auf den Punkt gebracht – eben clare et distincte – ist. Schließlich scheint Pascal gerade den Beweis dessen schuldig zu bleiben, was zu beweisen gewesen wäre, nämlich warum die Liebe einer übernatürlichen Ordnung zugehörig ist und die geringste ihrer Regungen alle anderen Ordnungen und damit die res cogitans ebenso wie die res extensa übersteigt und übertrifft. Die Evidenz-Behauptung wird zum Beweis und damit zum eigentlichen Skandalon.

Diese Sichtweise bestätigt das entscheidende Wort des Fragment 793, das deshalb auch am Anfang und am Ende steht. Es lautet nicht von ungefähr surnaturel. Im französischen Original hat es aufgrund der eigentümlichen Wortstellung eine in besonderer Weise abrundende Funktion, weil es als Adjektiv nachgestellt ist und mithin buchstäblich das letzte Wort ist: « De tous les corps et esprits, on n'en saurait tirer un mouvement de vraie charité, cela est impossible, d'un autre ordre, surnaturel ». Kaum eine Übersetzung vermag das durch ein Komma von der Ordnung abgetrennte ‚surnaturel' adäquat wiederzugeben. Man muss dabei zudem immer auch in Rechnung stellen, dass im Wort ‚übernatürlich' mitschwingt, dass diese Ordnung über den Gegenständen der Natur – also, auf die erste Ordnung bezogen, buchstäblich metaphysisch – für sich steht. Das kann dann freilich auch bedeuten, dass sich ihre Beschreibung und Herleitung denjenigen Maßstäben entzieht, die an die Naturwissenschaften angelegt werden.[638]

b) Die Herausforderung der cartesischen Methode

Entsprechend verhält es sich bei dem Einleitungssatz: « La distance infinie des corps aux esprits figure la distance infiniment plus infinie des esprits à la charité car elle est surnaturelle ».[639] Abgesehen davon, dass hier das ‚infiniment plus infinie' praktisch unübersetzbar ist, führt die Steigerung stilistisch zu einer Sperrung, welche den Abstand der Distanz auch in rhetorischer Hinsicht herstellt. Man sollte jedes Wort und jede Wendung würdigen, weil dem Fragment auch

---

638 *Karlheinz Stierle*, Pascals Reflexionen über den ‚ordre' der *Pensées*, Poetica 4 (1971), 167, 177, hat hierzu mutatis mutandis Entscheidendes herausgearbeitet: „Neben den ‚Einwänden' und ‚Antworten' als den strategisch bestimmten Grundformen der *Pensées* stehen die Reflexionen zum ordre als eine eigenständige Gruppe von Metareflexionen. (...) Das Problem des ordre wird so zwar immer neu beleuchtet, aber nicht zur Entscheidung gebracht. Die Offenheit der Pascalschen Reflexionen zum ordre ist mehr als Vorläufigkeit, sie ist von prinzipieller Natur. Wenn der Mathematiker Pascal erkennt, dass im Bereich der ‚science humaine' das Problem des ordre keine Lösung finden kann, so setzt gerade hier der Philosoph Pascal an, um das Problem selbst zum Reflexionsmedium zu machen, in das er immer tiefer eindringt".

639 *Blaise Pascal*, Pensées, Fragment 793.

in formaler und rhetorischer Hinsicht ein solches Ebenmaß und eine derartige Vollkommenheit zu eigen sind, dass Voltaires Annahme, wonach es noch näher hätte ausgearbeitet werden sollen, unwahrscheinlich ist.[640] In diesem möglichen Missverständnis liegt paradoxerweise zugleich ein Zeichen dafür, dass Pascals scheinbar irrationale Einordnung bzw. Überordnung vielleicht wieder aktuell ist.[641] Die Geschlossenheit des Gedankens gewinnt ihre Überzeugungskraft aus sich selbst heraus, indem sie nicht nur formell, sondern auch inhaltlich Pascals rhetorischer Anleitung De l'art des persuader entspricht.

3. Die implizite Pervertierung der cartesischen Methode

Indem Pascal die cartesische Methode in ihrem Ausgangspunkt anwendet, an der entscheidenden Stelle aber übersteigt, macht er implizit auf einen Mangel dieser Methode aufmerksam:[642] nämlich die beiläufige Herleitung der Existenz Gottes – aus der res cogitans. Dadurch, dass Descartes ihn zum bloßen argumentativen Verbindungsglied zwischen res cogitans und res extensa herabwürdigt, wird Gott aus Pascals Sicht nicht nur in methodisch fragwürdiger Weise instrumentalisiert,[643] sondern es wird auch die maßgebliche, alles übersteigende und überwölbende Ordnung missachtet.[644] Das gilt nicht zuletzt im Hinblick auf die Lehre von den drei Ordnungen.[645]

---

640 Zur Kritik *Voltaires* oben § 2.

641 Siehe auch *Michael Stolleis*, Blaise Pascal – Gedanken zur Ungewissheit des Rechts, Festschrift für Jan Schröder, 2013, S. 787, 796: „Auch seine Abweichung von der durch Descartes gezogenen Linie der Moderne – und damit der Linie der europäischen Aufklärung – kann uns Zeitgenossen der Postmoderne plausibel erscheinen, zumal nach dem Abschied vom physikalischen Weltbild Newtons durch die moderne Physik".

642 Implizit könnte damit auf Pascal angewandt eine von *Fritz Schalk*, Französische Moralisten, 1949, Einleitung S. XVIII, aufgeworfene Frage bejaht werden: „Wie aber, wenn sich die Methode Pascals gerade dadurch in ihrer Eigentümlichkeit zu erkennen gäbe, dass sie planmäßig auf jeden Plan verzichtet?".

643 *Hugo Friedrich*, Pascals Paradox. Das Sprachbild einer Denkform, Zeitschrift für Romanische Philologie 56 (1936), 322, 351, ruft am Beispiel des Wett-Fragments (233) mit Recht aus: „Wie weit ist Pascal vom Descartes'schen Gottesbeweis entfernt!".

644 *Eberhard Jüngel* hat gezeigt, dass „Descartes die Existenz Gottes in einer Weise sichergestellt hat, die notwendigerweise zur *Zersetzung des Gottesglaubens* und damit der metaphysisch begründeten Gottesgewissheit überhaupt führen musste". (*Eberhard Jüngel*, Gott als Geheimnis der Welt, 5. Auflage 1986, S. 147, S. 161 ff. unter § 9 II; Hervorhebung nur hier). Genau das dürfte ihm Pascal vor allem Anderen übel genommen haben.

645 *Helmut Bürklin*, Ein Gott für die Menschen. Entwurf einer christozentrischen Anthropologie nach Blaise Pascal, 1976, S. 94.

Man denke bezüglich des cartesischen Gottesbeweises zudem an die berühmte petitio principii, die Descartes schon bald nachgewiesen wurde:[646] Da mit dem Hinwegdenken Gottes Descartes' Gedankengebäude nicht in sich zerfiel, wird deutlich, dass Gott für Descartes nurmehr deklaratorisch und nicht mehr konstitutiv war,[647] mithin zum bloßen Lippenbekenntnis wurde.[648] Eugen Biser hat dies so auf den Punkt gebracht: „Nicht umsonst machte ihm (sc. Descartes) Pascal den Vorwurf, Gott nur noch ‚systemimmanent' und funktional ins Spiel gebracht zu haben: als theologische Hilfsstrategie, um den Brückenschlag vom denkenden Ich zur Welt bewerkstelligen zu können.[649] Gott wurde somit zunächst noch in Anspruch genommen, aber allenfalls mit dem, was sich mit ihm erklären ließ, nicht mehr mit dem, was er zu sagen hat."[650] Genau dies bringt demgegenüber Pascal in seiner Lehre von den drei Ordnungen zum Ausdruck, wenn man in rechtsphilosophischer Hinsicht noch das Fragment 484 hinzunimmt, wonach zwei Gesetze – nämlich das Gebot der Gottes- und Nächstenliebe[651] – ausreichen, weil man mit ihnen eine christliche Republik besser regieren könnte als mit allen politischen Gesetzen.

III. Huizingas Handlungsanweisung an den homo ludens auf Pascal übertragen

Interessanterweise hat Johan Huizinga sein Werk Homo Ludens über den Ursprung der Kultur im Spiel in just diesem Sinne beschlossen und eine hand-

---

646 *Blaise Pascal* wendet sich zudem in Fragment 543 und 556 gegen Descartes' Gottesbeweis.

647 Pointiert *Eberhard Jüngel*, Gott als Geheimnis der Welt, 5. Auflage 1986, S. 163 Fußnote 52: „Der cartesische Gott am Kreuz – und das Kreuz würde zusammenbrechen!".

648 Vgl. auch *Wilhelm Weischedel* im Nachwort zu seiner mit ‚Grösse und Elend des Menschen' überschriebenen Pascal-Auswahl, 1979, S. 103, 107 f.: „Descartes, der ältere Zeitgenosse Pascals, hat, erschüttert von der Einsicht in die Unzulänglichkeit unseres Wissens über die wesentlichen Anliegen, im Menschen und in der Gewissheit, die er von seiner eigenen Existenz hat, der wankenden Philosophie ein neues Fundament zu geben versucht. (...) Auch hier versteht Pascal seine Zeit tiefer, als sie sich selber begriff; dass der Mensch begann, sich auf sich selber zu stellen und sich zum Mittelpunkt zu machen, darin sieht er den entscheidenden Angriff auf das Christentum".

649 Vgl. auch *Eberhard Jüngel*, Gott als Geheimnis der Welt, 5. Auflage 1986, S. 160: „Er braucht Gott als Kampfgenossen. Gott ist eine methodische Notwendigkeit für die die Kontinuität ihrer Existenz sichernde res cogitans".

650 *Eugen Biser*, Hat der Glaube eine Zukunft?, 3. Auflage 1997, S. 40.

651 In diesem Sinne dürfte auch das Wort von *Søren Kierkegaard*, Leben und Walten der Liebe, 1847, (deutsche Übersetzung von Albert Dorner und Christoph Schrempf, 1924), S. 70, 74, zu verstehen sein: „Die Liebe zum Nächsten hat nämlich die Vollkommenheit der Ewigkeit".

lungspragmatische Dimension herausgearbeitet, durch die Pascals Ordnungslehre gleichsam in die Tat umgesetzt werden kann, und zwar in einer gerechtigkeitsstiftenden Weise: „Wenn aber der Mensch eine Entscheidung zu treffen hat, ob eine Tat, zu der sein Wille ihn treibt, ihm als Ernst vorgeschrieben oder als Spiel erlaubt ist, dann bietet ihm sein sittliches Gewissen einen Prüfstein. Sobald im Entschluss zur Tat Gefühle von Wahrheit und Gerechtigkeit, von Erbarmen und Vergebung mitsprechen, hat die Frage keine Bedeutung mehr. *Ein Tropfen Mitleid ist genug, um unser Tun über die Entscheidungen des denkenden Geistes emporzuheben.* In jedem sittlichen Bewusstsein, das in der Anerkennung von Gerechtigkeit und Gnade gegründet ist, kommt die Frage, ob Spiel oder Ernst, die bis zuletzt unlösbar blieb, für immer zum Schweigen."[652] Nicht von ungefähr spielt für Huizinga wie für Pascal die Wette eine tragende Rolle. Interessanterweise spricht Huizinga vom ‚*Gefühl* für Wahrheit und Gerechtigkeit'; es ist mit Recht darauf hingewiesen worden, dass erstmals Pascal – zumindest in der Neuzeit – das Gefühl als erkenntnisstiftend erachtet hat.[653] Huizingas Humanismus und Pascals Ordnungslehre entsprechen einander zwar nicht in ihrer unterschiedlichen religiösen Fundierung, wohl aber in ihrer kategorisierenden Prämisse und der daraus resultierenden Handlungsanweisung.

652 *Johan Huizinga*, Homo Ludens. Vom Ursprung der Kultur im Spiel, 23. Auflage 2013, S. 231; Hervorhebung nur hier. Zum sittlichen Gewissen als Prüfstein ist im Hinblick auf Pascal rechtsphilosophisch bemerkenswert *Paolo Prodi*, Eine Geschichte der Gerechtigkeit. Vom Recht Gottes zum modernen Rechtsstaat, 2. Auflage 2005, S. 272: „Die traditionelle Geschichtsschreibung hat ihn (sc.: Pascal) daher zu Recht als Befürworter der Gewissensgründe im Gegensatz zum juristischen Formalismus der Jesuiten gepriesen. Erst kürzlich wurde der Akzent auf die Beziehung zwischen den Moralthesen Pascals und seiner Sicht der politischen Macht als konventioneller und verderbter und daher moralfeindlicher Ordnung gelegt, auf seine Idee von der Begierde als Urprinzip der politischen Unterordnung". Unter Verweis auf *Domenico Taranto*, Una politica senza diritto: Pascal e la giustizia, in: Individualismo, Assolutismo, Democrazia, 1992, S. 195–209.

653 *Carola Meier-Seethaler*, Gefühl und Urteilskraft, 3. Auflage 2001, S. 22; *Udo Krauthausen*, Die Moralphilosophie des David Hume und ihre Aktualität in der Rechtsphilosophie, 2009, S. 145.

§ 6 Die Ordnung der Gerechtigkeit

Es bleibt die Frage, wie sich Pascals Gedanken über die Gerechtigkeit und seine Lehre von den drei Ordnungen sinnvoll und dem werkimmanenten Zusammenhang entsprechend zusammenführen lassen. Eine Schlüsselstellung dürfte das verschiedentlich angedeutete Fragment 460 einnehmen, das auf den ersten Blick anders ausgerichtet ist, obwohl es gleichfalls drei Ordnungen voraussetzt:[654] « Il y a trois ordres de choses: la chair, l'esprit, la volonté ».[655] Zumindest die zweite Ordnung, die des Geistes, entspricht sich unmittelbar.[656] Aber auch die erste Ordnung weist einen inneren Kausal- und Verweisungszusammenhang zur Lehre von den drei Ordnungen in Fragment 793 auf – jedenfalls, wenn man die oben angestellten Überlegungen zu Pascals politischem Denken im Brief an die Königin Christine von Schweden zu Rate zieht: « Les charnels sont les riches: les rois. Ils ont pour l'objet le corps ». Die körperliche Welt wird hier in einen Zusammenhang zur weltlichen Macht gerückt. Mondäner Reichtum und angestammte Herrschaft gehören dieser Ordnung an, die ungeachtet der darin obwaltenden *plenitudo potestatis* die rangniedrigste ist.

Die Ordnung des Geistes ist – durchaus im Sinne dessen, was im Brief an die Königin in bemerkenswertem Freimut mitschwingt[657] – die vergleichsweise höhere, die einem elitären Zirkel der Gelehrten vorbehalten ist, die zugleich die Verhältnisse weltlicher Macht und von Herrschern gesetzten Rechts über- und durchschauen, auch wenn Pascal dies allem äußeren Anschein gemäß wertneutral formuliert: « Les curieux et savants: ils ont pour objet l'esprit ». Die Pointe zeigt sich im Verweis auf die dritte Ordnung, die den Weisen vorbehalten ist: « Les sages: ils ont pour l'objet la justice ». Hier zeigt sich eine bemerkenswerte Symmetrie, die

---

654 Ob in der Dreizahl der Ordnungen zugleich ein Trinitätsmotiv zum Ausdruck kommt, ist denkbar, aber wohl schwer zu beweisen; anders liegt es beispielsweise bei Dante; weiterführend insoweit *Vittorio Hösle*, Dantes Commedia und Goethes Faust. Ein Vergleich der beiden wichtigsten philosophischen Dichtungen Europas, 2014, S. 31 mit Fußnote 26.

655 *Blaise Pascal*, Pensées, Fragment 460; auch im Folgenden. Zu einfach macht es sich *Annemarie von der Groeben*, « Le coeur a son ordre, l'esprit le sien » – Eine Überlegung zum Begriff « ordre» bei Pascal, Festschrift für Hartmut von Hentig, 1985, S. 50, 59 („vermutlich flüchtig hingeschriebener Satz"), die aber ebenfalls den Zusammenhang mit Fragment 793 berücksichtigt (ebenda, S. 60).

656 Prägnant *Karlheinz Stierle*, Pascals Reflexionen über den ‚ordre' der *Pensées*, Poetica 4 (1971), 167, 179: „In einem besonderen Sinn heißt *ordre* bei Pascal die göttliche Seinsordnung als Folge aufsteigender Seinsdimensionen".

657 *Emil Lerch*, Pascals „Gedanken" über Recht und Gerechtigkeit, Zeitschrift für schweizerisches Recht, Schweizerischer Juristenverein 61 (1942), 339, 343, wonach „der junge Pascal voll stolzen Selbstbewusstseins die Gleichberechtigung von politischer und geistiger Größe dargetan hatte".

den Zusammenhang zwischen Pascals Rechtsdenken und seinem theologischen Denken auf einen Nenner bringt: der Ordnung der Liebe in Fragment 793 entspricht die Ordnung der Gerechtigkeit in Fragment 460.[658] Liebe und Gerechtigkeit bedingen einander.[659]

Doch darf man Pascals Denken auch hier nicht weichzeichnen. Denn in demselben Gedanken durchschaut er in der Tradition und Mitbegründung der französischen Moralistik die eigentlichen menschlichen Beweggründe, wenn er feststellt, dass in der körperlichen Welt die Begierde, in der geistigen Ordnung die Neugier und insbesondere unter den Weisen lediglich idealiter die Gerechtigkeit, realiter hingegen der Hochmut regiere: « Dans les choses de la chair, règne proprement la concupiscence; dans les spirituelles la curiosité proprement; dans la sagesse, l'orgueil proprement ».[660] Obwohl Pascal nach eigenem Bekunden nur wenige Stunden seines Lebens schmerzlos zugebracht hatte, hielt er es für geraten, zur Bekämpfung seines Hochmuts einen Stachelgürtel zu tragen.[661]

Aber selbst in der geistigen Welt regiert nicht so sehr die wissenschaftliche Neugier als vielmehr die alles beherrschende Eitelkeit,[662] weil auch die Neugier letztlich nur Eitelkeit ist, da man die Dinge nicht um ihrer selbst willen wissen möchte, sondern nur, um darüber sachverständig sprechen zu können:[663] « Curiosité n'est que vanité. Le plus souvent on ne veut savoir que pour en parler. Autrement on ne voyagerait pas sur la mer, pour ne jamais en rien dire, et pour le seul plaisir de voir, sans espérance d'en jamais communiquer ».[664] Es ist nicht

---

658 Ebenso bereits *Ewald Wasmuth*, Die Philosophie Pascals unter besonderer Berücksichtigung seiner Lehren von dem Unendlichen und dem Nichts und den Ordnungen, 1949, S. 207: „Eindeutig der Ordnungslehre zugehörig ist das Fragment 460, in dem Pascal von den drei Ordnungen aller Dinge spricht und diese Ordnungen in Beziehung zu der gefallenen Natur des Menschen sieht". Im Folgenden (ebenda, S. 208) verweist er darauf, dass Pascal „hier von eben den Ordnungen spricht, von denen er auch in dem Fragment 793 handelt (...)".

659 *Helmut Bürklin*, Ein Gott für die Menschen. Entwurf einer christozentrischen Anthropologie nach Blaise Pascal, 1976, S. 102 Fußnote 61, entwirft auf der Grundlage der Fragmente 793 und 460 eine eigentümliche Sozialordnung.

660 *Blaise Pascal*, Pensées, Fragment 460; auch im Folgenden. Vgl. auch *Erich Auerbach*, Über Pascals politische Theorie, in: Vier Untersuchungen zur Geschichte der französischen Bildung, 1951, S. 51, 58: „Er kann nur mühsam die hohe Achtung vor der eigenen Person, den ‚orgueil' bekämpfen, zu dem er ja auch, von einem irdischen Blickpunkt, berechtigter war als die meisten anderen".

661 *Ewald Wasmuth*, Die Philosophie Pascals unter besonderer Berücksichtigung seiner Lehren von dem Unendlichen und dem Nichts und den Ordnungen, 1949, S. 30.

662 *Blaise Pascal*, Pensées, Fragment 161.

663 Dazu *Dolf Sternberger*, Nietzsche liebte Pascal, Merkur. Deutsche Zeitschrift für europäisches Denken 42 (1988), 720, 723.

664 *Blaise Pascal*, Pensées, Fragment 152.

zuletzt die Eitelkeit der Wissenschaftler, die Pascal durchschaut hat wie kaum ein anderer und die er gemeint haben dürfte, wenn er festellt, dass wir so anmaßend sind, dass wir von aller Welt gekannt sein wollen, selbst von Menschen, die erst noch geboren werden, wenn wir schon nicht mehr da sind: « Nous sommes si présomptueux, que nous voudrions être connus de toute la terre, et même des gens qui viendront quand nous ne serons plus ».[665]

Diese Einsicht bricht sich noch in einem anderen rechtsrelevanten Gedanken Bahn, der ebenfalls die *concupiscence* zum eigentlichen Antrieb erklärt, aus dem alle kulturellen Leistungen und bewunderungswürdigen Rechtsregeln hervorgehen, die in ihrer Größe gleichwohl nie vergessen lassen dürfen, dass ihr eigentlicher Beweggrund ein unauslöschlicher Makel ist:[666] « On a fondé et tiré de la concupiscence des règles admirables de police, de moral et de justice; mais dans le fond, ce vilain fond de l'homme, ce *figmentum malum*, n'est couvert: il n'est pas ôté ».[667] Dieser pessimistische Blick auf die wahre Natur des Menschen und dessen elende Lage auf Erden,[668] die Pascals anthropologischen Rang ausmacht,[669] ist es paradoxerweise, der Pascals Ordnungsdenken so erhaben macht, weil es die unausgesprochene Einsicht voraussetzt, dass nicht zuletzt das Walten der niederen menschlichen Instinkte, über die sich Pascal nichts vormacht und keinerlei Idealvorstellung anhängt, zu einem besseren Ganzen, einem gedeihlichen Miteinander und einer Abbildung der Gerechtigkeit Gottes auf Erden führen kann.

Insofern gilt auch hier die treffende Feststellung, die Albert Hirschman im Hinblick auf einen anderen Gedanken Pascals getroffen hat, auf den am Ende

665 *Blaise Pascal*, Pensées, Fragment 148. Ähnlich schon *Lucius Annaeus Seneca*, De tranquillitate animi, 1, 14: „Quid opus est saeculis duratura componere?".

666 *Ewald Wasmuth*, Person und Ordnung bei Pascal, Philosophisches Jahrbuch 61 (1951), 80, 91, spricht wohl nicht zuletzt deshalb im Hinblick auf das oben behandelte Fragment 460 von den „Trümmer(n) der ontologischen Ordnungslehre Pascals".

667 *Blaise Pascal*, Pensées, Fragment 453. Dazu aus theologischer Sicht *Ewald Wasmuth*, Die Philosophie Pascals unter besonderer Berücksichtigung seiner Lehren von dem Unendlichen und dem Nichts und den Ordnungen, 1949, S. 245: „Das Material, das das Abbild der Beziehung als Bindung der Seele zu Gott trägt, die Konkupiszenz, und dazu gehört das ganze Gefüge des Lebens der Menschen miteinander, jegliche Ordnung in Politik, Sittlichkeit und Recht – ist wesensverschieden von dem Material, in dem die Wirklichkeit als Vorbild aller politischen, sittlichen und richterlichen Ordnung besteht. Denn auch das Recht, das wir hier kennen, verdankt seine Wahrheit nicht dem Inhalt an Gerechtigkeit, sondern nur der Abbildlichkeit der Gerechtigkeit Gottes, aus dieser stammt das Recht, aber nur sein leerer Titel, nicht seine Inhalte, nicht seine Erscheinungsweise (...)".

668 *Blaise Pascal*, Pensées, Fragment 199.

669 *Vittorio Hösle*, Moral und Politik. Grundlagen einer Politischen Ethik für das 21. Jahrhundert, 1997, S. 251 Fußnote 4.

dieser Untersuchung zurückzukommen ist:[670] „Wie ein Vorgriff auf Adam Smiths ‚Invisible Hand' liest sich Pascals Argument, die Größe des Menschen liege darin, dass es ihm ‚gelungen (sei), aus der Begierde ein so bewunderungswürdiges Arrangement' und eine ‚so schöne Ordnung' hervorzubringen."[671] Diesen Gedanken, dass aus Wertwidrigem Wertvolles entstehen kann, verdankt Pascal im Ausgangspunkt Montaigne.[672] Insofern kann man auch Pascals Rechtsdenken als im Kern individualistisch bezeichnen, wenngleich es – anders als wohl das Denken Descartes[673] – aufgrund seiner anthropologischen Rückbindung schwerlich als Resultat eines methodischen Individualismus bezeichnet werden kann.[674] Es ist jedoch allenfalls ein jenseitig ausgerichteter Individualismus, weil es ihm allein um die Unsterblichkeit der Seele und gerade nicht um die Freiheit des Individuums ging.[675]

Doch hat Pascal sich den Gedanken, dass aus Wertwidrigem Wertvolles werden kann, über Montaigne weit hinausgehend, nicht nur für sein rechtsphilosophisches Denken, sondern im Wege einer – durchaus kühnen[676] – Überhöhung auch für sein religionsphilosophisches Denken zu eigen gemacht, indem er diese Wirkungsweise zu einem Spiegel der Gerechtigkeit Gottes erhob.[677] Doch darf man nicht übersehen, dass diese ordnungsmäßige Überhöhung letztlich in

---

670 *Blaise Pascal*, Pensées, Fragment 402.

671 *Albert Otto Hirschman*, Leidenschaften und Interessen (The Passions and the Interests, 1977), 1987, S. 25. Zur genannten ‚invisible hand' *Jens Petersen*, Adam Smith als Rechtstheoretiker, 2012, S. 180 ff.; dort auch zur christlichen Fundierung.

672 *Hugo Friedrich*, Montaigne, 3. Auflage 1993, S. 169 ff. und öfter.

673 Geistesgeschichtlich aufschlussreich *Emil Lerch*, Pascals „Gedanken" über Recht und Gerechtigkeit, Zeitschrift für schweizerisches Recht, Schweizerischer Juristenverein 61 (1942), 339, 341 f.: „Nicht zufällig ist freilich auch die historische Tatsache, dass der wissenschaftliche und moralische Individualismus der ersten Hälfte des (sc.: 17.) Jahrhunderts mit zunehmender Staatsgewalt abnahm – Männer wie Descartes und Mersenne sind ohne direkte wissenschaftliche Nachkommen geblieben – und dem Studium des Menschen den größten Platz einräumte".

674 Dazu *Jens Petersen*, Freiheit unter dem Gesetz. Das Rechtsdenken Friedrich August von Hayek, 2014, S. VII.

675 *Erich Auerbach*, Über Pascals politische Theorie, in: Vier Untersuchungen zur Geschichte der französischen Bildung, 1951, S. 51, 72. Dezidiert auch *Henri Petit*, Images. Descartes et Pascal, 5. Auflage 1930, S. 212: « Pascal, au fond, se moque de la liberté de Descartes parce que sa liberté à lui est la grâce. (...) Il y a de la liberté dans la connaissance pour Descartes. Il n'y en a pas dans toute la nature humaine pour Pascal. Toute liberté serait pour lui d'être distrait. La liberté pour Pascal, inhumaine, répond au non-être ».

676 Insofern passt auch hier der oben zitierte Befund von *Karlheinz Stierle*, Pascals Reflexionen über den ‚ordre' der *Pensées*, Poetica 4 (1971), 167, 177; er spricht von einer „Überanstrengung des Begriffs des ordre selbst, einer Überreflexion dessen, was ordre im Bereich der geplanten ‚Apologie' sinnvoll bedeuten kann".

677 *Blaise Pascal*, Pensées, Fragment 402.

seiner eigentümlichen Anthropologie wurzelt,[678] welche die Schönheit der entstandenen Ordnung aus dem Zusammenwirken der von ihren Begierden beherrschten Menschen erklärt: « Les raisons des effets marquent la grandeur de l'homme d'avoir tiré de la concupiscence un si bel ordre ».[679] Pascal hat diesen Gedanken zwar nicht als einziger ausgesprochen,[680] aber er hat ihn am prägnantesten vorgetragen, so dass er als Ausgangspunkt einer gedanklichen Linie begriffen werden kann, die für die Verbindung zwischen philosophischer Anthropologie und Religionsphilosophie bestimmend wurde und von daher tiefer in die Rechtsphilosophie reicht, als das bisher wahrgenommen wurde.

Pascal hat damit dem neuzeitlichen Rationalismus Descartes' einen religionsphilosophischen Entwurf entgegengesetzt, für den seine Lehre von den drei Ordnungen paradigmatisch ist, deren erste die res extensa, die zweite die res cogitans betrifft, die beide im cartesischen Sinne verstanden werden können und nicht von ungefähr durch eine dritte Ordnung überwölbt werden, die sich auf Augustinus' ordo caritatis bezieht und der Sache nach über Kierkegaard wirkungsmächtig blieb. Diese religionsphilosophische Entgegensetzung erweist sich auch für Pascals Rechtsverständnis als folgenreich: Es ist einerseits naturrechtlich fundiert und determiniert, indem es auf göttlich gestiftetem Naturrecht gründet. Andererseits ist es durch Montaignes Skepsis geprägt,[681] sofern es die territoriale Relativität der Geltung positiven Rechts betont und gerade dadurch den Glauben an ein universelles und ubiquitäres Naturrecht von neuem entfacht, aber letztlich verwirft.[682] Die territoriale Beschränkung der Rechtsgeltung wirkt also auf der Ebene der ersten Ordnung des Raums. Positives Recht gehört zwar als Phä-

---

678 Zu ihr *Richard Lohde*, Die Anthropologie Pascals. Eine Strukturstudie zur Theorie der Menschenkenntnis, 1936.

679 *Blaise Pascal*, Pensées, Fragment 403.

680 *Albert Otto Hirschman*, Leidenschaften und Interessen (The Passions and the Interests, 1977), 1987, S. 25 Fußnote b) bemerkt unter Verweis auf andere Untersuchungen (*Gilbert Chinard*, En Lisant Pascal, 1948, S. 97 ff.; *David Warner Smith*, Helvétius: A Study in Persecution, 1965, S. 122 ff.): „Der Gedanke, dass eine eher durch Eigenliebe als durch Nächstenliebe zusammengehaltene Gesellschaft trotz ihrer Sündhaftigkeit zusammengehalten werden kann, findet sich außer bei Pascal bei einer Reihe prominenter zeitgenössischer Jansenisten".

681 *Matthias Sierp*, Pascals Stellung zum Skeptizismus. Ein Beitrag zur Geschichte der neueren Philosophie, Philosophisches Jahrbuch II (1889), 60; 310; III (1890), 173; 307.

682 Prägnant gegenüberstellend *Stig Strömholm*, Montaigne und Pascal: Zwei Einsprüche gegen den vernunftrechtlichen Optimismus, Nachrichten der Akademie der Wissenschaften in Göttingen, Philologisch-historische Klasse 5 (1972), 261, 266: „Bei Montaigne handelt es sich um eine auf die eigene Beobachtung und die antiken Autoritäten gestützte Skepsis; bei Pascal ist die Naturrechtskritik Element einer religiösen Apologetik, welche die Unvollkommenheit des Menschen ohne die göttliche Gnade aufzuweisen unternimmt". Vgl. auch *Jens Petersen*, Montaignes Erschließung der Grundlagen des Rechts, 2014, § 1.

nomen der Politik prinzipiell am ehesten dieser untersten Ordnung zu, bildet aber nicht einmal denjenigen Teil der ersten Ordnung ab, auf den es sich geographisch bezieht, weil es schon dort ohne ein göttlich eingestiftetes Naturrecht unvollkommen ist. Zugleich belegt die Relativität des Rechts aber auch seine Bedeutungslosigkeit in der göttlichen Ordnung. Positives Recht erreicht die erste Ordnung nur partiell, die zweite des Geistes schon deswegen nicht, weil es sich der Vernunft nicht erschließt.

Dabei ist es paradoxerweise gerade die Vernunft, die das Recht zugrundegerichtet hat, weil sie den Glauben an ein göttlich geoffenbartes Naturrecht destruiert hat. Die zweite Ordnung des Geistes kann daher aus Pascals Sicht gerade nicht das gewährleisten, was später Hegel auf der Ebene des objektiven Geistes anordnen wird, auf der das Recht seinen Platz hat.[683] Ein rein kognitiv erfassbares Recht kann deshalb nur formal in Pascals zweiter Ordnung wirken, jedoch ebenso limitiert, wie es in der ersten Ordnung territorial beschränkt ist, nämlich als letztlich willkürliche und eigenmächtige Setzung des Menschen. In der dritten Ordnung schließlich hat das Recht – umso weniger das positive – keinen hinlänglichen Bezugspunkt, sondern besteht nur noch in Gestalt der göttlichen Gerechtigkeit. So erweisen sich Pascals Gedanken zum Recht ohne sein Verständnis der Ordnung als unverständlich, weil beziehungslos. Nur die erste – derjenigen des Geistes und umso mehr derjenigen der Liebe niederrangige – Ordnung der Körper hat Raum für Recht und Politik mit ihrer je eigenen Rationalität.[684]

Ein positives, rationales Recht wird Pascals Ordnungsverständnis nicht gerecht, da die Vernunft das Recht notwendigerweise zersetzt. Positives Recht kann nicht mehr, als Machtansprüche ordnen und ist in dieser immanenten Begrenzung für Pascal buchstäblich von untergeordneter Bedeutung.[685] Erst in den drei voneinander geschiedenen Ordnungen zeigt sich letztlich die Begrenztheit der res extensa und der res cogitans, die erst das positive Recht ersinnt, in Abgrenzung zur höherrangigen göttlichen Gerechtigkeit.[686] In ähnlichem Sinne veranschaulichte dreihundert Jahre später der Physiker Niels Bohr die Wirkungsweise der für seine physikalische Theorie der Komplementarität mit der Gerechtigkeit und Barm-

683 Näher *Jens Petersen*, Die Eule der Minerva in Hegels Rechtsphilosophie, 2. Auflage 2015, § 2.

684 *Wolfgang Welsch*, Unsere postmoderne Moderne, 2008, S. 285.

685 Anders in der Akzentsetzung *Paolo Prodi*, Eine Geschichte der Gerechtigkeit. Vom Recht Gottes zum modernen Rechtsstaat, 2. Auflage 2005, S. 274: „In gewisser Weise ist bereits bei Pascal die Sache Gottes die Sache der Macht und des Staates (...)".

686 Zu ihr auch *Karlheinz Stierle*, Dante Alighieri. Dichter im Exil, Dichter der Welt, 2014, S. 170 ; *Jens Petersen*, Dante Alighieris Gerechtigkeitssinn, 2011.

herzigkeit Gottes.[687] Doch ist die göttliche Gerechtigkeit schlechterdings inkommensurabel: « Il n'y a pas si grande disproportion entre notre justice et celle de Dieu, qu'entre l'unité et l'infini ».[688] So gilt für Pascals fragmentarische Gedanken über das Recht in ihrem notwendigen Bezug zu seinem Ordnungsbegriff letztlich das, was Hugo Friedrich staunend und mahnend über sein Gesamtwerk bemerkt hat: „Wo man auch Pascal anfasst, muss man sein ganzes Denken aufrollen. Denn es ist überall da, geht auch nicht nur den katholischen Gläubigen an oder den Theologen.[689] Es hat eine Weite, die jeden zwingt, sich mit ihm zu beschäftigen. (...) Wäre man selbst unempfindlich gegen die Anliegen einer religiösen Haltung, müsste man doch verweilen vor der geistigen Macht, die dieser Mensch besitzt. In einer wenn auch säkularisierten Deutung hätte man ihm dann immerhin die schuldige Achtung erwiesen. Auf keinen Fall geht es an, Pascal in die Theologie abzudrängen."[690]

Damit hat Pascal gerade auch den Juristen Entscheidendes zu sagen. Sein Denken steht an einem Scheidepunkt der Geistesgeschichte, an dem sich sein Weg und derjenige Descartes' gabelten. Dieser war, auch auf die juristische Geistesgeschichte bezogen, prägend für den neuzeitlichen Rationalismus, der bis hin zu Hans Kelsen weiter verfolgt werden kann.[691] Jener Weg hingegen, den Pascal eingeschlagen hat, gründet ebenfalls in einer – gerade auch für den Juristen unerlässlichen[692] – rationalen Wissenschaftsauffassung, die nichts Mystisches an sich hat und daher, auf das Recht bezogen, auch keiner gleichwie gearteten ‚Rechtsmystik' Vorschub leistet. Pascals esprit de géometrie hat mit einer seltenen

---

687 *Niels Bohr*, Atomtheorie und menschliche Erkenntnis, 1958; *ders.*, Atomtheorie und Naturbeschreibung, 1931; näher *Carl Friedrich von Weizsäcker*, Große Physiker, 1999, S. 275, 283; zu Bohrs Verständnis der Komplementarität *Klaus-Michael Meyer-Abich*, Korrespondenz, Individualität, Komplementarität, 1965; speziell zur zitierten Aussage *Hans Dombois*, Der Kampf um das Kirchenrecht, in: Die Katholizität der Kirche (Hg. Hans Asmussen/Wilhelm Stählin), 1957, S. 285, 297 f.; *Joseph Ratzinger*, Einführung in das Christentum, 1968, Erster Hauptteil, 2. Kapitel Fußnote 27 m.w.N.

688 *Blaise Pascal*, Pensées, Fragment 233/2.

689 Auch rechtsphilosophisch im Wortsinne bedenkenswert insoweit *Michael Stolleis*, Blaise Pascal – Gedanken zur Ungewissheit des Rechts, Festschrift für Jan Schröder, 2013, S. 787, 796: „Zugleich sind aber seine ‚Pensées', Dokumente einer scholastischen Theologie, die mit den Mitteln der logischen Begriffsbildung beweisen möchte, dass allein der katholische Glaube ‚im Recht' ist".

690 *Hugo Friedrich*, Pascals Paradox. Das Sprachbild einer Denkform, Zeitschrift für Romanische Philologie 56 (1936), 322, 331.

691 Näher *Jens Petersen*, Freiheit unter dem Gesetz. Friedrich August von Hayeks Rechtsdenken, 2014.

692 *Jens Petersen*, Max Webers Rechtssoziologie und die juristische Methodenlehre, 2. Auflage 2014, § 1.

Klarsicht auch die im Recht abgebildeten Kräfteverhältnisse und die dadurch zusammen gehaltene Machtgeometrie erkannt.

Hier könnte ihn zumindest mittelbar Thomas Hobbes beeinflusst haben,[693] der über seinen Freund Pierre Gassendi nach Paris wirkte,[694] welchen wiederum Pascal aus der Académie Mersenne kannte.[695] Macht bedarf allerdings für Pascal des Rechts,[696] um nicht tyrannisch zu sein,[697] ebenso wie das Recht mit Durchsetzungsmacht ausgestattet sein muss.[698] Irdischer Gerechtigkeit ist bereits Genüge getan, wenn den Gesetzen dergestalt gehorcht wird, dass Bürgerkrieg und Blutvergießen, die seinerzeit an der Tagesordnung waren, möglichst vorgebeugt wird.[699] Insoweit folgt Pascal Montaigne, für den der Bürgerkrieg das schlimmste Übel war, dem durch den Gesetzesgehorsam ansatzweise begegnet werden kann:[700] « Le plus grand des maux est les guerres civiles ».[701] Deshalb verheißen beispielsweise mathematisch bestimmbare Erstgeborenenrechte

693 Interessant *Rudolf Behrens*, Zur anthropologischen Fundierung von Politik und Rhetorik in den „Pensées" Blaise Pascals, Rhetorik 10 (1991), 16, 24: „In gewisser Weise verlängern die Pensées damit eine rhetorische Grundierung der Staatstheorie des Thomas Hobbes, indem sie diese in einem eschatologischen Rahmen aufheben". Zu Pascal und Hobbes *Michael Stolleis*, Blaise Pascal – Gedanken zur Ungewissheit des Rechts, Festschrift für Jan Schröder, 2013, S. 787, 793; *Peter Schneider*, Pascals Plaisante Justice, Archiv für Rechts- und Sozialphilosophie XXXIX (1950/51), 79, 82.

694 Zu ihm und Pascal *Antony McKenna*, Entre Descartes et Gassendi. La première édition des Pensées de Pascal, 1993.

695 *Antony McKenna*, Pascal et Hobbes: les opinions du peuple, in: Justice et Force. Politique au Temps de Pascal (Hg. Gérard Ferreyrolles), 1996, S. 13. *Albert Brimo*, Pascal et le droit – essai sur la pensée pascalienne, le problème juridique et les grandes théories du droit et de l'État, 1942, S. 89 f.; 136 f., zufolge gab es sogar eine unmittelbare Beziehung zwischen beiden.

696 Skeptisch *Erich Auerbach*, Über Pascals politische Theorie, in: Vier Untersuchungen zur Geschichte der französischen Bildung, 1951, S. 51, 70, wonach es sich bei diesem Recht Pascals „um ein bloßes Wort, um eine Imagination" gehandelt hat.

697 Es ist vielleicht kein Zufall, dass zwei wegweisende deutschsprachige Arbeiten über Pascal während der nationalsozialistischen Willkürherrschaft und Rechtsperversion entstanden: neben der Abhandlung von *Hugo Friedrich* (Pascals Paradox. Das Sprachbild einer Denkform, Zeitschrift für Romanische Philologie 56 (1936), 322) das Buch von *Romano Guardini*, Christliches Bewußtsein: Versuche über Pascal, 1935, 4. Auflage 1991.

698 *Blaise Pascal*, Pensées, Fragment 298.

699 *Blaise Pascal*, Pensées, Fragment 326.

700 Nach *Emil Lerch*, Pascals „Gedanken" über Recht und Gerechtigkeit, Zeitschrift für schweizerisches Recht, Schweizerischer Juristenverein 61 (1942), 339, 341 unter Verweis auf Pascals Invektive gegen die politiche Fronde in Fragment 878, wonach deren Ungerechtigkeit darin lag, ihre vorgebliche Gerechtigkeit gegen die Macht zu richten; dazu auch *Arthur Rich*, Pascals Gedanken über Recht und Macht, Theologische Zeitschrift der Universität Basel 3 (1952), 205, 212; zu Fragment 878 oben § 1 II 4.

701 *Blaise Pascal*, Pensées, Fragment 313.

Rechtssicherheit und Rechtsfrieden, weil sie immerhin an ein sicheres Factum knüpfen: « La raison ne peut mieux faire, car la guerre civile est le plus grand des maux ».[702] Sogar das Erstgeborenenrecht eines unfähigen königlichen Sprosses biete gegenüber der Gefahr von Bürgerkriegen aufgrund seiner exakten Vorhersehbarkeit bessere Gewähr der Rechtssicherheit als die Abschätzung etwaiger Verdienste,[703] die ohnehin jeder anders gewichtet und der vermeintlich Berechtigte am wenigsten objektiv beurteilt.[704] Ebenso wie für seinen Lehrmeister Montaigne ist Unordnung nicht nur der Gegenbegriff zur Ordnung, sondern schlimmer als Ungerechtigkeit.

Doch sein esprit de finesse mit seinem ordre du cœur hat es nicht dabei bewenden lassen und die untergeordnete Vorläufigkeit aller durch Macht hergestellten Rechtszustände herausgestellt. Macht hat den Vorzug der Messbarkeit; ihre Verlässlichkeit gründet auf dem Faktum der Durchsetzungskraft. Daher erweist sie sich der desorganisierten menschlichen Natur gemäß, die von Grund auf unvernünftig eingestellt ist: « Les choses du monde les plus déraisonnables deviennent les plus raisonnables à cause du dérèglement des hommes ».[705] Vorgebliche Gerechtigkeit stiftende Vernunftgründe sind nur geeignet, dies zu verschleiern: « Ce qui est fondé sur la saine raison est bien mal fondé, comme l'estime de la sagesse ».[706] Hier scheint auch das Bindeglied zwischen dem auf menschliche Macht gegründeten unzulänglichen Recht und der übergeordneten Gerechtigkeit auf: Da der Mensch es verstanden hat, selbst mit seinen unvernünftigen und eigennützigen Begehrlichkeiten eine stabile Ordnung zu errichten,[707] die

---

702 *Blaise Pascal*, Pensées, Fragment 320.

703 *Michael Stolleis*, Blaise Pascal – Gedanken zur Ungewissheit des Rechts, Festschrift für Jan Schröder, 2013, S. 787, 796: „Die an sich ganz unsinnige Thronfolgeregel, dass der älteste Sohn des verstorbenen Königs als der beste aller Kandidaten, gelten solle, gewinnt *als empirisch verlässliches Verfahren der Streitvermeidung* ihren Sinn"; Hervorhebung nur hier.

704 *Blaise Pascal*, Pensées, Fragment 313. Dazu *Otfried Höffe*, Gerechtigkeit: eine philosophische Einführung, 5. Auflage 2015, S. 9: „Häufig erliegt man aber einer perspektivischen Täuschung. Auch Pascal unterscheidet nicht zwischen weniger elementaren Gerechtigkeitsvorstellungen – etwa dass die Erstgeborenen alles erben (Gedanken, Nr. 291) – und einem unstrittigen Kern. Auf diese Weise entgeht den Zweiflern, was so gut wie alle Kulturen miteinander teilen: eine schon im empirischen Sinn nicht bloß regional, und epochal gültige Gerechtigkeit". – Dagegen spricht jedoch, dass Montaigne, auf den sich Pascal in der weiter oben von Höffe zitierten Stelle von der raumzeitlichen Relativität des Rechts zustimmend bezieht, eine solchermaßen gültige von allen Kulturen geteilte Gerechtigkeit vehement ablehnt; näher *Jens Petersen*, Montaignes Erschließung der Grundlagen des Rechts, 2014, passim.

705 *Blaise Pascal*, Pensées, Fragment 320.

706 *Blaise Pascal*, Pensées, Fragment 330.

707 *Hugo Friedrich*, Pascal, in: Romanische Literaturen, Band 1 (Hg. Brigitte Schneider-Pachaly), 1973, S. 139, 156.

in ihrer vollkommenen Unvollkommenheit – gleichsam *hominum confusione et Dei providentia*[708] – ein Abbild jener dritten Ordnung ist, gilt für ihn: « Grandeur de l'homme dans sa concupiscence même, d'en avoir su tirer un règlement admirable, et d'en avoir fait un tableau de la charité ».[709]

Pascal hat einen kühnen Bogen von der Niedrigkeit des ungerechten Menschen zur Schönheit einer umfassenden Ordnung göttlicher Gerechtigkeit gespannt.[710] Ob dieser „nietzschefest"[711] ist und sich seine Skepsis gegenüber einem Vernunftrecht im Laufe der Aufklärung behaupten kann,[712] gehört seither zu den interessantesten Fragen der juristischen Geistesgeschichte.[713] Pascals Gedanken über die Gerechtigkeit und seine Lehre der drei Ordnungen erinnern die Jurisprudenz ungeachtet aller Zweifel, die er gegenüber ihrem Wissenschaftsanspruch hegte,[714] daran, keine geistlosen Gesetzesvollstrecker, sondern Juristen mit Herz und Verstand heranzubilden.[715]

---

708 Diese helvetische Weisheit wendet der Schweizer Theologe Karl Barth in einem kühnen und problematischen, aber zumindest Pascals gegen den Bürgerkrieg gerichteten Intention entsprechenden Gedanken auf das Walten des göttlichen Willens im Krieg an: „Gott will den Egoismus nicht. Er *will* aber, dass der Egoismus sich im Krieg offenbare und so sich selbst zum Gericht werde. Dieser Gerichtswille Gottes ist dann auch nichts anderes als Liebe: Offenbarwerden und Stärkerwerden der göttlichen Gerechtigkeit", *Karl Barth/Eduard Thurneysen*, Briefwechsel, Band 1, 1913–1921 (Hg. Eduard Thurneysen), 1973, S. 10.

709 *Blaise Pascal*, Pensées, Fragment 402.

710 *Blaise Pascal*, Pensées, Fragment 403.

711 In Anlehnung an ein Wort von *Robert Spaemann*, Der letzte Gottesbeweis, 2007, der seinen eigenen – allerdings wenig überzeugenden – Beweis so bezeichnet.

712 *Stig Strömholm*, Montaigne und Pascal: Zwei Einsprüche gegen den vernunftrechtlichen Optimismus, Nachrichten der Akademie der Wissenschaften in Göttingen, Philologisch-historische Klasse 5 (1972), 261, 270, spricht richtigerweise von einer „erstaunlich geringen Wirkung, welche diese Angriffe gegen den Siegeszug des Naturrechts" (...) hatten.

713 Dazu etwa *Jens Petersen*, Nietzsches Genialität der Gerechtigkeit, 2. Auflage 2015.

714 *Blaise Pascal*, Pensées, Fragment 294.

715 Im Sinne von *John Henry Newman*, The Idea of a University, 1873 (Die Idee der Universität, Übersetzung von Edith Stein, 2004, S. 179 f.). Zum Verhältnis beider zueinander *James M. Cameron*, Pascal and Newman, University of Leeds Review XII/2 (1969).

Literaturverzeichnis

Adler, Leo, Ludwig Wittgenstein. Eine existenzielle Deutung, 1976

Adolff, Gertrud, Die Pensées der Königin Christine von Schweden, 1932

Albaret, Céleste, Monsieur Proust (aufgezeichnet von Georges Belmont), 1974

Attali, Jacques, Blaise Pascal. Biographie eines Genies, 2. Auflage 2007

Auerbach, Erich, Über Pascals politische Theorie, in: Vier Untersuchungen zur Geschichte der französischen Bildung, 1951, S. 51

Augustinus, Aurelius, Confessiones

— *ders.*, De gratia et libero arbitrio

— *ders.*, De correptione et gratia

Barth, Karl, Fides querens intellectum, 1931

— *ders./Thurneysen, Eduard*, Briefwechsel, Band 1, 1913–1921 (Hg. Eduard Thurneysen), 1973

Baudin, Emile, La philosophie de Pascal, II/2, 1947

Béguin, Albert, Pascal in Selbstzeugnissen und Bilddokumenten, 1959

Behrens, Rudolf, Zur anthropologischen Fundierung von Politik und Rhetorik in den „Pensées" Blaise Pascals, Rhetorik 10 (1991), 16

Bense, Max, Pascal und Kierkegaard, Europäische Revue 18 (1942), 88

Berlin, Isaiah, Das krumme Holz der Humanität, 2009

Biser, Eugen, „Gott ist tot". Nietzsches Destruktion des christlichen Bewusstseins, 1962

— *ders.*, Der schwere Weg der Gottesfrage, 1982

— *ders.*, Paulus. Zeuge, Mystiker, Vordenker, 1992

— *ders.*, Der Mensch – das uneingelöste Versprechen, 2. Auflage 1996

— *ders.*, Hat der Glaube eine Zukunft?, 3. Auflage 1997

— *ders.*, Die Entdeckung des Christentums, 2000

— *ders.*, Glaubenserweckung. Das Christentum an der Jahrtausendwende, 2000

— *ders.*, Joseph Bernhart, der Seher und Deuter, in: Josef Bernhart (1181–1969), ein bedeutender Repräsentant katholischen Geisteslebens im 20. Jahrhundert (Hg. Manfred Weitlauff/Bernd J. Claret/Eugen Biser), 2000, S. 96

— *ders.*, Der unbekannte Paulus, 2003

Bishop, Morris, Pascal, in der deutschen Übersetzung von Erika Pfuhl/Richard Blunck, 1938

Blumenberg, Hans, die Legitimität der Neuzeit, 1966

Bohr, Niels, Atomtheorie und Naturbeschreibung, 1931

— *ders.*, Atomtheorie und menschliche Erkenntnis, 1958

Brandt, Reinhard, Rechtsphilosophie der Aufklärung (Hg. Ders.), 1981

Brimo, Albert, Pascal et le droit – essai sur la pensée pascalienne, le problème juridique et les grandes théories du droit et de l'État, 1942

Briot, Frédéric, Politique et augustinisme dans les *Mémoires* du cardinal de Retz, in: Justice et Force. Politique au Temps de Pascal (Hg. Gérard Ferreyrolles), 1996, S. 225

Brunet, Georges, Le Pari de Pascal, 1956

Brunetière, Ferdinand, Études critiques sur l'histoire de la littérature française, 4 Série, 1880–1907, S. 144

Brunschvicg, Léon, Descartes et Pascal, lecteurs de Montaigne, 2. Auflage 1945

Buchholz, Kai, Ludwig Wittgenstein, 2006

Bürklin, Helmut, Ein Gott für die Menschen. Entwurf einer christozentrischen Anthropologie nach Blaise Pascal, 1976
Calasso, Roberto, Der Untergang von Kasch, 2002
Cameron, James M., Pascal and Newman, University of Leeds Review XII/2, 1969
Cassirer, Ernst, Erkenntnisproblem in der Philosophie und der Wissenschaft der neueren Zeit, 1906, Band I
Chateaubriand, François-René, Génie du Christianisme, 1802, Tome 3 (deutsch: Geist des Christentums, herausgegeben von Jörg Schenuit (basierend auf der Übersetzung von Hermann Kurz, 1844), 2004)
Chevalier de Méré (Antoine Gombaud), De la vraie Honnêteté, in: Œuvres posthumes (Hg. Charles-H. Boudhors), 1930, S. 69
Chinard, Gilbert, En Lisant Pascal, 1948
Christodoulou, Kyriaki, L'être et le paraître de la grandeur chez Montaigne, Pascal et La Bruyère, in: Justice et Force. Politique au Temps de Pascal (Hg. Gérard Ferreyrolles), 1996, S. 83
Cicero, Marcus Tullius, De finibus bonorum et malorum
— *ders.*, De officiis
Cuntz, Michael, Der göttliche Autor: Apologie, Prophetie und Simulation in Texten Pascals, 2004
Dariosecq, Luc, La Pensée politique de Pascal, PMLA 76/1 (1961), 54
Descartes, René, Briefe, 1629–1650, in der Übersetzung von Fritz Baumgart (Hg. Max Bense), 1949
— *ders.*, Discours de la Méthode, 1637
— *ders.*, Mediationes de Prima philosophia, 1641
Derrida, Jacques, Force de loi: Le « fondement mystique de l'autorité », 1994, zuerst veröffentlicht im Rahmen des Kolloqiums "Deconstruction and the Possibility of Justice", in: The Cardozo Law Review 11 (1990), 919 (dort auch in englischer Übersetzung mit dem Titel Force of Law: The "Mystical Foundation of Authority"); zitiert nach der deutschen, bei Suhrkamp erschienenen Ausgabe: Gesetzeskraft. Der ‚mystische Grund der Autorität', 1991
Descotes, Dominique, La chicane chez les géomètres, in: Justice et Force. Politique au Temps de Pascal (Hg. Gérard Ferreyrolles), 1996, S. 141
Dombois, Hans, Der Kampf um das Kirchenrecht, in: Die Katholizität der Kirche (Hg. Hans Asmussen/Wilhelm Stählin), 1957, S. 285
Dreier, Horst, Naturrecht und Rechtspositivismus. Pauschalurteile, Vorurteile, Fehlurteile, in: „Vom Rechte, das mit uns geboren ist", Aktuelle Probleme des Naturrechts (Hg. Wilfried Härle/Bernhard Vogel), 2007, S. 127
Ebeling, Gerhard, Gewißheit und Zweifel, Die Situation des Glaubens im Zeitalter nach Luther und Descartes, Wort und Glaube II. Beiträge zur Fundamentaltheologie und zur Lehre von Gott, 1969
Englisch, Andreas, Franziskus. Zeichen der Hoffnung, 12. Auflage 2014
Ferreyrolles, Gérard, Pascal et la raison politique, 1984
— *ders.*, Jansénius politique: le Mars Gallicus, in: Justice et Force. Politiques au Temps de Pascal, 1996, S. 95
Flasch, Kurt, Kampfplätze der Philosophie. Große Kontroversen von Augustin bis Voltaire, 2008
Flasche, Hans, Die Erfahrung des Herzens bei Calvin und Pascal, Orbis Litterarum 6 (1948), 273

— *ders.*, Die Erfahrung des Herzens bei Cornelius Jansenius und ihre Bedeutung für das Denken Pascals, Zeitschrift für Religions- und Geistesgeschichte 2 (1949/1950), 33
Force, Pierre, Pascal et Machiavel, in: Justice et Force. Politique au Temps de Pascal (Hg. Gérard Ferreyrolles), 1996, S. 61
Foucault, Michel, Die Ordnung des Diskurses, 1979
Friedenthal, Richard, Entdecker des ich. Montaigne – Pascal – Diderot, 1969
Friedrich, Hugo, Pascals Paradox. Das Sprachbild einer Denkform, Zeitschrift für Romanische Philologie 56 (1936), 322
— *ders.*, Die Rechtsmetaphysik der Göttlichen Komödie, 1942
— *ders.*, Pascal, in: Romanische Literaturen, Band 1 (Hg. Brigitte Schneider-Pachaly), 1973, S. 139
— *ders.*, Montaigne, 1949, 3. Auflage 1993
Fuhrmann, Wilhelm David, Handwörterbuch der christlichen Religions- und Kirchengeschichte, Band II, 1828
Fumaroli, Marc, Le Poète et le Roi. Jean de La Fontaine et son siècle, 1997
Gallucci, John A., Politique et écriture : la « disposition » pascalienne comme principe de liberté, in: Justice et Force. Politique au Temps de Pascal (Hg. Gérard Ferreyrolles), 1996, S. 267
Geißner, Hellmut, Esprit und Cœur. Zur Doppelstruktur des Überzeugens in Pascals ‚De l'art de persuader', Festschrift für Gerhard Kiefner, 1987, S. 121
Goodhue, William Walter, Pascal's Theory of Knowledge: A Reaction to the Analytical Method of Descartes, The Modern Schoolman XLVII (1969/70), 15
Goyard-Fabre, Simone, La philosophie du droit de Jean Domat ou la convergence de l'ordre naturel et de l'ordre rationnel, in: Justice et Force. Politique au Temps de Pascal (Hg. Gérard Ferreyrolles), 1996, S. 187
Goyet, Thérèse, « Le propre de la puissance est de protéger », in: Justice et Force. Politique au Temps de Pascal (Hg. Gérard Ferreyrolles), 1996, S. 333
Groeben, Annemarie von der, « Le cœur a son ordre, l'esprit le sien » – Eine Überlegung zum Begriff « ordre » bei Pascal, Festschrift für Hartmut von Hentig, 1985, S. 50
Großfeld, Bernhard, Rechtsvergleichung, Vorträge der Nordrhein Westfälischen Akademie der Wissenschaften, 2002, S. 32
Guardini, Romano, Christliches Bewußtsein: Versuche über Pascal, 1935, 4. Auflage 1991
Haag, Johannes, Descartes über Willen und Willensfreiheit, Zeitschrift für philosophische Forschung 60 (2006), 483
Harms, Klaus, Vor Gott ohne Gott. Freiheit, Verantwortung und Widerstand im Kontext der Religionskritik bei Dietrich Bonhoeffer und Jean Paul Sartre. Ein Beitrag zur politischen Ethik, 2008
Hegel, Georg Wilhelm Friedrich, Vorlesungen zur Geschichte der Philosophie, in: Sämtliche Werke, Jubiläumsausgabe, Band 19 (Hg. Hermann Glockner), 1928
Heim, Manfred, Kirchengeschichte in Daten, 2006
Henrich, Dieter, Der ontologische Gottesbeweis, 1960
— *ders.*, Werke im Werden. Über die Genesis philosophischer Einsichten, 2011
Herzog, Johann Jakob, Real-Enzyklopädie für protestantische Theologie und Kirche, Band 11
Hieronymus, Epistulae
Hirschman, Albert Otto, Leidenschaften und Interessen (The Passions and the Interests, 1977), 1987

Hochkeppel, Willy, Blaise Pascal, Vom geometrischen Geist, in: ZEIT-Bibliothek der 100 Sachbücher (Hg. Fritz J. Raddatz), 1984, S. 77
Höffe, Otfried, Gerechtigkeit: eine philosophische Einführung, 5. Auflage 2015
Hoffmann, Ernst, Pauli Hymnus auf die Liebe, in: Platonimus und christliche Philosophie (Erasmus Bibliothek. Gesammelte Abhandlungen und Vorträge zur Geschichte der Philosophie), 1960, S. 187
Hofmann, Hasso, „In Europa kann's keine Salomons geben." – Zur Geschichte des Begriffspaars Recht und Kultur, JZ 2009, 1
Horkheimer, Max, Montaigne und die Funktion der Skepsis, Gesammelte Schriften (Hg. Alfred Schmidt), Band 4, 1988, S. 240
Hösle, Vittorio, Wahrheit und Geschichte, 1984
— *ders.*, Philosophiegeschichte und objektiver Idealismus, 1996
— *ders.*, Moral und Politik. Grundlagen einer Politischen Ethik für das 21. Jahrhundert, 1997
— *ders.*, Die Philosophie und die Wissenschaften, 1999
— *ders.*, Eine kurze Geschichte der Philosophie, 2013
— *ders.*, Dantes Commedia und Goethes Faust, Ein Vergleich der beiden wichtigsten philosophischen Dichtungen Europas, 2014
Hübner, Kurt, Glaube und Denken, Dimension der Wirklichkeit, 2001
Hufnagel, Erwin, Ordo amoris: Die Sichtung des anderen. Zu Schelers Phänomenologie der Befindlichkeit, in: Subjekt – Identität – Person? (Hg. Birgit Griese), 2010, S. 49
Huizinga, Johan, Homo Ludens. Vom Ursprung der Kultur im Spiel, 23. Auflage 2013
Hunter, Graeme, Pascal: the Philosopher: An Introduction, 2013
Jamieson, Kathleen M., Pascal vs. Descartes: A Clash over Rhetorics in the Seventeenth Century, Communications Monographs 43 (1976), 43
Jansenius (Cornelius Jansen), Augustinus, sive doctrina Sti. Augustini de humanae naturae sanitate, aegritudine, medicina adversus pelagianos et massilienses, 3 Bände, 1640
Jaspers, Karl, Plato – Augustin – Kant, Drei Gründer des Philosophierens, 1957
Jehasse, Jean, Guez de Balzac: Aristippe ou De la cour (1658), in: Justice et Force. Politique au Temps de Pascal (Hg. Gérard Ferreyrolles), 1996, S. 27
Jens, Walter/Küng, Hans, Dichtung und Religion, 1985
Jolivet, Régis, L'anticartésianisme de Pascal, Archive de Philosophie I (1923), III, 54
Jüngel, Eberhard, Gottes Sein ist im Werden, 3. Auflage 1976
— *ders.*, Gott als Geheimnis der Welt, 5. Auflage 1986
— *ders.*, Das Evangelium der Rechtfertigung des Gottlosen als Zentrum des christlichen Glaubens, 4. Auflage 2005
Kambartel, Friedrich, Pascal und die Wissenschaftskritik, Hochland 57 (1964/65), 254
Kant, Immanuel, Kritik der reinen Vernunft, 2. Auflage 1787, Akademie-Ausgabe (AA), Band III
— *ders.*, Idee zu einer allgemeinen Geschichte in weltbürgerlicher Absicht, 1784, in: Akademie-Ausgabe (AA), Band VIII, S. 15
Kasper, Walter, Abschied vom Gott der Philosophen, EvKomm 10, 1977, S. 622
– *ders.*, Barmherzigkeit. Grundbegriff des Evangeliums – Schlüssel christlichen Lebens, 2013
Kawamata, Koji, Les soulèvements populaires et Pascal, in: Justice et Force. Politique au Temps de Pascal (Hg. Gérard Ferreyrolles), 1996, S. 237
Kerr, Fergus, La théologie après Wittgenstein, 1991
Kierkegaard, Søren, „Schuldig" – „Nicht schuldig?" Eine Leidensgeschichte. Psychologisches Experiment von Frater Taciturnus, Gesammelte Werke, 15. Abteilung: Stadien auf des Lebens Weg, 1845

— *ders.*, Leben und Walten der Liebe, 1847 (deutsche Übersetzung von Albert Domer und Christoph Schrempf, 1924)
— *ders.*, Entweder-Oder, 1885
Kim, Hyung-Kil, De l'art de persuader dans les Pensées de Pascal, 1992
Krauthausen, Udo, Die Moralphilosophie des David Hume und ihre Aktualität in der Rechtsphilosophie, 2009
Krings, Hermann, Ordo. Philosophie-historische Grundlegung einer abendländischen Idee, 1941
Kruse, Margot, Beiträge zur französischen Moralistik, 2003
Kummer, Irene Elisabeth, Blaise Pascal – Das Heil im Widerspruch, 1978
Küng, Hans, Existiert Gott? Antwort auf die Gottesfrage der Neuzeit, 4. Auflage 1987
Lacombe, Roger-E., L'Apologétique de Pascal, 1958
Lafuma, Louis, L'Ordre de l'Esprit et l'Ordre du Cœur, Recherches des Sciences Religieuses XLVI (1958), 416
Lawn, Chris, Wittgenstein and Gadamer Towards a Post-Analytic Philosophy of Language, 2004
Lerch, Emil, Pascals „Gedanken" über Recht und Gerechtigkeit, Zeitschrift für schweizerisches Recht, Schweizerischer Juristenverein 61 (1942), 339
Lefebvre, Henri, Pascal, Band 1, 1949
Lilla, Mark, Der totgeglaubte Gott. Politik im Machtfeld der Religion, 2013
Loeffel, Hans, Blaise Pascal (1623–1662), 1987
Lohde, Richard, Die Anthropologie Pascals. Eine Strukturstudie zur Theorie der Menschenkenntnis, 1936
Loret, Jean, Muse historique vom 14. April 1652
Löwith, Karl, Nietzsches Philosophie der ewigen Wiederkehr des Gleichen, 1935
— *ders.*, Sammelband Mensch und Menschenwelt, in: Sämtliche Schriften, Band 1, 1981, S. 426
— *ders.*, Der christliche Gentleman. Über die Schizophrenie eines gesellschaftlichen Ideals, in: Sämtliche Schriften, Band III, 1985, S. 163
Maritain, Jacques, The political Ideas of Pascal, in: Ransoming the Time, 1941, S. 33
Maspétiol, Roland, Pascal et le pouvoir, Revue des Deux Mondes, 1962, S. 161
McKenna, Antony, Entre Descartes et Gassendi. La première édition des Pensées de Pascal, 1993
— *ders.*, Pascal et Hobbes: les opinions du peuple, in: Justice et Force. Politique au Temps de Pascal (Hg. Gérard Ferreyrolles), 1996, S. 13
Meier-Seethaler, Carola, Gefühl und Urteilskraft, 3. Auflage 2001
Mesnard, Jean, La monarchie de droit divin, concept anticlerical, in: Justice et Force. Politique au Temps de Pascal (Hg. Gérard Ferreyrolles), 1996, S. 111
Meurillon, Christian, Entre Babylone et Jérusalem, l'honnêteté selon Nicole, in: Justice et Force. Politique au Temps de Pascal (Hg. Gérard Ferreyrolles), 1996, S. 319
Meyer, Harding, Pascals Pensées als dialogische Verkündung, 1962
Meyer-Abich, Klaus Michael, Korrespondenz, Individualität, Komplementarität, 1965
Michon, Hélène, L'ordre du cœur. Philosophie, théologie et mystique dans les « Pensées » de Pascal, 1996
Montaigne, Michel de, Essais, Édition P. Christian, 1868
Morot-Sir, Édouard, La justice de Dieu selon Pascal, in: Justice et Force. Politique au Temps de Pascal (Hg. Gérard Ferreyrolles), 1996, S. 281
Mortier, Roland, Les Idées politiques de Pascal, Revue d'Histoire littéraire de la France 58 (1958), 289

Müller, Georg Ludwig, Katholische Dogmatik, 6. Auflage 2005
Natoli, Charles M., Nietzsche and Pascal on Christianity, American University Studies, Series V, Philosophy, Vol. 3, 1985
— *ders.*, L'importance fondamentale de la justice dans l'apologétique de Pascal: le Dieu caché, in: Justice et Force. Politique au Temps de Pascal (Hg. Gérard Ferreyrolles), 1996, S. 297
Neveux, Jean-B., Un chrétien peut-il être prince? Réflexion de V. L. von Seckendorf (1626–1692), auteur de *Der Teutsche Fürstenstaat* (1653) et *Der Christenstaat* (1685), in: Justice et Force. Politique au Temps de Pascal (Hg. Gérard Ferreyrolles), 1996, S. 43
Newman, John Henry, The Idea of a University, 1873 (in der Übersetzung von Edith Stein, 2004)
Niderst, Alain, De l'histoire à la politique dans les Pensées, in: Justice et Force. Politique au Temps de Pascal (Hg. Gérard Ferreyrolles), 1996, S. 245
Nietzsche, Friedrich, Menschliches, Allzumenschliches, Ein Buch für freie Geister, Band I, II, 1878–1880
— *ders.*, Also sprach Zarathustra, Zweiter Teil, Vom Biss der Natter, 1885
— *ders.*, Der Wille zur Macht, 1883–1888 (Kröner-Ausgabe)
— *ders.*, Ecce homo, Warum ich so klug bin, 1908
O'Connel, Marvin Richard, Blaise Pascal: Reasons oft he Heart, 1997
Oepke, Albrecht, Probleme des vorchristlichen Paulus, in: Das Paulusbild in der neueren Forschung (Hg. Karl Heinrich Regenstorf), 1964, S. 410
Pareyson, Luigi, Kierkegaard e Pascal, 1999
Pascal, Blaise, Essai pour les Coniques, 1640, in: Pascal Œuvres complètes, Band I, Bibliothèque de la Pléiade, 1998, S. 111
— *ders.*, Lettre Dédicatoire à Monseigneur le Chancelier, 1645, in: Pascal Œuvres complètes, Band I, Bibliothèque de la Pléiade, 1998, S. 331
— *ders.*, Lettres Provinciales, 1656–1657, in: Pascal Œuvres complètes, Band I, Bibliothèque de la Pléiade, 1998, S. 577 (in deutsch: Briefe an einen Freund in der Provinz, übersetzt und eingeleitet von Auguste Schorn, 1968)
— *ders.*, De l'esprit géométrique et de l'art de persuader, 1658, in: Pascal Œuvres complètes, Band II, Bibliothèque de la Pléiade, 1998, S. 154
— *ders.*, Fragment d'un Traité du Vide, in: Pensées et Opuscules, Édition Léon Brunschvicg, 1897, S. 74
— *ders.*, Pensées et Opuscules, 1669 posthume, Édition Léon Brunschvicg, 1897
— *ders.*, Gedanken, übersetzt, herausgegeben und eingeleitet von Ewald Wasmuth, 1984
Patrick, Denzil G. Miller, Pascal and Kierkegaard, A Study in the Strategy of Evangelism, 2002
Pavlovits, Tamás, Le rationalisme de Pascal, 2007
Pécharman, Martine, Loi et probabilité. Le problème du droit dans la pensée d'Arnauld, Pascal et Nicole, in: Justice et Force. Politique au Temps de Pascal (Hg. Gérard Ferreyrolles), 1996, S. 161
Pérès, André, L'État chez Montaigne, La Boétie, Pascal, in: Justice et Force. Politique au Temps de Pascal (Hg. Gérard Ferreyrolles), 1996, S. 71
Périer, Gilberte, La Vie de Monsieur Pascal, Édition intefrale, 1980
Petersen, Jens, Blaise Pascals Gedanken über das Recht, Festschrift für Werner Merle, 2010, S. 289
— *ders.*, Dante Alighieris Gerechtigkeitssinn, 2011
— *ders.*, Adam Smith als Rechtstheoretiker, 2012

— *ders.*, Fichtes Versuch, Machiavelli Gerechtigkeit widerfahren zu lassen, Festschrift für Michael Kloepfer, 2013, S. 927
— *ders.*, Freiheit unter dem Gesetz. Friedrich August von Hayeks Rechtsdenken, 2014
— *ders.*, Kants Beweisführung der Unrechtmäßigkeit des Büchernachdrucks, Festschrift für Helmut Köhler, 2014, S. 529
— *ders.*, Max Webers Rechtssoziologie und die juristische Methodenlehre, 2. Auflage 2014
— *ders.*, Montaignes Erschließung der Grundlagen des Rechts, 2014
— *ders.*, Recht und Macht in den Fabeln La Fontaines, Festschrift für Otmar Seul, 2014, S. 384
— *ders.*, Die Eule der Minerva in Hegels Rechtsphilosophie, 2. Auflage 2015
— *ders.*, Nietzsches Genialität der Gerechtigkeit, 2. Auflage 2015
— *ders.*, Wilhelm von Humboldts Rechtsphilosophie, 3. Auflage 2016
Petit, Henri, Images. Descartes et Pascal, 5. Auflage 1930
Pieper, Josef, Scholastik, 3. Auflage 1991
Piller, Annemarie, Der Mensch im Schnittpunkt von Autonomie und Heteronomie, 2003
Plainemaison, Jacques, Pascal et la « politique » dans *Les Provinciales*, in: Justice et Force. Politique au Temps de Pascal (Hg. Gérard Ferreyrolles), 1996, S. 255
Platz, Hermann, Pascal in der Geschichtsphilosophie Nietzsches, Theologie und Glaube 31 (1939), 116
— *ders.*, Nietzsche und Pascal, Hochland 37 (1939/1940), 264
Prodi, Paolo, Eine Geschichte der Gerechtigkeit. Vom Recht Gottes zum modernen Rechtsstaat, 2. Auflage 2005
Raffelt, Albert, „Ich wage es, die Partei der Menschheit zu ergreifen ...": Das Gottesbild der Aufklärung. Voltaire kritisiert Pascal, in: Gottesbilder. Die Rede von Gott zwischen Tradition und Moderne, Katholisches Bibelwerk (Hg. Jürgen Hoeren/Michael Kessler), 1988, S. 87
— *ders.*, Logik des Verstandes und Logik des Herzens bei Pascal, in: Geist und Psyche. Klassische Modelle von Platon bis Freud und Damasio (Hg. Edith Düsing/Hans-Dieter Klein), 2008, S. 117
— *ders.*, Fragmente zu einem Fragment. Die Wette Pascals, Festschrift für Karl Lehmann, 2001, S. 207
Ratzinger, Joseph, Vom Sinn des Christseins, 1965
— *ders.*, Einführung in das Christentum, 1968
— *ders./Benedikt XVI.*, Der Gott des Glaubens und der Gott der Philosophen. Ein Beitrag zur Theologia naturalis, 2. Auflage 2005
— *ders./Benedikt XVI.*, Glaube und Vernunft. Die Regensburger Vorlesung, 2006
Reuchlin, Hermann, Geschichte von Port-Royal. Geschichte des reformierten und des jesuitischen Katholizismus unter Louis XIII und XIV, 1839
Rich, Arthur, Pascals Bild vom Menschen, 1953
— *ders.*, Pascals Gedanken über Recht und Macht, Theologische Zeitschrift der Universität Basel 3 (1952), 205
Rieger, Hans-Martin, Menschlich denken – Glauben begründen. Blaise Pascal und religionsphilosophische Begründungsmodelle der Moderne, 2010
Roche, Mark, Was die deutschen Universitäten von den amerikanischen lernen können und was sie vermeiden sollten, 2014

Rohou, Jean, Pour un ordre social fondé sur l'intérêt : Pascal, Silhon, Nicole et Domat à l'aube de l'ère libérale, in: Justice et Force. Politique au Temps de Pascal (Hg. Gérard Ferreyrolles), 1996, S. 207
Runze, Georg, Der ontologische Gottesbeweis, 1882
Saint-Exupéry, Antoine de, Le Petit Prince, 1943
Saka, Paul, Pascal's Wager and the Many Gods Objection, Religious Studies 37 (2001), 312
Salmon, John Hearsey McMillan, Descartes and Pascal, History Today 21 (1971), 482
Santayana, George, Three Philosophical Poets. Lucretius, Dante, Goethe, 1910
Saporiti, Patricia, Pascals Wette. Ein Spiel um das ewige Leben, 2000
Schalk, Fritz, Französische Moralisten, 1949
Schäfer, Lothar, Pascal und Descartes als methodologische Antipoden, Philosophisches Jahrbuch 81 (1974), 314
Scherer, Martin, Der Gentleman, 2. Auflage 2003
Schmidt-Biggemann, Wilhelm, Blaise Pascal, 1999
Schneider, Peter, Pascals Plaisante Justice, Archiv für Rechts- und Sozialphilosophie XXXIX (1950/51), 79
Schobinger, Jean-Pierre, Kommentar zu Pascals Reflexionen über die Geometrie im allgemeinen, 1974
Schopenhauer, Arthur, Die Welt als Wille und Vorstellung, Band 1, 1818
Schumacher, Nicole, Friedrich Heinrich Jacobi und Blaise Pascal. Einfluss – Wirkung – Weiterführung, 2003
Sebba, Gregor, Descartes et Pascal: A Retrospect, Modern Language Notes 87 (1972), 96
Secretan, Philibert, Pascal – Wittgenstein – Ein Vergleich, in: Glaube und Vernunft – Theologie und Philosophie. Aspekte ihrer Wechselwirkung in Geschichte und Gegenwart (Hg. Mariano Delgado), 2003, S. 135
Sellier, Philippe, Pascal et Saint Augustin, 1995
— *ders.*, De la « tyrannie », in: Justice et Force. Politique au Temps de Pascal (Hg. Gérard Ferreyrolles), 1996, S. 365
Seneca, Lucius Annaeus, Epistulae morales
— *ders.*, De tranquillitate animi
Shiokawa, Tetsuya, Logique et politique : le rôle de la notion de foi humaine dans l'affaire de la signature du formulaire, in: Justice et Force. Politique au Temps de Pascal (Hg. Gérard Ferreyrolles), 1996, S. 307
Sierp, Matthias, Pascals Stellung zum Skeptizismus. Ein Beitrag zur Geschichte der neueren Philosophie, Philosophisches Jahrbuch II (1889), 60; 310; III (1890), 173; 307
Sina, Mario, L'« Anti-Pascal » di Voltaire, 1970
Sloterdijk, Peter, Philosophische Temperamente. Von Platon bis Foucault, 4. Auflage 2010
Smith, David Warner, Helvétius: A Study in Persecution, 1965
Somek, Alexander, Rechtliches Wissen, 2006
Spaemann, Robert, Das Natürliche und das Vernünftige, 1987
— *ders.*, Der letzte Gottesbeweis, 2007
Sternberger, Dolf, Über einige politische Bemerkungen in Pascals Pensées, Festschrift für Wilhelm Hennis, 1988, S. 45
— *ders.*, Nietzsche liebte Pascal, Merkur. Deutsche Zeitschrift für europäisches Denken 42 (1988), 720
Stierle, Karlheinz, Pascals Reflexionen über den ‚ordre' der *Pensées*, Poetica 4 (1971), 167

— *ders.*, Die Modernität der französischen Klassik. Negative Anthropologie und funktionaler Stil, in: Französische Klassik (Hg. Fritz Nies/Ders.), 1985, S. 81
— *ders.*, Zeit und Werk. Prousts *A la Recherche du Temps perdu* und Dantes *Commedia*, 2008
— *ders.*, Was heißt Moralistik?, in: Moralistik. Explorationen und Perspektiven (Hg. Rudolf Behrens/Maria Moog-Grünewald), 2010, S. 1
— *ders.*, Text als Handlung. Grundlegung einer systematischen Literaturwissenschaft, Neue, veränderte Auflage 2012
— *ders.*, Dante Alighieri. Dichter im Exil, Dichter der Welt, 2014
Stolleis, Michael, Blaise Pascal – Gedanken zur Ungewissheit des Rechts, Festschrift für Jan Schröder, 2013, S. 787
Strolz, Walter, Die naturphilosophische Fragestellung Carl Friedrich von Weizsäckers, Orient 36 (1972), 144
Strömholm, Stig, Montaigne und Pascal: Zwei Einsprüche gegen den vernunftrechtlichen Optimismus, Nachrichten der Akademie der Wissenschaften in Göttingen, Philologisch-historische Klasse 5 (1972), 261
Strowski, Fortunat, Pascal et son temps, Band I-III, 6. Auflage 1921/1922
Tacitus, Publius Cornelius, Annales, Tusculum-Ausgabe (Hg. Erich Heller), 3. Auflage 1997
Taranto, Domenico, Una politica senza diritto: Pascal e la giustizia, in: Individualismo, Assolutismo, Democrazia, 1992, S. 195
Thirouin, Laurent, Le réalisme de Pascal, in: Justice et Force. Politique au Temps de Pascal (Hg. Gérard Ferreyrolles), 1996, S. 347
Vinson, Alain, L'ordre de la charité chez Pascal, chez Péguy et chez Simone Weil, Cahiers Simone Weil XIV (1991), 234
Voltaire (François Marie Arouet), Lettres philosophiques, 1734, zitiert nach der Ausgabe von Jacques van den Heuvel, Voltaire, Mélanges, Bibliothèques de la Pléiade, 1965
Wasmuth, Ewald, Die Philosophie Pascals unter besonderer Berücksichtigung seiner Lehren von dem Unendlichen und dem Nichts und den Ordnungen, 1949
— *ders.*, Person und Ordnung bei Pascal, Philosophisches Jahrbuch 61 (1951), 80
— *ders.*, Der unbekannte Pascal, 1962
Weiss, Otto, „Der erste aller Christen". Zur deutschen Pascal-Rezeption von Friedrich Nietzsche bis Hans-Urs von Balthasar, 2012
Weischedel, Wilhelm, Blaise Pascal – Grösse und Elend des Menschen, aus den »Pensées«. Auswahl, Übersetzung und Nachwort von *Dems.*, 1. Auflage 1979
Weizsäcker, Carl Friedrich von, Die Geschichte der Natur, 1948
— *ders.*, Zeit und Wissen, 1992
— *ders.*, Wohin gehen wir?, 1997
— *ders.*, Große Physiker, 1999
Welsch, Wolfgang, Unsere postmoderne Moderne, 2008
Wood, William, Blaise Pascal on Duplicity, Sin, and the Fall: The Secret Instinct, 2013
Wright, Georg Henrik von, Wittgenstein, 1990
Wußing, Hans/Alten, Heinz-Wilhelm/Wesemüller-Kock Heiko/Zeidler Eberhard, 6000 Jahre Mathematik: Eine kulturgeschichtliche Zeitreise, Band 2, 2009
Zaiser, Rainer, Die Epiphanie in der französischen Literatur: Zur Entmystifizierung eines religiösen Erlebnismusters, 1995
Zwierlein, Eduard, Blaise Pascal zur Einführung, 1996
— *ders.*, Existenz und Vernunft. Studien zu Pascal, Descartes und Nietzsche, 2001

Personenregister

MIX
Papier | Fördert gute Waldnutzung
FSC® C083411

Kolibri 360 GmbH
Ferdinand-Jühlke-Straße 7
99095 Erfurt, Deutschland
produktsicherheit@kolibri360.de